여러분의 합격을 응원하는
해커스공무원의 특별 혜택

FREE 공무원 민사소송법 **동영상강의**

해커스공무원(gosi.Hackers.com) 접속 후 로그인 ▶ 상단의 [무료강좌] 클릭 ▶
좌측의 [교재 무료특강] 클릭

 해커스공무원 온라인 단과강의 **20% 할인쿠폰**

37E2F66CE63F5T6V

해커스공무원(gosi.Hackers.com) 접속 후 로그인 ▶ 상단의 [나의 강의실] 클릭 ▶
좌측의 [쿠폰등록] 클릭 ▶ 위 쿠폰번호 입력 후 이용

* 쿠폰 이용 기한: 2023년 12월 31일까지(등록 후 7일간 사용 가능)
* 쿠폰 이용 관련 문의: 1588-4055

해커스법원직 무제한 수강상품[패스] **5만원 할인쿠폰**

BDADE2827FC6A52H

해커스공무원(gosi.Hackers.com) 접속 후 로그인 ▶ 상단의 [나의 강의실] 클릭 ▶
좌측의 [쿠폰등록] 클릭 ▶ 위 쿠폰번호 입력 후 이용

* 쿠폰 이용 기한: 2023년 12월 31일까지(등록 후 7일간 사용 가능)

 무료 모바일 자동 채점 + 성적 분석 서비스

교재 내 수록되어 있는 문제의 채점 및 성적 분석 서비스를 제공합니다.

* 세부적인 내용은 해커스공무원(gosi.Hackers.com)에서 확인 가능합니다.

바로 이용하기 ▶

해커스법원직

신정운
S 민사소송법

실전동형모의고사

해커스공무원

해커스공무원
gosi. Hackers.com

머리말

2022년 대비 <2022 해커스법원직 신정운 S 민사소송법 실전동형 모의고사>를 출간하게 되었습니다.

이 교재의 특징은,

첫째, 최신 개정된 내용을 반영하였습니다. 민사 및 가사소송의 사물관할에 관한 규칙 제2조를 개정(2022. 3. 1. 시행)하여 민사 단독사건 관할의 소송목적의 값을 종전 2억 원에서 5억 원으로 확대하였으므로 이를 반영하였습니다.

둘째, 최신 판례를 반영하였습니다. 2021년 중요판례를 반영하여 문제를 만들었으며, 최근 3년 동안의 판례 중 아직 출제가 되지 않은 부분도 반영하여 앞으로 출제를 대비하였습니다. 다만 종전에 출간한 <2022 해커스법원직 신정운 S 민사소송법 OX 문제집>에 소개된 내용들이므로 시험을 위한 실전용 대비가 될 수 있을 것입니다.

셋째, 민사소송실무(법원공무원 교육원 출간)에서 개정된 부분도 반영하였습니다. 법원직 시험과 관련되어 출제 확률이 높은 내용에 대해서는 문제로 반영하여, 실무에서 문제되는 쟁점도 대비할 수 있도록 하였습니다.

넷째, 기출지문을 반영하였습니다. 법원직 기출뿐만 아니라 법원승진 시험과 변호사 시험에서도 중요한 지문들을 문제에 반영하였으며, 특히 사례형 출제에 대비하여 사례문제도 충분히 반영하여 폭넓게 대비할 수 있도록 하였습니다.

시험에서 마무리는 아무리 강조해도 지나치지 않습니다. 지금부터 정리가 시험의 당락을 결정하는 시간이므로 마지막까지 최선을 다해 정리하여야 합니다. 단권화한 교재를 끝까지 반복하고, 문제를 풀다가 틀린 부분은 단권화한 교재에 표시하여 마지막에 꼭 확인하시길 바랍니다. 본 교재를 통하여 정리하는 모든 수험생들에게 행운이 가득하길 바랍니다.

2022년 3월
신정운 드림

차례

정답 및 해설

2022 해커스법원직 **신정운 S 민사소송법**
실전동형모의고사

01~05회

01회 실전동형모의고사

【문 1】 재판장의 소장심사에 관한 다음 설명 중 가장 옳지 않은 것은?

① 소명자료를 첨부하여 공시송달을 신청하였는데도, 그에 대한 허부재판을 도외시하고 주소보정의 흠을 이유로 소장각하명령을 하는 것은 위법하다.

② 재판장(참여사무관 등)의 보정명령에 대하여는 이의신청이나 항고 등으로 독립하여 불복할 수 없으며, 재판장의 소장각하명령에 대한 불복방법으로 이를 다툴 수 있을 뿐이다.

③ 소장에 일응 대표자의 표시가 되어 있는 이상 설령 그 표시에 잘못이 있다고 하더라도 이를 정정표시하라는 보정명령을 하고 그에 대한 불응을 이유로 소장을 각하하는 것은 허용되지 아니하고, 이러한 경우에는 오로지 판결로써 소를 각하할 수 있을 뿐이다.

④ 독립당사자참가소송의 제1심 본안판결에 대해 일방이 항소하고 피항소인 중 1명에게 항소장이 적법하게 송달되어 항소심법원과 당사자들 사이의 소송관계가 일부에만 성립한 것으로 볼 수밖에 없다면, 항소심재판장은 여전히 단독으로 항소장각하명령을 할 수 있다.

【문 2】 소송요건에 관한 다음 설명 중 옳지 않은 것은? (다툼이 있는 경우 판례에 의함)

① 직권조사사항에 대한 피고의 다툼은 법원의 직권발동을 촉구하는 데 그치므로 그 주장에 대해 판단하지 아니하였다고 하여도 판단누락의 상고이유는 되지 않는다.

② 법인 아닌 사단의 대표자 자격에 관하여 상대방 당사자가 자백하더라도 이는 법원을 구속하지 않는다.

③ 소를 제기하는 단계에서의 소송대리인의 대리권 존부는 소송요건으로서 법원의 직권조사사항이고, 이와 같은 직권조사사항에 관하여도 그 사실의 존부가 불명한 경우에는 증명책임의 원칙이 적용되며, 직권조사사항인 소송요건에 대한 증명책임은 원고에게 있다.

④ 법인의 대표자에게 적법한 대표권이 있는지 여부는 소송요건으로서 법원의 직권조사사항에 해당하므로, 법원으로서는 그 판단의 기초 자료인 사실과 증거를 직권으로 탐지할 의무가 있으며, 대표권의 적법성에 의심이 갈 만한 사정이 엿보인다면 이를 구체적으로 지적하여 다투지 않더라도 이에 관하여 심리·조사할 의무가 있다.

【문 3】 사물관할에 관한 다음 설명 중 가장 옳지 않은 것은?

① 재산권상의 소로서 그 소송목적의 값을 산출할 수 없는 것과 비재산권을 목적으로 하는 소는, 소송목적의 값이 5,000만 원이므로 단독판사의 심판사건에 해당한다.

② 수표금, 약속어음금 청구사건은 소송목적의 값이 5억 원을 초과하더라도 단독판사의 심판사건이다.

③ 지방법원판사에 대한 제척·기피 사건은 합의부 심판사건이다.

④ 소송목적의 값이 제소 당시 또는 청구취지 확장 당시 2억 원을 초과한 민사소송사건의 판결에 대한 항소사건은 원칙적으로 고등법원이 심판한다.

【문 4】 당사자표시정정에 관한 다음 설명 중 가장 옳지 않은 것은?

① 피고의 경정과 달리, 항소심에서도 당사자의 표시정정이 허용된다.

② 비록 소장의 당사자표시가 착오로 잘못 기재되었음에도 소송 계속 중 당사자표시정정이 이루어지지 않아 잘못 기재된 당사자를 표시한 본안판결이 선고·확정된 경우라 하더라도 그 확정판결을 당연무효라고 볼 수 없을 뿐더러, 그 확정판결의 효력은 잘못 기재된 당사자와 동일성이 인정되는 범위 내에서 위와 같이 적법하게 확정된 당사자에 대하여 미친다고 보아야 한다.

③ 소제기 후 소장부본이 송달되기 전에 피고가 사망한 경우 제1심판결이 선고된 이후 항소심에서 피고의 상속인들이 한 당사자표시정정신청은 허용된다.

④ 소장에 표시된 원고에게 당사자능력이 인정되지 않는 경우에는 소장의 전취지를 합리적으로 해석한 결과 인정되는 올바른 당사자능력자로 그 표시를 정정하는 것은 허용되며, 소장에 표시된 당사자가 잘못된 경우에 당사자표시를 정정케 하는 조치를 취함이 없이 바로 소를 각하할 수는 없다.

【문 5】 다음 중 옳지 않은 것만 고른 것은? (다툼이 있을 경우 판례에 따를 것)

> ㄱ. 소취하가 무효라고 주장하는 자는 기일지정신청을 하거나 소취하 무효확인의 소를 제기하여 소취하의 유·무효를 다툴 수 있다.
> ㄴ. 장래에 채무의 이행기가 도래할 예정인 경우에도 채무불이행사유가 언제까지 존속할 것인지가 불확실하여 변론종결 당시에 확정적으로 채무자가 책임을 지는 기간을 예정할 수 없다면 장래의 이행을 명하는 판결을 할 수 없다.
> ㄷ. 장래의 이행을 청구하는 소에서 이행기에 이르거나 조건이 성취될 때에 채무자의 무자력으로 말미암아 집행이 곤란해진다든가 또는 이행불능에 빠질 사정이 있다는 것만으로는 미리 청구할 필요가 있다고 할 수 없다.
> ㄹ. 근저당권설정등기의 말소청구를 구하면서 그 근저당권설정계약에 기한 피담보채무의 부존재확인청구를 함께 한 경우에 그 채무부존재확인의 청구는 확인의 이익이 없다.
> ㅁ. 보험회사가 보험수익자와 보험금 지급책임의 존부나 범위에 관하여 다툼이 있다는 사정만으로는 채무부존재확인을 구할 확인의 이익이 부정된다.
> ㅂ. 부동산담보권 실행을 위한 경매의 배당절차에서 근저당권자의 채권에 대하여 배당이의를 하며 다투는 물상보증인을 상대로 근저당권자가 피담보채권 존재의 확인을 구하는 소를 제기한 경우, 확인의 이익이 있다.

① ㄱ, ㄴ, ㅂ   ② ㄱ, ㄷ, ㅂ
③ ㄱ, ㄹ   ④ ㄱ, ㅁ

【문 6】 소송구조에 관한 다음 설명 중 옳은 것은? (다툼이 있는 경우 판례에 의함)

① 소송구조를 받으려면 '패소할 것이 분명한 경우가 아닐 것'을 요하는데, 이 요건에 대해서는 신청인이 적극적으로 진술하고 소명해야 한다.

② 법원은 소송비용을 지출할 자금능력이 부족한 사람에 대하여 직권으로 소송구조를 할 경우에는 패소할 것이 분명하더라도 할 수 있다.

③ 비송사건은 소송구조의 대상이 되지 아니하므로 비송사건을 대상으로 하는 소송구조신청은 부적법하다.

④ 소장에 인지를 첨부하지 않고 소송상 구조신청을 한 경우에 소송구조기각결정 후 그 기각결정확정 전에 인지보정명령을 발하였다면 기각결정확정 후에 그 인지보정명령에 따른 보정기간이 경과한 때에는 소장에 대한 각하명령을 할 수 있다.

【문 7】 청구의 병합에 관한 다음 설명 중 가장 옳지 않은 것은?

① 주위적 청구를 배척하면서 예비적 청구에 대하여 판단하지 아니한 경우 상소가 제기되면 판단이 누락된 예비적 청구 부분도 상소심으로 이심된다. 그리고 이러한 법리는 부진정 예비적 병합의 경우에도 마찬가지이다.

② 원고가 논리적으로 전혀 관계가 없어 순수하게 단순병합으로 구하여야 할 수개의 청구를 주위적·예비적 청구 형태로 소를 제기한 경우 제1심 법원이 그 모든 청구의 본안에 대하여 심리한 다음 그중 하나의 청구만을 인용하고 나머지 청구를 기각하는 내용의 판결을 선고하였고 피고만이 인용된 청구에 대하여 항소를 제기한 때에는 피고가 불복한 청구에 한정하여 항소심으로 이심되어 항소심 심판범위의 대상이 된다.

③ 채권자가 본래적 급부청구에다가 이에 부가하여 이것이 판결확정 후에 이행불능 또는 집행불능이 된 경우에 대비한 대상청구를 병합하여 소구한 경우, 양자의 경합은 현재의 급부청구와 장래의 급부청구와의 단순병합에 속한다.

④ 수개의 청구가 제1심에서 선택적으로 병합되고 그중 어느 하나의 청구에 대한 인용판결이 선고되어 피고가 항소를 제기한 때에는 제1심이 판단하지 아니한 나머지 청구까지도 항소심으로 이심되어 항소심의 심판범위가 되므로, 항소심이 원고의 청구를 인용할 경우에는 선택적으로 병합된 수개의 청구 중 어느 하나를 임의로 선택하여 심판할 수 있다.

【문 8】 A는 자신의 父인 甲소유의 X부동산에 관한 서류를 보관하고 있음을 기화로 2001.4.1. 자신 앞으로 소유권이전등기를 경료한 뒤, 2001.5.1. 乙에게 X부동산을 1억 원에 매도한 후 이전등기를 경료해 주었다. 이후 乙은 2001.8.1. 丙에게 X부동산을 1억 2천만 원에 매도한 후 이전등기를 경료해 주었으며, 丙은 2001.12.1. 丁에게 위 부동산을 1억 5천만 원에 매도한 후 이전등기를 경료해 주었다. 이에 관한 다음의 설명 중 옳지 않은 것은? (다툼이 있는 경우에는 판례에 의함)

① 甲은 丙만을 상대로도 소유권에 기한 말소등기청구의 소를 제기할 수 있다.

② 甲이 乙·丙·丁을 상대로 제기한 말소등기청구소송에서 乙이 원인무효사실을 자백하였더라도 법원은 丙·丁에 대해서는 원인무효사실을 증거에 의해 확정하여야 한다.

③ 甲의 乙·丙·丁에 대한 말소등기청구의 소에서 甲의 청구 인용판결이 선고되었고 이에 乙만이 항소하였다면, 甲은 丙을 상대로 부대항소를 제기할 수 없다.

④ 甲의 丙과 丁을 상대로 제기한 말소등기청구의 소에서 丁에 대한 청구가 기각되었다면 법원은 丙에 대한 청구도 기각하여야 한다.

【문 9】 보조참가인의 지위와 관련된 다음 설명 중 옳지 않은 것을 모두 고르시오. (다툼이 있는 경우에는 판례에 의함)

> ㄱ. 보조참가인의 참가신청에 대하여 피참가인의 상대방은 이의신청을 할 수 있으나 피참가인은 이의신청을 할 수 없다.
>
> ㄴ. 판결확정 후 재심사유가 있을 때에는 보조참가인이 피참가인을 보조하기 위하여 보조참가신청과 함께 재심의 소를 제기할 수 있다. 그러나 보조참가인의 재심청구 당시 피참가인인 재심청구인이 이미 사망하여 당사자능력이 없다면, 이를 허용하는 규정 등이 없는 한 보조참가인의 재심청구는 허용되지 않는다.
>
> ㄷ. 피참가인과는 별도로 보조참가인에 대하여도 기일의 통지를 하여야 하나, 기일통지서를 송달받지 못한 보조참가인이 변론기일에 직접 출석하여 변론할 기회를 가졌고 위 변론기일 당시 기일통지서를 송달받지 못한 점에 관하여 이의를 하지 아니하였다면, 기일통지를 하지 않은 절차상 흠이 치유된다.
>
> ㄹ. 보조참가인은 사실을 주장하거나 다툴 수 있고 증거신청·상소제기·이의신청 등에 제한이 없는 것이 원칙이므로 보조참가인의 상소기간은 피참가인의 상고기간과 별도로 진행한다.
>
> ㅁ. 대립하는 당사자구조를 가지지 못한 결정절차에 있어서는 보조참가를 할 수가 없다.
>
> ㅂ. 보조참가인의 증거신청행위가 피참가인의 소송행위와 저촉되지 아니하고, 그 증거들이 적법한 증거조사절차를 거쳐 법원에 현출되었다면 법원은 이들 증거에 터 잡아 피참가인에게 불이익한 사실을 인정할 수 있다.

① ㄱ, ㄴ, ㄹ   ② ㄱ, ㄹ
③ ㄴ, ㄷ, ㅂ   ④ ㄷ, ㅁ, ㅂ

【문 10】 A는 B와 체결된 X토지에 대한 매매계약의 매수인임을 주장하며 B에 대해 소유권이전등기절차의 이행을 구하는 소를 제기하였다. C는 자신이 실제 매수인이고 매매대금 또한 자신이 직접 지급하였다고 주장하면서, A에 대하여 소유권이전등기청구권의 확인을 구하고 B에 대해 소유권이전등기절차이행을 구하는 독립당사자참가신청을 하였다. 이와 관련한 다음 설명 중 옳지 않은 것은? (다툼이 있는 경우에는 판례에 의함)

① C의 독립당사자참가는 권리주장참가로서 C의 권리가 A의 권리와 양립불가능관계에 있으므로 적법하다.

② C의 독립당사자참가에 대해 A와 B는 이의할 수 없다.

③ 제1심에서 A가 승소하고 B와 C가 패소하였는데 B만 항소한 경우, 항소심에서 심리한 결과 제1심과 달리 C와 B 사이에 X토지에 유효한 계약이 체결된 것으로 판명되었더라도 항소심에서 C 승소판결을 내릴 수는 없다.

④ C의 참가 후에도 A는 본소를 취하할 수 있으며 이 경우 B의 동의 외에도 참가인 C의 동의를 필요로 한다.

【문 11】 소송승계에 관한 다음 설명 중 가장 옳지 않은 것은?

① 인수참가를 명하는 결정에 대하여는 독립하여 항고할 수 없고, 종국판결에 대한 상소로 다툴 수 있을 뿐이지만, 인수신청을 기각하는 결정에 대하여는 민사소송법 제439조에 의하여 통상의 항고를 할 수 있다.

② 승계참가인의 부적법한 참가신청을 각하하는 판결을 반드시 원래의 당사자 사이의 소송에 대한 판결과 함께 하여야 하는 것은 아니다.

③ 소송목적인 권리를 양도한 원고는 법원이 소송인수 결정을 한 후 피고의 승낙을 받아 소송에서 탈퇴할 수 있는데, 그 후 법원이 인수참가인의 청구의 당부에 관하여 심리한 결과 인수참가인의 청구를 기각하거나 소를 각하하는 판결을 선고하여 판결이 확정된 경우에는 원고가 제기한 최초의 재판상 청구로 인한 시효중단의 효력은 소멸하므로, 인수참가인의 소송목적 양수 효력이 부정되어 인수참가인에 대한 청구기각 또는 소각하 판결이 확정된 날부터 6개월 내에 탈퇴한 원고가 다시 탈퇴 전과 같은 재판상의 청구 등을 한 때에도 소멸시효 중단의 효력은 인정되지 않는다.

④ 인수참가인이 인수참가요건인 채무승계 사실에 관한 상대방 당사자의 주장을 모두 인정하여 이를 자백하고 소송을 인수하여 이를 수행하였다면, 위 자백이 진실에 반한 것으로서 착오에 인한 것이 아닌 한 인수참가인은 위 자백에 반하여 인수참가의 전제가 된 채무승계사실을 다툴 수는 없다.

【문 12】 압류채권자가 제기하는 추심의 소에 관한 설명 중 옳지 않은 것을 모두 고른 것은? (다툼이 있는 경우 판례에 의함)

> ㄱ. 추심명령을 받은 압류채권자는 채무자가 제3채무자를 상대로 제기하여 계속 중인 소에 민사소송법 제81조(승계인의 소송참가), 제79조(독립당사자참가)에 따라 언제든지 참가할 수 있다.
>
> ㄴ. 추심의 소에서 피압류채권의 존재는 채권자인 원고가 증명하여야 한다.
>
> ㄷ. 추심의 소에서 제3채무자인 피고는 집행채권의 부존재나 소멸을 항변으로 주장하여 집행채무의 변제를 거절할 수 없다.
>
> ㄹ. 채무자가 제3채무자를 상대로 제기한 이행의 소가 법원에 계속되어 있는 경우, 추심명령을 얻은 압류채권자가 제3채무자를 상대로 제기한 추심의 소는 채무자가 제기한 이행의 소에 대한 관계에서 민사소송법 제259조가 금지하는 중복된 소제기에 해당하지 않는다.

① ㄱ   ② ㄱ, ㄷ
③ ㄴ, ㄹ   ④ ㄱ, ㄷ, ㄹ
⑤ ㄴ, ㄷ, ㄹ

【문 13】 변론주의에 관한 다음 설명 중 가장 옳지 않은 것은?

① 취득시효의 기산점은 간접사실에 불과하므로 법원으로서는 이에 관한 당사자의 주장에 구속되지 아니하고 소송상 나타난 자료에 의하여 점유의 시기를 인정할 수 있다.

② 다툼이 있는 사실을 증명하기 위하여 제출한 증거가 당사자의 부주의 또는 오해로 인하여 불완전·불명료한 경우 법원이 그 사실을 지적하는 것은 변론주의의 원칙에 위배되는 것으로서 석명권 행사의 한계를 일탈하는 것이다.

③ 당사자들이 부제소 합의의 효력이나 그 범위에 관하여 쟁점으로 삼아 소의 적법 여부를 다투지 아니하는데도 법원이 직권으로 부제소 합의에 위배되었다는 이유로 소가 부적법하다고 판단하기 위해서는 그와 같은 법률적 관점에 대하여 당사자에게 의견을 진술할 기회를 주어야 한다.

④ 유권대리에 관한 주장 가운데 무권대리에 속하는 표현대리의 주장이 포함되어 있다고 볼 수 없고, 별도로 표현대리에 관한 주장이 있어야 법원은 표현대리의 성립 여부를 심리·판단할 수 있다.

【문 14】 요건사실과 증명책임의 분배에 관한 다음 설명 중 가장 옳지 않은 것은?

① 주요사실에 관하여는 변론주의가 적용되어 법원은 당사자가 주장하지 아니한 것을 기초로 하여 판단할 수 없다.

② 일반적으로 권리근거사실에 대한 증명책임은 원고에게 있고, 권리장애사실·권리행사저지사실·권리소멸사실에 대한 증명책임은 피고에게 있다.

③ 원고의 대여금청구에 대하여 피고가 "甲이 자금을 필요로 해서 甲에게 원고를 소개해 주었고 원고가 甲에게 돈을 대여하겠다고 하여 중간에서 자금을 받아 甲에게 전달하는 심부름을 하였다."고 다투는 것은 항변에 해당한다.

④ 원고의 대여금청구에 대하여 피고가 소멸시효항변을 하고 다시 원고가 소멸시효중단을 주장하는 것은 재항변에 해당한다.

【문 15】 기일의 해태에 관한 다음 설명 중 가장 옳지 않은 것은?

① 양쪽 당사자가 변론준비기일에 한 번, 변론기일에 두 번째 불출석하였다고 하더라도 변론준비기일의 불출석효과는 변론기일에 승계되지 아니하므로, 소취하된 것으로 볼 수 없다.

② 일단 자백간주의 효과가 발생한 후에는 그 이후의 기일통지서가 송달불능으로 되어 공시송달로 진행되었다 하더라도 그 자백간주의 효과는 그대로 유지된다.

③ 당사자의 주소, 거소 기타 송달할 장소를 알 수 없는 경우가 아님이 명백함에도 재판장이 당사자에 대한 변론기일 통지서를 공시송달에 의할 것으로 명함으로써 당사자에 대한 변론기일 통지서가 공시송달된 경우, 그 당사자는 각 변론기일에 적법한 절차에 의한 송달을 받았다고 볼 수 없으므로, 위 공시송달의 효력이 있다 하더라도 각 변론기일에 그 당사자가 출석하지 아니하였다고 하여 쌍방 불출석의 효과가 발생한다고 볼 수 없다.

④ 제1심에서 피고에 대하여 공시송달로 재판이 진행되어 피고에 대한 청구가 기각되어 원고가 항소한 항소심에서, 피고가 공시송달이 아닌 방법으로 송달받고도 다투지 아니한 경우 자백간주가 성립하지 않는다.

【문 16】 송달에 관한 다음 설명 중 가장 옳지 않은 것은?

① 송달받을 사람이 항소를 제기한 후 주거지를 변경하고 주민등록까지 옮긴 뒤 법원이 종전의 주거지로 소송기록접수통지서를 송달하여 그 사람의 어머니가 이를 수령한 경우 그 송달은 무효이다.

② 수소법원이 당사자의 수감사실을 모르고 종전의 주소 또는 거소에 송달하였더라도 송달의 효력은 발생하지 않는다.

③ 법인의 대표자가 사망하였고 달리 법인을 대표할 자도 정하여지지 아니하였기 때문에 법인에 대하여 송달을 할 수 없는 때에는 공시송달도 할 여지가 없다.

④ 소제기시에 법인인 피고의 대표자 주소지가 기재된 법인등기사항증명서가 제출된 경우, 제1심 재판장이 소장에 기재된 피고의 주소지로 소장 부본을 송달하였으나 이사불명으로 송달불능되자 그 주소보정을 명하였으나 원고가 그러한 주소보정명령에 응하지 아니하였다는 이유로 한 소장각하명령은 적법하다.

【문 17】 소송절차중단에 관한 다음 설명 중 가장 옳지 않은 것은?

① 소송계속 중 소송대리인이 없는 상태에서 당사자인 피상속인이 사망하여 소송절차가 중단된 경우, 상속인 각자가 개별적으로 수계하여도 무방하므로, 수계되지 아니한 상속인들에 대한 소송은 중단된 상태 그대로 피상속인이 사망한 당시의 심급법원에 계속되어 있게 된다.

② 이사가 주주총회결의 취소의 소를 제기하였다가 소송계속 중이나 사실심 변론종결 후에 사망한 경우 소송절차는 중단된다.

③ 당사자가 소송대리인에게 소송위임을 한 다음 소제기 전에 사망하였는데 소송대리인이 당사자가 사망한 것을 모르고 당사자를 원고로 표시하여 소를 제기한 경우, 소제기의 효력은 상속인들에게 귀속되므로 상속인들은 소송절차를 수계하여야 한다.

④ 당사자가 사망하였으나 소송대리인이 있어 소송절차가 중단되지 아니한 경우, 원칙적으로 소송수계의 문제는 발생하지 아니하고 소송대리인은 상속인들 전원을 위하여 소송을 수행하게 되는 것이며, 그 사건의 판결의 당사자표시가 망인 명의로 되어 있다 하더라도 그 판결은 상속인들 전원에 대하여 효력이 있다.

【문 18】 자백간주에 관한 다음 설명 중 가장 옳지 않은 것은?

① 일단 자백간주의 효과가 발생한 후에는 그 이후의 기일통지서가 송달불능으로 되어 공시송달로 진행되었다 하더라도 그 자백간주의 효과는 그대로 유지된다.

② 소송대리권의 존부에 대하여는 자백간주에 관한 규정이 적용될 여지가 없다.

③ 법원은 피고가 소장 부본을 송달받은 날로부터 30일의 제출기간 내에 답변서를 제출하지 아니한 때에는 청구의 원인이 된 사실을 자백한 것으로 보고 변론 없이 판결할 수 있다.

④ 보조참가인은 피참가인의 행위와 어긋나는 행위를 할 수 없으므로, 피참가인이 명백히 다투지 아니하여 자백간주 된 경우 보조참가인은 다툴 수 없다.

【문 19】 甲은 乙에게 대여금반환청구의 소를 제기하면서 乙 명의의 차용증서를 증거로 제출하였다. 다음 설명 중 옳지 않은 것은? (다툼이 있는 경우에는 판례에 의함)

① 차용증서에 날인된 乙의 인영이 그의 인장에 의하여 현출된 것이라면 특단의 사정이 없는 한 그 인영의 진정성립, 즉 날인행위가 乙의 의사에 기한 것임이 추정되고, 일단 인영의 진정성립이 추정되면 민사소송법 제358조에 의하여 차용증서 전체의 진정성립이 추정된다.

② 위 ①의 경우, 乙이 반증을 들어 인영의 진정성립에 관하여 법원으로 하여금 의심을 품게 할 수 있는 사정을 증명하면 그 진정성립의 추정은 깨어진다.

③ 만약 乙이 백지로 된 문서에 날인만 하여 甲에게 교부하였다고 주장한다면, 문서를 백지에 날인만을 하여 교부하여 준다는 것은 이례에 속하는 것이므로 乙이 차용증서의 진정성립의 추정력을 뒤집으려면 그럴만한 합리적인 이유와 이를 뒷받침할 간접반증 등의 증거가 필요하다.

④ 甲이 제출한 차용증서가 乙이 백지로 된 문서에 날인한 후 乙이 아닌 자에 의하여 백지 부분이 보충되었음이 밝혀진 경우에는 그것이 권한 없는 자에 의하여 이루어진 것이라는 점에 관하여 乙에게 증명책임이 있다.

【문 20】 감정과 검증에 관한 다음 설명 중 가장 옳지 않은 것은?

① 전문심리위원은 소송절차에서 설명 또는 의견을 기재한 서면을 제출하거나 기일에 출석하여 설명이나 의견을 진술할 수 있고, 이러한 전문심리위원의 기일에서의 설명이나 의견진술은 증거자료가 된다.

② 신청인이 감정을 구하는 사항을 적은 서면을 제출한 때에는 측량감정이나 시가감정과 같이 법원이 송달할 필요가 없다고 인정한 경우가 아닌 한 그 서면을 상대방에게 송달하여야 한다.

③ 감정인등이 감정서를 작성한 후 법원에 감정서를 제출하기 전에 소송 등이 화해, 청구의 포기·인낙, 소의 취하 및 그 밖에 재판에 의하지 아니하고 종결된 경우의 감정료는 감정인등 선정과 감정료 산정기준 등에 관한 예규에서 정한 감정료의 2분의 1로 한다.

④ 법원은 검증을 위하여 필요한 경우에는 남의 토지, 주거, 관리중인 가옥, 건조물, 항공기, 선박, 차량, 그 밖의 시설물 안에 들어갈 수 있고, 이 경우 저항을 받을 때에는 경찰공무원에게 원조를 요청할 수 있다.

【문 21】 소취하에 관한 설명 중 옳은 것은? (다툼이 있는 경우 판례에 의함)

① 본안에 대한 종국판결이 있은 뒤에 "원고는 소를 취하하고, 피고는 이에 동의한다."는 화해권고결정이 확정되어 소송이 종결된 경우에는 소취하한 경우가 아니므로 재소금지가 적용되지 아니한다.

② 甲이 乙을 상대로 매매를 원인으로 A 건물의 인도를 청구하였으나 패소한 후 항소심에서 이미 지급한 매매대금반환을 구하는 것으로 청구를 교환적으로 변경하였다가 다시 위 매매를 원인으로 A 건물의 인도를 구하는 것으로 청구를 변경하는 것은 적법하다.

③ 甲으로부터 대여금채권을 상속한 乙과 丙은 변호사 B를 소송대리인으로 선임하여 채무자 丁을 상대로 대여금청구의 소를 제기하였는데, 소송대리권을 수여할 당시 B에게 소취하에 대한 권한도 수여하였다. 소송계속 중에 丙은 B에게 자신의 소를 취하할 것을 의뢰하였고, B는 그의 사무원 C에게 丙의 소취하서만을 제출할 것을 지시하였는데, C의 착오로 B의 의사에 반하여 乙과 丙의 소를 모두 취하하는 내용의 소취하서를 법원에 제출한 경우 乙은 자신의 소취하를 철회할 수 있다.

④ 甲주식회사가 乙 등에 대하여 가지는 정산금 채권에 대하여 甲회사의 채권자 丙이 채권압류 및 추심명령을 받아 乙 등을 상대로 추심금 청구의 소를 제기하였다가 항소심에서 소를 취하하였는데, 그 후 甲회사의 다른 채권자 丁 등이 위 정산금 채권에 대하여 다시 채권압류 및 추심명령을 받아 乙 등을 상대로 추심금 청구의 소를 제기하였다면, 丁 등은 선행 추심소송과 별도로 자신의 채권집행을 위하여 위 소를 제기한 것이므로 재소금지 규정에 반하지 않는다.

【문 22】 판결의 경정에 관한 다음 설명 중 가장 옳은 것은?

① 청구취지에서 지급을 구하는 금원 중 원금 부분의 표시를 누락하여 그대로 판결된 경우, 그 청구원인에서 원금의 지급을 구하고 있었다면 판결경정으로 원금 부분의 표시를 추가하는 것은 허용된다.

② 판결경정신청을 기각한 결정에 대하여 헌법 위반을 이유로 특별항고를 하려면 신청인이 그 재판에 필요한 자료를 제출할 기회를 전혀 부여받지 못한 상태에서 그러한 결정이 있었다든지, 판결과 그 소송의 모든 과정에 나타난 자료와 판결선고 후에 제출된 자료에 의하여 판결에 잘못이 있음이 분명하여 판결을 경정해야 하는 사안임이 명백한데도 법원이 이를 간과함으로써 기각결정을 하였다는 등의 사정이 있어야 한다.

③ 판결경정결정은 원칙적으로 당해 판결을 한 법원이 하는 것이나, 통상의 공동소송이었던 다른 당사자 간의 소송사건이 상소의 제기로 상소심에 계속된 결과 상소를 하지 아니한 당사자 간의 원심판결의 원본과 소송기록이 우연히 상소심 법원에 있다면, 상소심 법원이 심판의 대상이 되지 않은 부분에 관한 판결을 경정할 권한을 가지게 된다.

④ 토지에 관한 소유권이전등기절차의 이행을 구하는 소송 중 사실심 변론종결 전에 토지가 분할되었는데도 그 내용이 변론에 드러나지 않은 채 토지에 관한 원고 청구가 인용된 경우에는 분할된 토지에 관한 표시로 경정해 달라는 신청은 인정되지 않는다.

【문 23】 소송상 상계항변에 관한 설명 중 옳지 않은 것은? (다툼이 있는 경우 판례에 의함)

① 피고가 소송상 상계항변과 소멸시효 완성항변을 함께 주장한 경우, 법원은 상계항변을 먼저 판단할 수 있다.

② 소송상 상계항변이 제출되었으나 소송절차 진행 중 조정이 성립됨으로써 수동채권의 존재에 관한 법원의 실질적인 판단이 이루어지지 않은 경우, 상계항변의 사법상 효과는 발생하지 않는다.

③ 甲이 乙을 피고로 3,000만 원의 손해배상청구의 소를 제기하여 제1심에서 승소판결을 받았으나 乙의 항소 제기로 그 항소심 계속 중에 乙이 甲을 피고로 하여 대여금반환청구의 소를 제기한 경우, 甲은 그 소송에서 위 3,000만 원의 손해배상채권을 자동채권으로 하는 소송상 상계항변을 할 수 있다.

④ 피고의 소송상 상계항변에 대하여 원고가 다시 피고의 자동채권을 소멸시키기 위하여 소송상 상계재항변을 하는 것은 특별한 사정이 없는 한 허용되지 않는다.

【문 24】 상소에 관한 다음 설명 중 옳지 않은 것은?

① 부대항소는 항소심 변론종결시까지 할 수 있으며, 부대상고 는 상고이유서 제출기간 만료시까지 할 수 있다.

② 항소장 각하명령이 있은 후에 부족인지액을 보정하고 불복 을 신청하였다고 하더라도 그 각하명령을 취소할 수 없다.

③ 항소심에서 공시송달 판결을 하는 경우, 민사소송법 제208 조 제3항 제3호에 따라 판결서의 이유에 청구를 특정함에 필요한 사항과 같은 법 제216조 제2항의 판단에 관한 사항 만을 간략하게 표시할 수 있다.

④ 제1심판결에 대하여 불복하지 않은 당사자는 그에 대한 항 소심판결이 제1심판결보다 불리하지 않다면 항소심판결에 대해 상고의 이익이 없다.

【문 25】 소액사건심판절차에 관한 다음 설명 중 가장 옳지 않 은 것은?

① 소송목적의 값이 3,000만 원 이하라고 하더라도 채무부존 재확인청구 · 소유권이전등기청구 · 사해행위취소청구 · 토지 인도청구 등은 소액사건에 속하지 않는다.

② 소액사건에서는 당사자의 배우자 · 직계혈족 또는 형제자매 이면 변호사가 아니더라도 법원의 허가 없이도 소송대리인 이 될 수 있지만, 상소심에서는 이러한 예외가 적용되지 않 으므로 변호사대리의 원칙에 의한다.

③ 2개 이상의 소액사건을 병합함으로써 소송목적의 값의 합산 액이 3,000만 원을 초과하게 된 경우에는 그 전체가 소액사 건의 범위에 속하지 않게 되므로 사물관할의 일반원칙에 따라 일반 단독사건으로 재배당하는 등의 조치를 취하여야 한다.

④ 소액사건의 경우에는 판사가 바뀌었더라도 변론의 갱신 없 이 판결할 수 있다.

02회 실전동형모의고사

【문 1】소장각하명령에 관한 다음 설명 중 가장 옳지 않은 것은?

① 소명자료를 첨부하여 공시송달을 신청하였는데도, 그에 대한 허부재판을 도외시하고 주소보정의 흠을 이유로 소장각하명령을 하는 것은 위법하다.

② 법인의 주소지로 소장부본 등을 송달하였으나 송달불능된 경우, 제1심 재판장은 원고에게 그 주소보정을 명할 수 있고, 주소보정을 하지 않으면 곧바로 소장각하명령을 할 수 있다.

③ 소장에 관한 재판장 또는 참여사무관등의 보정명령에 대해서는 독립하여 이의신청이나 항고를 할 수 없고, 보정명령 불이행을 이유로 한 재판장의 소장각하명령에 대하여는 즉시항고에 의하여만 불복할 수 있다.

④ 재판장이 소장의 흠결을 이유로 소장각하명령을 한 경우 원고가 즉시항고와 더불어 그 흠을 보정하였을 경우라도 소장각하명령을 취소할 수 없다.

【문 2】재판권에 관한 설명 중 가장 옳지 않은 것은? (다툼이 있는 경우 판례에 의함)

① 재판권의 존재 여부는 직권조사사항이다.

② 소장심사시 재판권 없음이 명백하면 재판장은 명령으로 소장을 각하할 수 있다.

③ 국제재판관할권은 배타적인 것이므로 병존할 수도 없다. 지리, 언어, 통신의 편의, 법률의 적용과 해석 등의 측면에서 다른 나라 법원이 대한민국 법원보다 더 편리하다는 것만으로 대한민국 법원의 재판관할권은 부정될 수 있다.

④ 재판권의 부존재를 간과하고 본안판결을 하여 그 판결이 확정된 경우 재심청구를 할 수 있다.

【문 3】관할에 관한 다음 설명 중 옳은 것으로 묶은 것은? (다툼이 있는 경우 판례에 의함)

⑦ 전속관할위반을 간과한 판결은 확정 전이면 상소로 다툴 수 있으나 확정 후라면 재심사유가 되지 아니한다.

④ 수익자에 대하여 사해행위취소와 함께 그에 따른 원상회복을 구하는 경우, 사해행위취소의 소에 있어서 의무이행지는 '취소로 인하여 형성되는 법률관계에 있어서의 의무이행지'가 아니라 '취소의 대상인 법률행위의 의무이행지'이다.

④ 민사소송의 당사자와 소송관계인은 신의에 따라 성실하게 소송을 수행하여야 하고(민사소송법 제1조 제2항), 민사소송의 일방 당사자가 다른 청구에 관하여 관할만을 발생시킬 목적으로 본래 제소할 의사 없는 청구를 병합한 것이 명백한 경우에는 관할선택권의 남용으로서 신의칙에 위배되어 허용될 수 없으므로, 그와 같은 경우에는 관련재판적에 관한 민사소송법 제25조의 규정을 적용할 수 없다.

④ 관할위반에 따른 이송결정에 대하여는 즉시항고를 할 수 없다.

④ 부동산인도와 임료 상당의 부당이득금을 병합청구하는 경우 관련재판적의 규정을 적용하여 지참채무인 임료청구의 채권자 주소지에도 관할이 인정된다.

① ⑦, ④, ④　　　　② ④, ④, ④

③ ⑦, ④, ④　　　　④ ④, ④, ④

【문 4】甲이 乙을 상대로 대여금 청구의 소를 제기하였다. 옳지 않은 것은? (다툼이 있는 경우에는 판례에 의함)

① 乙이 소제기 전 사망하고 甲이 소송계속 중 그 사실은 안 경우에는 甲의 신청에 의해 피고를 乙의 상속인으로 표시정정하는 것은 허용된다.

② 乙이 소 제기 전에 이미 사망하였음에도 법원이 이를 간과하고 본안판결을 선고하였다면 이 판결은 당연무효이다.

③ 乙이 변론종결 후에 사망한 상태에서 판결이 선고된 경우, 乙에 대한 판결정본의 공시송달은 무효이다.

④ 소송대리인이 있는 乙에 대하여 소송계속 중 乙에 대한 파산절차가 개시된 경우에도, 소송절차는 중단되지 않는다.

【문 5】 소송상 특별대리인에 관한 다음 설명 중 가장 옳지 않은 것은?

① 제한능력자를 위한 특별대리인은 친족·이해관계인 등의 신청에 따라 선임되고, 법원이 직권으로 특별대리인을 선임할 수 없다.

② 적법한 대표자 자격이 없는 甲이 비법인사단을 대표하여 소를 제기하였다가 항소심에서 甲이 위 비법인사단의 특별대리인으로 선임되었는데, 상고심에서 甲이 선임한 소송대리인이 甲이 수행한 기왕의 모든 소송행위를 추인한 경우 甲이 비법인사단을 대표하여 한 모든 소송행위는 그 행위시에 소급하여 효력을 갖는다.

③ 특별대리인의 보수, 선임비용 및 소송행위에 관한 비용은 소송비용에 포함된다.

④ 법인 또는 법인 아닌 사단의 소송법상 특별대리인은 그 대표자와 동일한 권한을 가지게 되므로, 특별한 사정이 없는 한 법인을 대표하여 수행하는 소송에 관하여 상소를 제기하거나 이를 취하할 권리가 있다.

【문 6】 甲은 乙을 상대로 대여금 청구의 소를 제기하였다(이하에서 丙은 甲의 채권자이다). 다음 설명 중 옳지 않은 것은? (각 지문은 독립적이며, 다툼이 있는 경우 판례에 의함)

① 甲이 乙에게 소구하고 있는 채권을 丙이 가압류한 경우 법원은 甲의 소를 각하하여야 한다.

② 甲이 乙에게 소구하고 있는 채권에 대하여 丙이 압류 및 전부명령을 받고 그 전부명령이 확정된 경우 법원은 甲의 청구를 기각하여야 한다.

③ 甲의 乙에 대한 대여금채권에 대해 丙이 압류 및 추심명령을 받아 그 명령이 甲과 乙에게 송달된 후, 甲이 위와 같이 제소하였다면 법원은 甲의 소를 각하하여야 한다.

④ 丙이 甲을 대위하여 乙을 상대로 위 대여금의 지급을 구하는 소를 제기하고 甲에게 소송고지한 후 그 소송에서 패소판결이 확정된 경우, 법원은 그 후에 제소된 甲의 乙에 대한 위 대여금 청구를 기각하여야 한다.

【문 7】 소송물에 관한 다음 설명 중 가장 옳지 않은 것은?

① 부당이득반환청구권과 불법행위로 인한 손해배상청구권은 서로 소송물을 달리하므로 채권자로서는 어느 하나의 청구권에 관한 소를 제기하여 승소 확정판결을 받았다고 하더라도 아직 채권의 만족을 얻지 못한 경우에는 다른 나머지 청구권에 관한 이행판결을 얻기 위하여 그에 관한 이행의 소를 제기할 수 있다.

② 소장에서 청구의 대상으로 삼은 채권 중 일부만을 청구하면서 소송의 진행경과에 따라 장차 청구금액을 확장할 뜻을 표시하였으나 당해 소송이 종료될 때까지 실제로 청구금액을 확장하지 않은 경우에도 채권 전부에 관하여 판결을 구한 것으로 볼 수 있으므로, 나머지 부분에 대하여는 재판상 청구로 인한 시효 중단의 효력이 발생한다.

③ 불법행위로 인한 적극적 손해의 배상을 명한 전소의 변론종결 후에 새로운 적극적 손해가 발생한 경우 전소의 변론종결 당시 그 손해의 발생을 예견할 수 없었고 또 그 부분 청구를 포기하였다고 볼 수 없는 등 특별한 사정이 있다면 그 부분에 대한 손해배상의 청구는 전소의 소송물과는 별개의 소송물이다.

④ 동일 부동산에 대하여 이전등기를 구하면서 그 등기청구권의 발생원인을 처음에는 매매로 하였다가 후에 취득시효의 완성을 선택적으로 추가하는 것은 별개의 청구를 추가시킨 것이다.

【문 8】 청구의 선택적·예비적 병합에 관한 다음 설명 중 가장 옳지 않은 것은?

① 선택적으로 병합된 수개의 청구를 모두 기각한 항소심판결에 대하여 원고가 상고한 경우에 상고심법원이 선택적 청구 중 어느 하나의 청구에 관한 상고가 이유 있다고 인정할 때에는 원심판결을 전부 파기하여야 한다.

② 항소심에 이르러 새로운 청구가 추가된 경우 항소심은 추가된 청구에 대해서는 실질상 제1심으로서 재판하여야 한다. 제1심이 기존의 청구를 기각한 데 대하여 원고가 항소하였고 항소심이 기존의 청구와 항소심에서 추가된 청구를 모두 배척할 경우 단순히 "원고의 항소를 기각한다."라는 주문 표시만 해서는 안 되고, 이와 함께 항소심에서 추가된 청구에 대하여 "원고의 청구를 기각한다."라는 주문 표시를 해야 한다.

③ 예비적 병합의 경우에 주위적 청구기각·예비적 청구인용의 제1심판결에 대하여 피고만이 항소한 경우 항소심에서 피고는 주위적 청구를 인낙할 수 없다.

④ 실질적으로 선택적 병합관계에 있는 두 청구에 관하여 당사자가 주위적·예비적으로 순위를 붙여 청구하였고, 그에 대하여 제1심법원이 주위적 청구를 기각하고 예비적 청구만을 인용하는 판결을 선고하여 피고만이 항소를 제기한 경우에도 항소심으로서는 두 청구 모두를 심판의 대상으로 삼아 판단하여야 한다.

【문 9】 청구의 변경에 관한 다음 설명 중 가장 옳지 않은 것은?

① 청구의 변경에 의하여 청구의 기초가 바뀌었다고 하더라도, 그 청구의 변경에 대하여 상대방이 지체 없이 이의하지 아니하고 변경된 청구에 관한 본안의 변론을 한 때에는 상대방은 더 이상 그 청구 변경의 적법 여부에 대하여 다투지 못한다.

② 청구의 감축은 원칙적으로 소의 일부취하에 해당하므로 반드시 서면에 의할 필요가 없고 말로써 할 수도 있으나, 통상의 소취하와 달리 상대방의 동의는 필요하지 않다.

③ 피고만이 항소한 항소심에서 소의 교환적 변경이 적법하게 이루어진 후에 피고가 항소를 취하한 경우 제1심판결은 소의 교환적 변경에 의한 소취하로 실효되고, 항소심은 교환된 새로운 소송을 사실상 제1심으로 재판하는 것이 되므로 항소취하는 그 대상이 없어 아무런 효력을 발생할 수 없다.

④ 소의 교환적 변경으로 구청구는 취하되고 신청구가 심판의 대상이 되었음에도 신청구에 대하여는 아무런 판단도 하지 아니한 채 구청구에 대하여 심리·판단한 제1심판결에 대하여 항소한 경우 항소심법원은 제1심판결을 취소하고 구청구에 대하여는 소송종료선언을 하여야 한다.

【문 10】 공동소송에 관한 다음 설명 중 틀린 것은? (다툼이 있으면 판례에 의함)

① 채권자대위권에 기하여 공동하여 채무자의 권리를 행사하는 다수의 채권자들은 유사필수적 공동소송관계에 있다.

② 필수적 공동소송에서는 공동소송인 가운데 한 사람이 한 유리한 소송행위는 모두를 위하여 효력이 생기지만, 불리한 소송행위는 모두 함께 하지 아니하면 효력이 생기지 아니한다.

③ 필수적 공동소송에 대하여 본안판결을 할 때에는 공동소송인 전원에 대한 하나의 종국판결을 선고하여야 하는 것이지 공동소송인 일부에 대해서만 판결하거나 남은 공동소송인에 대해 추가판결을 하는 것은 모두 허용될 수 없다.

④ 필수적 공동소송에서는 공동소송인 중 일부가 제기한 상소 또는 공동소송인 중 일부에 대한 상대방의 상소는 다른 공동소송인에게도 효력이 미치는 것이지만, 상소심으로서는 불복하지 아니한 나머지 공동소송인에 대하여는 판단하여서는 안 된다.

【문 11】 소제기의 효과에 관한 설명 중 가장 옳지 않은 것은? (다툼이 있는 경우 판례에 의함)

① 채무자가 제3채무자를 상대로 제기한 금전채권의 이행소송이 압류 및 추심명령에 따른 당사자적격의 상실로 각하되었으나 이행소송 계속 중 피압류채권에 대하여 당사자적격을 취득한 추심채권자가 각하판결이 확정된 날로부터 6개월 내에 제3채무자를 상대로 추심의 소를 제기한 경우, 채무자의 재판상 청구에 따른 시효중단의 효력이 추심채권자의 추심소송에서 그대로 유지된다.

② 소송목적인 권리를 양도한 원고는 법원이 소송인수결정을 한 후 피고의 승낙을 받아 소송에서 탈퇴할 수 있는데, 그 후 인수참가인의 소송목적 양수 효력이 부정되어 인수참가인에 대한 청구기각 또는 소각하 판결이 확정되면, 그날부터 6개월 내에 탈퇴한 원고가 다시 탈퇴 전과 같은 재판상의 청구 등을 한 때에는, 탈퇴 전에 원고가 제기한 재판상의 청구로 인하여 발생한 시효중단의 효력은 그대로 유지된다.

③ 금전채무에 관하여 채무자가 채권자를 상대로 채무부존재확인 소송을 제기하였으나 사실심의 심리 결과 채무의 존재가 일부 인정되어 이에 대한 확인판결을 선고하였다면 지연손해금 산정에 대하여 소송촉진법 제3조의 법정이율을 적용할 수 있다.

④ 물상보증인이 제기한 저당권설정등기 말소청구소송에서 채권자가 청구기각을 구하면서 피담보채권의 존재를 적극 주장하더라도 그 피담보채권에 관하여 소멸시효 중단의 효력이 생기지 않는다.

【문 12】 처분권주의에 관한 다음 설명 중 가장 옳지 않은 것은?

① 대지임대차 종료시 대지임대인이 그 임차인에 대하여 건물 철거 및 그 대지의 인도를 청구한 데 대하여 임차인이 적법하게 건물매수청구권을 행사한 경우, 대지임대인의 건물철거와 그 대지인도 청구에는 건물매수대금 지급과 동시에 건물명도를 구하는 청구가 포함되어 있다고 볼 수 있다.

② 부동산을 단독으로 상속하기로 분할협의하였다는 이유로 그 부동산 전부가 자기 소유임의 확인을 구하는 청구에는 그와 같은 사실이 인정되지 아니하는 경우 자신의 상속받은 지분에 대한 소유권의 확인을 구하는 취지가 포함되어 있다고 보아야 한다.

③ 채무불이행으로 인한 손해배상 예정액의 청구와 채무불이행으로 인한 손해배상액의 청구는 그 청구원인을 달리하는 별개의 청구이므로 손해배상 예정액의 청구 가운데 채무불이행으로 인한 손해배상액의 청구가 포함되어 있다고 볼 수 없다.

④ 상속채권자가 상속인을 상대로 상속채무의 이행을 청구하였는데, 상속인의 한정승인의 항변이 이유가 있으면 상속채무 전부를 이행할 것을 명해야 한다.

【문 13】 다음은 석명권에 관한 설명이다. 이 중 옳지 않은 것은? (다툼이 있는 경우에는 판례에 의함)

① 당사자가 부주의 또는 오해로 인하여 청구취지가 특정되지 아니한 것을 명백히 간과한 채 본안에 관하여 공방을 하고 있는데도 보정의 기회를 부여하지 아니한 채 당사자가 전혀 예상하지 못하였던 청구취지 불특정을 이유로 소를 각하하는 것은 석명의무를 다하지 아니하여 심리를 제대로 하지 아니한 것으로서 위법하다.

② 원고가 피고에 대하여 부당이득금반환을 구한다는 청구를 하다가, 제3자로부터 그 부당이득반환채권을 양수하였으므로 그 양수금의 지급을 구한다고 주장하여 청구원인을 변경하는 경우라도 법원에게 청구의 교환적 변경인지 추가적 변경인지를 석명으로 밝혀볼 의무는 없다.

③ 사해행위 취소소송에서 그 소의 제척기간의 도과 여부가 당사자 사이에 쟁점이 된 바가 없음에도 당사자에게 의견진술의 기회를 부여하거나 석명권을 행사함이 없이 제척기간의 도과를 이유로 사해행위 취소의 소를 각하한 것은 석명의무를 다하지 아니하여 심리를 제대로 하지 아니한 것이다.

④ 원고가 소유권에 기한 목적물 반환청구만을 하고 있음이 명백한 경우, 법원이 원고에게 점유권에 기한 반환청구도 구하고 있는지 여부를 석명할 의무가 있는 것은 아니다.

【문 14】 소송행위에 관한 다음 설명 중 옳지 않은 것은? (다툼이 있는 경우 판례에 의함)

① 공정증서가 채무명의로서 집행력을 가질 수 있도록 하는 집행인낙표시는 공증인에 대한 소송행위로서 이러한 소송행위에는 민법상의 표현대리규정이 적용 또는 준용될 수 없다.

② 종중을 대표할 권한이 없는 자가 한 소송행위를 추인하면 그때부터 유효하게 되며, 그 경우 제3자에 대하여도 추인의 효력이 미친다.

③ 재판상 화해에서 제3자의 이의가 있을 때에 화해의 효력을 실효시키기로 하는 약정이 가능하고 그 실효조건의 성취로 화해의 효력은 당연히 소멸된다.

④ 대표자나 대리인이 상대방과 통모하여 형사상 처벌을 받을 배임행위 등에 의하여 지급명령에 대한 이의신청을 취하한 경우에 그 취하의 효력이 부정되려면 그 형사상 처벌받은 행위에 대하여 유죄의 판결이나 과태료부과의 재판이 확정된 때 또는 증거부족 외의 이유로 유죄의 확정판결이나 과태료부과의 확정재판을 할 수 없는 때라야 한다.

【문 15】 기일해태에 관한 설명 중 가장 옳은 것은?

① 변론기일 내지 변론준비기일에 불출석한 당사자가 제출한 준비서면에 서증의 사본이 첨부되어 있고 그 준비서면이 진술간주되었다면 서증의 제출이 있는 것으로 간주된다.

② 일단 제1심에서 자백간주가 성립하여 그 사실인정에 기초하여 제1심판결이 선고된 경우에는 항소심에서 이를 다투었다 하더라도 자백간주의 효력은 그대로 유지된다.

③ 원고가 채권자대위권에 기해 청구를 하다가 당해 피대위채권 자체를 양수하여 양수금청구로 소를 변경한 경우, 양쪽 당사자가 변경 전에 1회, 변경 후에 불출석한 경우에는 2회 기일해태의 효과가 발생한다.

④ 양쪽 당사자가 2회 불출석한 후 1월 내에 기일지정신청을 하지 않으면 소를 취하한 것으로 보는데, 이때의 1월은 양쪽 당사자가 불출석한 변론기일 다음 날부터 기산된다.

【문 16】 송달에 관한 다음 설명 중 가장 옳지 않은 것은?

① 동일한 수령대행인이 이해가 대립하는 소송당사자 쌍방을 대신하여 소송서류를 동시에 수령하는 경우 '소송당사자의 허락이 있다는 등의 특별한 사정이 없는 한' 그러한 보충송달은 무효이다.

② 상소 제기기간 계산의 기산점이 되는 판결정본의 송달의 흠은 이에 대한 이의권의 포기나 상실로 인하여 치유될 수 없다.

③ 송달받을 사람의 주소·거소·영업소·사무소 또는 근무장소가 알려져 있는 경우, 이러한 송달장소가 아닌 곳에서 송달받을 사람을 만났을 때 그 장소에서 조우송달을 실시할 수 있으며, 만일 그가 송달받기를 거부하는 경우에는 유치송달을 할 수 있다.

④ 동일한 주택의 일부를 임차한 임차인 상호간 또는 집주인과 하숙생 사이에서는, 인장을 교부하거나 우편물 수령의 위임을 받는 등 특별한 경우가 아니라면 동거인으로서 보충송달을 할 수 없다.

【문 17】 甲은 乙을 상대로 불법행위에 기한 손해배상청구의 소를 제기하였다. 이에 관한 설명 중 가장 옳지 않은 것은? (다툼이 있는 경우 판례에 의함)

① 乙이 소제기 전에 이미 사망하였음에도 법원이 이를 간과하고 본안판결을 선고하였다면 이 판결은 당연무효이다.

② 乙이 소송계속 후 변론종결 전에 사망하여 소송절차중단사유가 발생하였음에도 이를 간과하고 선고한 판결은 당연무효는 아니다.

③ 乙이 소송계속 중 사망하더라도 乙을 위한 소송대리인 丙이 있다면 소송절차는 중단되지 않으며 상속인이 수계절차를 밟지 않더라도 丙은 상속인의 소송대리인이 된다.

④ 甲이 소송대리인 丙에게 소송위임을 한 다음 소제기 전 사망하였음에도 丙이 이를 모르고 甲을 원고로 표시하여 소를 제기한 경우, 이 소는 부적법하므로 각하되어야 한다.

【문 18】 증인신문에 관한 다음 설명 중 가장 옳은 것은?

① 증언거부나 선서거부에 정당한 이유가 없다고 한 재판이 확정된 뒤에 증인이 증언이나 선서를 거부한 때에는 소송비용부담, 과태료처분, 감치처분을 받을 수 있다.

② 증인의 신문은 증인신문신청을 한 당사자의 신문(주신문), 상대방의 신문(반대신문), 증인신문신청을 한 당사자의 재신문(재주신문)의 순서로 하고, 그 신문이 끝난 후에도 당사자는 재판장의 허가를 받지 않더라도 다시 신문을 할 수 있다.

③ 만 17세의 학생을 증인으로 신문할 때에는 선서를 시키지 못한다.

④ 선서한 당사자가 거짓진술을 한 때에는 법원은 500만 원 이하의 과태료 결정을 할 수는 있으나, 당사자본인이 출석하지 아니하거나 선서 또는 진술을 거부하는 데 대하여 구인하거나 과태료를 부과할 수는 없다.

【문 19】 문서제출명령에 관한 다음 설명 중 가장 잘못된 것은?

① 문서제출명령을 하려면 문서의 존재와 소지가 증명되어야 하는데, 그 증명책임은 원칙적으로 신청인에게 있다.

② 제3자가 소지하고 있는 문서에 대하여는 채부의 결정을 하기 전에 반드시 심문하여야 한다.

③ 문서제출명령에 대해서는 독립하여 즉시항고를 할 수 있다.

④ 문서제출명령에 의하여 법원에 제출된 문서는 당연히 서증으로 제출된 것으로 취급된다.

【문 20】 사실조회(조사의 촉탁)에 관한 다음 설명 중 가장 옳지 않은 것은? (다툼이 있는 경우 판례에 의함)

① 전문적이고 특수한 분야에 관한 지식이나 정보를 갖고 있는 개인에게도 사실조회를 할 수 있다.

② 회보가 도착한 때에는 즉시 양쪽 당사자에게 전화·팩스 등 간이한 방법으로 그 사실을 고지하고, 변론기일에서 당사자에게 의견 진술의 기회를 주는 절차를 거쳐야 한다.

③ 사실조회회보에 관하여 이를 따로 서증으로 제출시킬 필요는 없으나, 회보처에서 참고서류 사본 등을 함께 보낸 경우에는 그 참고서류를 서증으로 제출시킬 필요가 있다.

④ 금융거래정보나 과세정보에 대한 사실조회는 제출명령양식을 사용하여야 한다.

【문 21】 청구의 포기 · 인낙에 관한 다음 설명 중 가장 옳지 않은 것은?

① 불출석한 당사자가 진술간주되는 준비서면에 청구의 포기 또는 인낙의 의사표시를 적었고 공증사무소의 인증을 받은 경우에는 청구의 포기 또는 인낙이 성립된 것으로 본다.

② 청구인낙의 취지가 변론조서만에 기재되어 있고 따로 인낙조서의 작성이 없다면 청구인낙으로서의 효력이 발생하지 않는다.

③ 청구의 포기 또는 인낙에 대하여는 준재심의 소에 의하여 다툴 수 있다.

④ 소송절차 내에서 비법인사단이 당사자로서 청구의 포기 · 인낙 또는 화해를 하여 이를 변론조서나 변론준비기일조서에 적은 경우에 그 비법인사단의 대표자가 그러한 청구의 포기 · 인낙 또는 화해를 하는 데에 필요한 권한의 수여에 흠이 있는 때에는 비법인사단은 위 변론조서나 변론준비기일조서에 대하여 준재심의 소를 제기할 수 있다.

【문 22】 외국판결의 승인에 관한 설명 중 가장 옳은 것은? (다툼이 있는 경우 판례에 의함)

① 외국재판 과정에서 패소한 피고의 남편에게 소송서류가 보충송달된 경우 민사소송법 제217조 제1항 제2호에서 규정하고 있는 적법한 송달로 볼 수 있다.

② 법원은 손해배상에 관한 확정재판 등이 대한민국의 법률 또는 대한민국이 체결한 국제조약의 기본질서에 현저히 반하는 결과를 초래할 경우에는 해당 확정재판 등의 전부 또는 일부를 승인할 수 없으므로, 외국법원의 확정재판 등이 징벌적 손해배상과 같이 손해전보의 범위를 초과하는 배상액의 지급을 명한 경우는 물론 당사자가 실제로 입은 손해를 전보하는 손해배상을 명한 경우에도 그 손해배상액이 지나치게 큰 경우에는 민사소송법 제217조의2 제1항을 근거로 승인을 제한할 수 있다.

③ 외국법원의 확정재판 등의 승인이 대한민국의 선량한 풍속이나 그 밖의 사회질서에 어긋나는지는 외국법원의 확정재판 등이 확정된 시점을 기준으로 판단한다.

④ 외국법원의 확정판결이 승인되려면, 상호보증이 있거나 대한민국과 그 외국법원이 속하는 국가에 있어 확정재판 등의 승인요건이 현저히 균형을 상실하지 아니하고 중요한 점에서 실질적으로 차이가 없어야 하고, 이러한 상호보증을 위해서는 당사국과 조약이 체결되어 있어야 한다.

【문 23】 甲은 乙로부터 그 소유의 X 토지를 임차한 후 그 토지상에 Y 건물을 신축하였다. 다음 설명 중 옳지 않은 것은? (각 지문은 독립적이고, 다툼이 있는 경우에는 판례에 의함)

① 乙이 甲을 상대로 X 토지의 인도 및 Y 건물의 철거를 청구할 수 있는 경우에, 丙이 Y 건물에 대한 대항력 있는 임차인이라도 乙은 소유권에 기한 방해배제로서 丙에 대하여 Y 건물로부터의 퇴거를 청구할 수 있다.

② 乙이 甲을 상대로 X 토지의 인도 및 Y 건물의 철거를 청구한데 대하여 甲이 적법하게 건물매수청구권을 행사한 경우, 법원은 乙이 종전 청구를 유지할 것인지 아니면 대금지급과 상환으로 건물인도를 청구할 의사가 있는지를 석명하여야 한다.

③ 乙이 甲을 상대로 X 토지의 인도 및 Y 건물의 철거를 청구한데 대하여 甲이 건물매수청구권을 제1심에서 행사하였다가 철회한 후에도 항소심에서 다시 행사할 수 있다.

④ 乙이 甲을 상대로 먼저 X 토지의 인도를 구하는 소를 제기하여 승소판결이 확정되었다. 이후 다시 乙이 甲을 상대로 Y 건물의 철거를 구하는 소를 제기하였는데, 이때 甲이 'Y 건물의 소유를 위하여 X 토지를 임차하였으므로 Y 건물에 관하여 건물매수청구권을 행사한다'고 주장하는 경우, 甲 주장의 임차권은 위 토지인도청구소송의 변론종결일 전부터 존재하던 사유로서 위 확정판결의 기판력에 저촉되는 것이다.

【문 24】 항소에 관한 다음 설명 중 가장 옳지 않은 것은?

① 항소의 객관적, 주관적 범위는 항소장에 기재된 항소취지만을 기준으로 판단할 것은 아니고, 항소취지와 함께 항소장에 기재된 사건명이나 사건번호, 당사자의 표시, 항소인이 취소를 구하는 제1심판결의 주문 내용 등을 종합적으로 고려해서 판단해야 한다.

② 항소장이 송달된 이후에도 항소장각하명령을 할 수 있다.

③ 항소권을 포기하여 제1심판결이 확정된 후에 항소장이 제출되었음이 분명한 경우, 제1심 재판장은 항소장각하명령을 할 수 있다.

④ 일부판결이나 추가판결에 대해서는 항소를 할 수 있으나, 중간판결에 대하여는 독립하여 항소할 수 없다.

【문 25】 항고에 관한 다음 설명 중 가장 옳지 않은 것은?

① 즉시항고나 특별항고는 재판의 고지를 받은 날부터 1주의 불변기간 이내에 제기하여야 한다.

② 판결로 재판하여야 할 사항에 대하여 결정의 형식으로 재판한 경우에 그에 대한 불복은 항고에 의하여야 한다.

③ 항고심의 결정에 대하여 하는 항고뿐만 아니라 지방법원 항소부가 제1심으로서 한 결정·명령에 대하여 하는 항고도 재항고이다.

④ 특별항고가 제기된 경우나 항고기간이 지나 즉시항고가 제기된 경우에도 항고가 이유 있다고 인정되면 재도의 고안에 의해 원재판을 경정할 수 있다.

03회 실전동형모의고사

【문 1】소장심사 등에 관한 다음 설명 중 가장 옳지 않은 것은? (다툼이 있는 경우 판례에 의함)

① 판례는 부족인지의 보정명령을 받고 소송관계인이 '민사소송 등 인지규칙'에 따라 수납은행에 인지액을 현금으로 납부했다면 송달료 수납은행에 현금을 납부한 때에 인지보정의 효과가 발생된다고 한다.

② 소장부본이 피고에게 송달된 후에는 필수적 기재사항의 흠, 인지의 부족 등이 나중에 판명되어 원고가 보정명령에 불응하였더라도, 재판장이 소장각하명령을 할 수는 없다.

③ 보정명령서에 보정기간이 공란으로 되어 있어 보정기한이 지정된 바 없다면 이는 적법한 보정명령이라고 볼 수 없다.

④ 법인에 대한 소송서류의 송달은 대표자의 주소·거소가 아닌 법인의 주소나 영업소에 하는 것이 원칙이다.

【문 2】재판권에 관한 설명 중 가장 옳지 않은 것은? (다툼이 있는 경우 판례에 의함)

① 만일 법인인 피고가 대한민국에 주된 사무소나 영업소를 두고 영업활동을 할 때에는 대한민국 법원에 피고를 상대로 재산에 관한 소가 제기되리라는 점을 쉽게 예측할 수 있다.

② 재판권의 부존재를 간과하고 본안판결을 하여 그 판결이 확정된 경우 그 판결에 기판력이 발생한다.

③ 이혼청구의 주요 원인이 된 사실관계가 대한민국에서 형성되었고 대한민국에 있는 재산이 재산분할대상인지 여부가 첨예하게 다투어지고 있는 경우, 피고의 예측가능성, 당사자의 권리구제, 해당 쟁점의 심리 편의와 판결의 실효성 차원에서 대한민국과 해당 사안 간의 실질적 관련성을 인정할 여지가 크다.

④ 중국에 상거소를 두고 있는 부부 중 외국 국적의 남편이 대한민국 법원에 이혼 등 소를 제기한 경우 대한민국 법원에 국제재판관할권이 인정되는지와 관련하여 피고가 소장 부본을 적법하게 송달받고 관할위반의 항변을 하지 아니한 채 실제 본안에 관한 주장과 증거를 제출하는 등 적극적으로 응소하였다면 이러한 사정은 대한민국 법원에 관할권을 인정하는 데 긍정적인 요소의 하나로 고려할 수 있다.

【문 3】소송의 이송에 관한 다음 설명 중 가장 옳은 것은?

① 항고소송으로 제기하였어야 할 소를 민사소송으로 제기하였다 하더라도 그 상고심법원이 항고소송에 대한 관할을 동시에 가지고 있다면, 당사자 권리구제나 소송경제의 측면에서 항고소송에 대한 제1심법원으로서 사건을 심리·판단하여야 한다.

② 법원은 소송의 전부 또는 일부에 대하여 관할권이 없다고 인정하는 경우에는 결정으로 이를 관할법원에 이송한다는 규정은 본래 당사자가 관할권 없는 제1심법원에 소를 제기한 경우를 상정한 것이나, 제1심의 소를 고등법원이나 대법원에 제기한 경우에도 이 규정을 적용할 수 있고, 제1심법원이 항소기록 송부를 잘못한 경우 지방법원 항소부와 고등법원 사이에서도 위 규정에 의한 이송이 인정된다.

③ 원고가 고의 또는 중대한 과실 없이 행정소송으로 제기하여야 할 사건을 민사소송으로 잘못 제기한 경우 그 행정소송에 대한 관할을 가지고 있지 아니하다면 당해 소송이 이미 행정소송으로서의 전심절차 및 제소기간을 도과하여 행정소송으로서의 소송요건을 결하고 있음이 명백할 경우에도 부적법한 소라고 하여 각하할 것이 아니라 관할법원에 이송하여야 한다.

④ 당사자가 상소장을 원심법원이 아닌 상소법원에 제출하였을 경우 상소법원이 그 상소장을 원심법원에 이송할 수 있는지에 관하여는 견해의 대립이 있으나 실무는 상소장을 원심법원에 송부하고 있고, 상소기간의 준수 여부는 상소법원에 상소장이 접수된 때를 기준으로 판단한다.

【문 4】당사자의 자격에 관한 설명 중 옳지 않은 것은? (다툼이 있는 경우 판례에 의함)

① 비법인사단이 원고로 된 경우, 그 성립의 기초가 되는 사실에 관하여 당사자가 다양한 주장을 하는 경우, 구체적인 주장사실에 구속될 필요 없이 직권으로 단체의 실체를 파악하여 당사자능력의 존부를 판단하여야 한다.

② 종중 유사의 권리능력 없는 사단(이하 '종중 유사단체'라 한다)은 비록 그 목적이나 기능이 고유 의미의 종중(이하 '고유 종중'이라 한다)과 별다른 차이가 없다 하더라도 공동선조의 후손 중 일부에 의하여 인위적인 조직행위를 거쳐 성립된 경우에는 사적 임의단체라는 점에서 고유 종중과 그 성질을 달리하므로, 그러한 경우에는 사적 자치의 원칙 내지 결사의 자유에 따라 구성원의 자격이나 가입조건을 자유롭게 정할 수 있다.

③ 법인 아닌 사단의 대표자 자격에 관하여 상대방 당사자가 자백하더라도 이는 법원을 구속하지 않는다.

④ 실종자를 당사자로 한 판결이 특별한 조건 없이 선고되어 확정된 후에 실종선고가 확정되고 그로 인한 사망간주의 시점이 소제기 전으로 소급하는 경우, 위 판결은 당사자능력이 없는 사망한 사람에 대한 것이므로 무효이다.

【문 5】 소송대리에 관한 다음 설명 중 가장 옳지 않은 것은?

① 소액사건에서는 법원의 허가가 없더라도 당사자의 형제자매는 소송대리인이 될 수 있다.

② 단독판사가 심리·재판하는 소송목적의 값이 제소 당시 1억원 이하인 민사소송사건은 변호사가 아닌 사람도 법원의 허가를 받아 소송대리인이 될 수 있다.

③ 항소의 제기에 관하여 특별수권을 받지 아니한 1심 소송대리인이 제기한 항소는 위법하나, 그 당사자의 적법한 소송대리인이 항소심에서 본안에 대하여 변론하였다면 그 항소는 당사자가 적법하게 제기한 것으로 된다.

④ 소송대리권은 수권자인 법정대리인의 사망, 소송능력 상실, 법정대리권의 소멸·변경 또는 법인 대표자의 교체 등으로 소멸한다.

【문 6】 소의 이익에 관한 다음의 설명 중 옳은 것은? (다툼이 있는 경우에는 판례에 의함)

ㄱ. 채권양도인 A가 채권양수인 B에게 채권을 양도하면서 채무자 C에게 그 양도사실을 통지하는 등 채권양도의 대항요건을 갖추었다는 점을 인정할 증거가 없어 전소인 양수금 청구소송에서 B의 C에 대한 청구가 기각된 이상, 그 확정된 채권의 소멸시효의 중단을 위하여 제기된 후소에서 A가 C에 대하여 B에게 채권을 양도한 사실을 통지하였는지에 관하여 다시 심리할 수는 없다.

ㄴ. 확정판결에 의한 채권의 소멸시효기간인 10년의 경과가 임박한 경우, 시효중단을 위한 재소(再訴)에는 소의 이익이 있는데, 시효중단을 위한 후소 절차에서 채무자인 피고가 전소의 변론종결 후에 발생한 변제, 상계, 면제 등과 같은 채권소멸사유를 들어 항변할 수 있고, 이는 소멸시효 완성의 경우에도 마찬가지이다.

ㄷ. 위 ㄴ.의 경우 후소가 전소 판결이 확정된 후 10년이 지나 제기되었더라도 법원은 채무자인 피고의 항변에 따라 원고의 채권이 소멸시효 완성으로 소멸하였는지에 관한 본안판단을 하여야 한다.

ㄹ. A는 B를 상대로 2006년 1억 원의 대여금청구의 소를 제기하여 2004년 12월 승소확정판결을 받았으나 B는 돈을 갚지 않고 있다. A가 2014년 11월 B를 상대로 제기한 '시효를 중단시키기 위한 확인'을 구하는 소는 적법하다.

① ㄱ, ㄴ
② ㄱ, ㄴ, ㄷ
③ ㄷ, ㄹ
④ ㄱ, ㄴ, ㄷ, ㄹ

【문 7】 소의 변경에 관한 설명 중 옳은 것을 모두 고른 것은? (다툼이 있는 경우 판례에 의함)

ㄱ. 사해행위의 취소를 구하면서 피보전채권을 추가하거나 교환하는 것은 소의 변경에 해당한다.

ㄴ. 청구취지변경을 불허한 결정에 대하여는 독립하여 항고할 수 없고 종국판결에 대한 상소로써만 다툴 수 있다.

ㄷ. 항소심에서 청구가 교환적으로 변경된 경우, 항소심 법원은 구청구가 취하된 것으로 보아 교환된 신청구에 대하여만 사실상 제1심으로 재판한다.

ㄹ. 제1심에서 원고가 전부승소하고 피고만 항소한 경우, 피항소인인 원고는 항소심에서 청구취지를 확장할 수 없다.

ㅁ. 소장에서 심판을 구하는 대상이 불분명한 경우 이를 명확하게 하기 위하여 청구취지를 보충, 정정하는 것은 청구의 변경에 해당하지 않는다.

① ㄱ, ㄹ
② ㄱ, ㄷ, ㅁ
③ ㄴ, ㄷ, ㄹ
④ ㄴ, ㄷ, ㅁ
⑤ ㄴ, ㄹ, ㅁ

【문 8】 공동소송에 관한 다음 설명 중 가장 옳지 않은 것은?

① 주주총회결의의 부존재 또는 무효확인을 구하는 소를 여러 사람이 공동으로 제기한 경우, 민사소송법 제67조가 적용되는 유사필수적 공동소송에 해당한다.

② 필수적 공동소송에서 공동소송인 가운데 한 사람이 한 유리한 소송행위는 모두를 위하여 효력이 생기지만, 불리한 소송행위는 모두 함께 하지 않으면 효력이 생기지 않는다. 그러나 상대방의 소송행위는 공동소송인 가운데 한 사람에 대하여 하더라도 모두에게 효력이 있다.

③ 예비적·선택적 공동소송에서 공동소송인 중 어느 한 사람이 상소를 제기하면 다른 공동소송인에 관한 청구 부분도 확정이 차단되고 상소심에 이심되어 심판대상이 되고, 이 경우 상소심의 심판대상은 공동소송인들 및 상대방 당사자 사이의 결론의 합일확정 필요성을 고려하여 판단하여야 한다.

④ 분할 전 상속재산은 공유관계이므로, 이에 관한 소송은 필수적 공동소송이 아닌 통상공동소송으로 보아야 할 것이고, 마찬가지로 공동상속인이 다른 공동상속인을 상대로 어떤 재산이 상속재산임의 확인을 구하는 소 또한 통상공동소송이다.

【문 9】 보조참가에 관한 다음 설명 중 가장 옳지 않은 것은? (다툼이 있는 경우 판례에 의함)

① 참가신청에 대하여는 피참가인의 상대방은 물론 피참가인 자신도 이의신청을 할 수 있지만, 이의신청 없이 변론하거나 변론준비기일에서 진술한 때에는 이의신청권을 상실한다.

② 참가신청에 대하여 이의신청이 있으면 참가인은 참가의 이유를 소명하여야 하며, 법원은 참가를 허가하거나 허가하지 않는 결정을 하여야 하고, 이 결정에 대하여는 즉시항고를 할 수 있다.

③ 참가신청의 취하는 소송의 어느 단계에서도 허용되며, 참가신청의 취하에 있어서는 어느 당사자의 동의도 필요하지 않다.

④ 보조참가인에게는 피참가인의 승소를 위하여 독자적인 소송관여권이 인정되므로, 소송계속 중 보조참가인이 사망한 경우에는 본소의 소송절차가 중단된다.

【문 10】 제3자의 소송참가에 관한 설명 중 옳지 않은 것은? (다툼이 있는 경우에는 판례에 의함)

① 채권자 甲이 연대보증인 丙을 상대로 연대보증채무의 이행을 구하는 소송에서 주채무자 乙이 丙을 위하여 보조참가하여 주채무의 부존재를 주장하였으나 丙이 패소하였다. 그 후 甲이 乙을 상대로 주채무의 이행을 청구한 경우 乙은 전소의 판결이 부당하다고 주장하며 주채무의 존재를 다툴 수 없다.

② 甲이 乙을 상대로 제기한 소송에서 乙을 위하여 보조참가한 丙은 乙의 상소기간이 도과하지 않은 한 상소를 제기할 수 있다.

③ 甲이 乙을 상대로 제기한 소송에서 丙이 독립당사자참가를 한 경우에 甲과 乙만이 재판상 화해를 하는 것은 허용되지 않는다.

④ 甲이 乙을 상대로 근저당권설정등기의 불법말소를 이유로 그 회복등기를 구하는 소를 제기한 경우에 후순위 근저당권자인 丙은 甲과 乙이 당해 소송을 통하여 자신을 해할 의사, 즉 사해의사를 갖고 있다고 객관적으로 인정되고 그 소송의 결과 자신의 권리 또는 법률상의 지위가 침해될 염려가 있다고 인정되면 甲·乙을 상대로 근저당권부존재확인을 구하는 독립당사자참가를 할 수 있다.

【문 11】 甲은 乙 소유의 X 부동산에 대한 소유권이전등기청구권을 보전하기 위하여 乙이 丙에 대해 가지고 있는 X 부동산에 대한 소유권이전등기 말소등기청구권을 대위행사 하고자 한다. 이에 관한 다음의 설명 중 옳은 것은? (다툼이 있는 경우에는 판례에 의함)

ㄱ. 甲의 채권자대위소송이 계속 중 乙이 丙을 상대로 소를 제기하는 것은 부적법하다.
ㄴ. 甲이 채권자대위소송을 제기하기 전, 이미 乙이 丙을 상대로 말소등기청구의 소를 제기하여 패소판결이 확정되었다면, 甲의 대위소송은 적법하다.
ㄷ. 甲이 채권자대위소송을 제기하기 전, 이미 丙이 乙을 상대로 X 부동산에 대한 인도청구의 본소를 제기하였고, 이에 乙이 丙을 상대로 말소등기청구의 반소를 제기하였으나, 乙의 반소가 적법하게 취하되었다면 甲의 대위소송은 적법하다.
ㄹ. 甲이 채권자대위소송을 제기하기 전, 이미 비법인사단인 乙이 丙을 상대로 말소등기청구의 소를 제기하였으나, 사원총회의 결의 없는 총유재산에 관한 소라는 이유로 각하판결을 받고 그 판결이 확정되었다면, 甲의 대위소송은 적법하다.

① ㄱ, ㄴ ② ㄱ, ㄷ
③ ㄱ, ㄹ ④ ㄴ, ㄷ

【문 12】 甲은 2015.10.7. 乙에 대한 3,000만 원의 차용금채무를 피담보채무로 하여 乙에게 甲 소유의 X 부동산을 목적물로 하는 근저당권설정등기를 해주었다. 그 후 甲은 乙에게 2,000만 원을 변제하여 잔존채무가 1,000만 원이라고 주장하고 있는데, 乙은 甲의 잔존채무가 2,000만 원이라고 하면서 다투고 있다. 甲은 乙을 상대로 잔존채무가 1,000만 원임을 주장하며 채무부존재확인의 소를 제기하였다. 이에 관한 다음의 설명 중 옳은 것은? (다툼이 있는 경우에는 판례에 의함)

> ㄱ. 甲의 乙에 대한 잔존채무가 乙의 주장대로 2,000만 원임이 인정되는 경우, 법원은 "원고의 피고에 대한 2015.10.7. 차용금채무는 2,000만 원을 초과하여서는 존재하지 아니함을 확인한다. 원고의 나머지 청구를 기각한다."라고 판결하여야 한다.
> ㄴ. 甲의 乙에 대한 잔존채무가 500만 원임이 인정되는 경우, 법원은 "원고의 피고에 대한 2015.10.7. 차용금채무는 1,000만 원을 초과하여서는 존재하지 아니한다."라고 판결하여야 한다.
> ㄷ. 만일 乙이 위 소송계속 중에 잔존채무 2,000만 원의 지급을 구하는 반소를 제기한다면, 甲이 제기한 채무부존재확인의 본소는 확인의 이익이 소멸하여 부적법하게 된다.
> ㄹ. 위 설문과 달리, 甲이 1,000만 원의 잔존채무 변제를 조건으로 X 부동산에 관한 근저당권말소등기청구의 소를 제기하였지만 잔존채무가 2,000만 원이라는 乙의 주장이 받아들여지는 경우, 법원은 특별한 사정이 없는 한 甲의 청구 중 일부를 기각하고 그 확정된 2,000만 원 채무의 변제를 조건으로 그 등기의 말소절차이행을 인용하는 판결을 하여야 한다.

① ㄱ, ㄴ, ㄷ
② ㄱ, ㄴ, ㄹ
③ ㄱ, ㄷ, ㄹ
④ ㄴ, ㄹ

【문 13】 다음은 석명권에 관한 설명이다. 이 중 옳지 않은 것은? (다툼이 있는 경우에는 판례에 의함)

① 법원의 석명권 행사는 당사자의 주장에 모순된 점이 있거나 불완전·불명료한 점이 있을 때에 이를 지적하여 정정·보충할 수 있는 기회를 주고, 계쟁 사실에 대한 증거의 제출을 촉구하는 것을 그 내용으로 하는 것으로, 당사자가 주장하지도 아니한 법률효과에 관한 요건사실이나 독립된 공격방어방법을 시사하여 그 제출을 권유함과 같은 행위를 하는 것은 변론주의의 원칙에 위배되는 것으로 석명권 행사의 한계를 일탈하는 것이다.

② 혼인 외 출생자 등이 법률상 부자관계의 성립을 목적으로 친생자관계존재확인의 소를 제기한 경우에 법원은 친생자관계존재확인의 소의 보충성을 이유로 그대로 소를 각하할 것이다.

③ 손해배상책임이 인정되는 경우 법원은 손해액에 관한 당사자의 주장과 증명이 미흡하더라도 적극적으로 석명권을 행사하여 증명을 촉구하여야 하고, 경우에 따라서는 직권으로 손해액을 심리·판단하여야 한다.

④ 청구취지가 특정되지 않았는데도 당사자가 부주의 또는 오해로 인하여 이를 명백히 간과한 채 본안에 관하여 공방을 하고 있는 경우 보정의 기회를 부여하지 아니한 채 청구취지 불특정을 이유로 소를 각하하는 것은 석명의무를 다하지 아니한 것으로서 위법하다.

【문 14】 소송상 합의에 관한 다음 설명 중 가장 옳지 않은 것은?

① 일반적으로는 소송당사자가 소송 외에서 그 소송을 취하하기로 합의하더라도 바로 소취하의 효력이 발생하지 않지만, 재판상 화해가 성립하여 법원에 계속 중인 다른 소송을 취하하기로 하는 내용의 재판상 화해조서가 작성된 경우에는 바로 소취하의 효력이 발생한다.

② 불항소 합의의 유무는 항소의 적법요건에 관한 법원의 직권조사사항이다.

③ 강제집행 당사자 사이에 그 신청을 취하하기로 하는 약정은 사법상으로는 유효하다 할지라도 이를 위배하였다하여 직접 소송으로서 그 취하를 청구하는 것은 허용되지 않는다.

④ 환송판결 전에 소취하 합의가 있었지만, 환송 후 원심의 변론기일에서 이를 주장하지 않은 채 본안에 관하여 변론하는 등 계속 응소한 피고가 환송 후 판결에 대한 상고심에 이르러서야 위 소취하 합의사실을 주장하는 경우에 위 소취하 합의가 묵시적으로 해제되었다고 봄이 상당하다.

【문 15】 소송행위의 추후보완에 관한 다음 설명 중 가장 옳지 않은 것은?

① 추후보완은 당사자가 그 책임으로 돌릴 수 없는 사유로 인하여 불변기간을 준수할 수 없었던 경우에 인정되는데, 피고에게 과실이 있다고 할 수 있는 특별한 사정이란, 피고가 소송을 회피하거나 이를 곤란하게 할 목적으로 의도적으로 송달을 받지 아니하였다거나 피고가 소제기 사실을 알고 주소신고까지 해 두고서도 그 주소로 송달되는 소송서류가 송달불능되도록 장기간 방치하였다는 등의 사정을 말한다.

② 일단 통상의 방식에 따라 적법한 송달이 이루어져 당사자가 소송계속 여부를 알고 있는 경우에는 당사자는 소송의 진행상태를 조사하여 그 결과까지도 알아보아야 할 의무가 있으므로, 그 후 공시송달로 진행되어 판결이 송달되어 항소기간을 지킬 수 없었던 경우에는 추후보완사유에 해당하지 않는다.

③ 조정이 성립되지 아니한 것으로 사건이 종결된 후 피신청인의 주소가 변경되었음에도 주소변경신고를 하지 않은 상태에서 조정이 소송으로 이행되어 변론기일통지서 등 소송서류가 발송송달이나 공시송달의 방법으로 송달된 경우, 피신청인이 소송진행상황을 조사하지 않아 상소제기의 불변기간을 지키지 못하였다면 추후보완사유에 해당하지 않는다.

④ 소송대리인이 있는 경우, 소송대리인이 판결정본의 송달을 받고도 당사자에게 그 사실을 알려 주지 아니하여 기간을 지키지 못한 경우처럼 그 책임이 소송대리인에게 있는 이상 본인에게 과실이 없다 하더라도 추후보완사유에 해당되지 않고, 그 대리인의 보조인에게 과실이 있는 경우에도 마찬가지이다.

【문 16】 공시송달에 관한 다음 설명 중 가장 옳은 것은?

① 공시송달의 효력이 발생한 후에라도 본인이 찾아와 송달서류를 교부받으면 이는 해당사건에 관하여 출석한 사람에게 직접 송달한 것으로 되어, 영수증을 받은 때에 그 송달의 효력이 발생하게 된다.

② 최초의 공시송달은 대법원규칙으로 정한 세 가지 방법 중 하나로 실시한 날부터 2주가 지나야 송달의 효력이 생기고, 외국에서 할 송달에 대한 공시송달의 경우에도 마찬가지이다.

③ 같은 당사자에 대한 최초 공시송달 뒤의 공시송달은 실시한 다음 날부터 바로 그 효력이 생기는데, 판결송달을 2회이후의 공시송달로 할 경우 게시한 날부터 즉시 상소기간이 진행하고, 이 효력발생에 필요한 기간은 늘이거나 줄일 수 없다.

④ 공시송달이 법정요건에 해당하지 아니하더라도 재판장이 공시송달을 명하여 일단 공시송달이 행하여진 이상 그 공시송달은 유효하다고 함이 기존의 확립된 판례이다.

【문 17】 재판상 자백에 관한 다음 설명 중 가장 옳지 않은 것은? (판례에 의함)

① 상대방의 주장에 단순히 침묵하거나 불분명한 진술을 하는 것으로 재판상의 자백이 있었다고 볼 수 있다.

② 당사자본인신문의 결과 중에 당사자의 진술로서 상대방의 주장사실과 일치되는 것이 나왔다고 하더라도 그것은 재판상 자백이 될 수 없다.

③ 부동산의 시효취득에서 점유기간의 산정기준이 되는 점유개시의 시기는 간접사실에 불과하므로 이에 대한 자백은 법원이나 당사자를 구속하지 않는다.

④ 소유권에 기한 이전등기말소청구소송에서 피고가 원고 주장의 소유권을 인정하는 진술은 재판상 자백이다.

【문 18】 당사자신문에 관한 다음 설명 중 가장 옳지 않은 것은?

① 당사자신문은 직권 또는 당사자의 신청에 따라 할 수 있다.

② 당사자신문은 원칙적으로 신청한 당사자가 당사자신문사항을 적은 서면을 미리 제출할 의무를 부담하지 않는다.

③ 당사자 본인이 정당한 사유 없이 출석하지 아니하거나 선서 또는 진술을 거부한 때에는 법원은 신문사항에 관한 상대방의 주장을 진실한 것으로 인정할 수 있다.

④ 소송무능력자는 당사자신문의 대상이 되지 아니하나, 당사자의 법정대리인, 법인 기타 단체가 당사자인 경우 이를 대표하여 소송을 수행하는 대표자 또는 관리인은 당사자신문의 대상이 된다.

【문 19】 문서제출명령에 관한 다음 설명 중 가장 옳지 않은 것은?

① 문서제출명령을 하려면 문서의 존재와 소지가 증명되어야 하는데, 그 증명책임은 원칙적으로 신청인에게 있고, 문서제출명령이 있어도 문서가 법원에 제출되기 전까지는 그 신청을 철회함에 상대방의 동의를 요하지 않는다.

② 문서제출신청 후 이를 상대방에게 송달하는 등 문서제출신청에 대한 의견을 진술할 기회를 부여하지 않은 채 문서제출신청 직후에 이루어진 문서제출명령은 위법하다.

③ 제3자에 대하여 문서제출명령을 하면서 심문절차를 누락한 경우 제3자만이 즉시항고를 할 수 있을 뿐이고, 본안소송의 당사자가 이를 이유로 즉시항고를 하는 것은 허용되지 않는다.

④ 당사자가 문서제출명령에 따르지 아니하는 경우 법원은 그 문서에 의하여 증명하고자 하는 상대방의 주장사실이 증명되었다고 인정하여야 하고, 법원이 자유심증에 의해 그와 달리 판단할 수는 없다.

【문 20】 감정 · 검증 · 사실조회(조사의 촉탁)에 관한 다음 설명 중 가장 옳지 않은 것은?

① 신청인이 감정을 구하는 사항을 적은 서면을 제출한 때에는 법원이 필요 없다고 인정한 경우가 아닌 한 그 서면을 상대방에게 송달하여야 한다.

② 법원은 감정을 명한 후라도 감정서를 제출하지 않거나 구술로 감정보고를 하기 전까지는 감정인 지정을 취소할 수 있는데, 이 경우에 감정인에게 감정에 소요된 여비는 지급해야 하지만 감정료는 지급하지 않아도 된다.

③ 서증의 진정성립 인정을 위한 필적 또는 인영의 대조는 육안에 의한 판별이 가능한 범위 내에서는 검증절차에 의하여야 한다.

④ 전문적이고 특수한 분야에 관한 지식이나 정보를 갖고 있는 개인에게도 사실조회를 할 수 있고, 사실조회의 한 방법으로 대상자가 보관 중인 문서의 등 · 사본을 송부할 것을 촉탁할 수 있다.

【문 21】 증명책임의 분배에 관한 다음 설명 중 가장 옳지 않은 것은? (다툼이 있는 경우 판례에 의함)

① 매매로 인한 소유권이전등기청구의 경우 원고는 매매계약의 체결사실만 주장 · 증명하면 되고, 대금을 지급하였다거나 목적물이 피고의 소유라는 사실을 주장 · 증명할 필요는 없다.

② 점유취득시효완성으로 인한 소유권이전등기청구의 경우 원고는 부동산을 20년간 점유한 사실, 소유의 의사, 점유의 평온 · 공연성을 주장 · 증명하여야 한다.

③ 소유권이전등기말소청구의 경우 원고는 부동산이 원고 소유인 사실, 피고 명의의 등기가 마쳐진 사실 외에 등기원인의 무효사실 또는 등기절차의 위법사실까지 주장 · 증명하여야 한다.

④ 소송물인 특정채무의 발생원인이 아예 없었다고 주장하면서 채무부존재확인청구를 하는 경우 원고는 소송물을 특정할 정도의 주장만 하면 되고 피고가 그 발생원인사실을 주장 · 증명하여야 한다.

【문 22】 다음 설명 중 가장 옳은 것은? (다툼이 있는 경우 판례에 의함)

① 당사자가 화해조서의 당연무효사유를 주장하며 기일지정신청을 하여 법원이 심리를 한 다음 무효사유가 부존재한다고 판단한 때에는 기각결정으로 절차를 종료한다.

② 제1화해가 성립된 후에 제1화해와 모순 저촉되는 제2화해가 성립된 경우, 제1화해는 실효되거나 변경된 것으로 보아야 한다.

③ 화해권고결정에 대하여 이의신청을 한 당사자는 그 심급에서 판결이 선고될 때까지 이의신청을 취하할 수 있다. 이 경우 상대방의 동의를 요하지 않는다.

④ 화해권고결정에 대한 이의신청은 이의신청서를 화해권고결정을 한 법원에 제출하는 방법으로만 가능하고 변론준비기일 등에서 말로 하는 이의신청은 그 효력이 없다.

【문 23】 가집행선고에 관한 다음 설명 중 가장 옳지 않은 것은?

① 가집행선고 있는 판결에 기한 강제집행의 정지를 위하여 공탁한 담보는 강제집행정지로 인하여 채권자에게 생길 손해를 담보하기 위한 것이므로 정지의 대상인 기본채권도 담보한다.

② 당사자가 이혼이 성립하기 전에 이혼소송과 병합하여 재산분할의 청구를 하고, 법원이 이혼과 동시에 재산분할을 명하는 판결을 하는 경우에도 이혼판결은 확정되지 아니한 상태이므로, 그 시점에서 가집행을 허용할 수 없다.

③ 가지급물반환신청은 소송 중의 소의 일종으로서 그 성질은 예비적 반소이므로, 가집행의 선고가 붙은 제1심판결에 대하여 피고가 항소를 하였다가 피고의 항소가 기각된 경우, 항소심이 별도로 가지급물반환신청에 대한 판단을 하지 아니한 것은 적법하다.

④ 제1심에서 가집행선고가 붙은 패소의 이행판결을 선고받고 항소한 당사자는 항소심에서 민사소송법 제215조 제2항의 가집행의 선고에 따라 지급한 물건을 돌려 달라는 재판을 구하는 신청을 하지 아니하고 제1심의 본안판결을 바꾸는 판결을 선고받아 상대방이 상고한 경우에는 상고심에서 위와 같은 신청을 하지 못한다.

【문 24】 항소에 관한 다음 설명 중 가장 옳지 않은 것은?

① 판결정본 송달 전에도 항소를 할 수 있다.

② 원고가 피고의 주소를 알고 있으면서도 허위의 주소 또는 소재불명으로 표시하여 법원으로부터 공시송달명령을 얻어내어 판결을 받아 형식적으로 확정시킨 경우라도 그 판결의 송달 자체가 무효이므로 피고는 언제든지 통상의 방법에 의하여 상소를 제기할 수 있다.

③ 항소의 취하는 항소의 전부에 대하여 하여야 하고 항소의 일부 취하는 효력이 없으므로 병합된 수개의 청구 전부에 대하여 불복한 항소에서 그 중 일부 청구에 대한 불복신청을 철회하였더라도 그것은 단지 불복의 범위를 감축하여 심판의 대상을 변경하는 효과를 가져오는 것에 지나지 아니하고, 항소인이 항소심의 변론종결시까지 언제든지 서면 또는 구두진술에 의하여 불복의 범위를 다시 확장할 수 있는 이상 항소 자체의 효력에 아무런 영향이 없다.

④ 항소기간 경과 후에 항소취하가 있는 경우에는 항소기간 만료시로 소급하여 제1심판결이 확정되나, 항소기간 경과 전에 항소취하가 있는 경우에는 판결은 확정되지 아니하고 항소기간 내라면 항소인은 다시 항소의 제기가 가능하다.

【문 25】 소액사건심판절차에 관한 다음 설명 중 가장 잘못된 것은?

① 주택임대차보호법 및 상가건물 임대차보호법 상의 보증금반환청구는 소송목적의 값의 많고 적음을 불문하고 소액사건심판법의 일부규정을 준용하여 재판의 신속을 도모하고 있다.

② 이행권고결정은 발송송달이나 공시송달의 방법으로 송달할 수 없다.

③ 이행권고결정에 대하여 이의신청을 한 피고는 제1심판결이 선고되기 전까지 원고의 동의를 얻어 취하할 수 있고 이의신청을 취하하면 이행권고결정이 확정된다.

④ 당사자와 고용, 그 밖에 이에 준하는 계약관계를 맺고 그 사건에 관한 통상사무를 처리·보조하는 사람으로서 그 사람이 담당하는 사무와 사건의 내용 등에 비추어 상당하다고 인정되는 경우에는 법원의 허가를 받아 소액사건의 소송대리인이 될 수 있다.

04회 실전동형모의고사

【문 1】 답변서가 제출되지 않은 사건의 처리에 관한 다음 설명 중 가장 옳지 않은 것은?

① 이행권고결정에 대하여 피고가 이의신청을 한 때에는 법원은 바로 변론기일을 지정해야 하고, 이때에는 원고가 주장한 사실에 대해 다툰 것으로 보게 되므로 무변론판결의 대상이 될 수 없다.

② 피고가 답변서를 제출하여도 청구의 원인사실에 대해 모두 자백하는 취지이고 따로 항변을 제출하지 아니한 때에도 마찬가지로 무변론판결을 할 수 있다.

③ 피고가 답변서를 제출하지 않고 상속 관련 심판문만 제출한 경우에도 이를 답변서로 보는 것이 타당하므로 무변론판결 선고를 해서는 안 될 것이다.

④ 형성소송·가사소송·행정소송의 경우에도 답변서가 제출되지 않으면 무변론판결로 처리하는 것이 상당하다.

【문 2】 제척 또는 기피에 관한 다음 설명 중 가장 옳지 않은 것은? (다툼이 있는 경우 판례에 의함)

① 최종변론 전의 변론이나 증거조사에만 관여한 경우는 이전 심급의 재판에 관여한 때라고 할 수 없다.

② 판례는 소송당사자 일방이 재판장의 변경에 따라 소송대리인을 교체한 경우, 재판의 공정을 기대하기 어려운 객관적인 사정이 있는 때에 해당하지 않는다고 보았다.

③ 소송상 화해에 관여한 법관이 그 화해내용에 따른 목적물 인도소송에 관여하는 경우 법관은 제척사유인 민사소송법 제41조 제5호 '법관이 불복사건의 이전심급의 재판에 관여한 경우'에 해당한다.

④ 기피신청이 있는 때에는 원칙적으로 본안의 소송절차를 정지하여야 하는데, 법원이 기피신청을 받았음에도 소송절차를 정지하지 아니하고 변론을 종결하여 판결선고기일을 지정하였다고 하더라도 종국판결에 대한 불복절차에 의하여 그 당부를 다툴 수 있을 뿐이다.

【문 3】 관할에 관한 다음 설명 중 가장 옳은 것은?

① 전속적 관할합의의 경우 법률이 규정한 전속관할과 달리 임의관할의 성격을 가지고 있기는 하나, 공익상의 필요에 의하여 사건을 다른 관할법원에 이송할 수는 없다.

② 사무소 또는 영업소가 있는 사람에 대하여 그 사무소 또는 영업소의 업무와 관련이 있는 소를 제기하는 경우에는 그 사무소 또는 영업소가 있는 곳의 법원에 제기할 수 있는데, 여기서의 사무소나 영업소는 반드시 주된 사무소나 영업소일 필요는 없지만, 지점은 포함되지 않는다.

③ 대한민국 법원의 관할을 배제하고 외국의 법원을 관할법원으로 하는 전속적인 국제관할의 합의가 현저하게 불합리하고 불공정하여 공서양속에 반하는 법률행위에 해당하는 경우에는 무효이다.

④ 관할합의의 효력은 소송물이 채권과 같은 상대권이면 특정승계인에게 미치지 않고, 물권과 같은 절대권이면 특정승계인에게 미친다.

【문 4】 당사자적격에 관한 다음 설명 중 가장 옳지 않은 것은?

① 추심소송의 사실심 변론종결 이후 채권압류 및 추심명령이 취소된 경우 상고심에서도 이를 참작하여야 하므로 소각하판결을 한다.

② 등기부상 진실한 소유자의 소유권에 방해가 되는 불실등기가 존재하는 경우에 그 등기명의인이 허무인 또는 실체가 없는 단체인 때에는 소유자는 그와 같은 허무인 또는 실체가 없는 단체 명의로 실제 등기행위를 한 자에 대하여 소유권에 기한 방해배제로서 등기행위자를 표상하는 허무인 또는 실체가 없는 단체명의 등기의 말소를 구할 수 있다.

③ 사해행위취소의 소의 피고적격자는 채무자가 아니라 수익자 또는 전득자이다.

④ 2인 이상의 불가분채무자 또는 연대채무자가 있는 금전채권의 경우에, 그 불가분채무자 등 중 1인을 제3채무자로 한 채권압류 및 추심명령이 이루어지면 그 채권압류 및 추심명령을 송달받은 불가분채무자 등에 대한 피압류채권에 관한 이행의 소는 추심채권자만이 제기할 수 있고 추심채무자는 그 피압류채권에 대한 이행소송을 제기할 당사자적격을 상실하며, 그 채권압류 및 추심명령의 제3채무자가 아닌 나머지 불가분채무자 등도 당사자적격을 상실한다.

【문 5】 소송상 대리에 관한 다음 설명 중 옳은 것은 모두 몇 개인가?

⊙ 대리인에 의한 소송행위에 있어서 대리권의 존재는 그 소송행위의 유효요건이고, 무권대리인에 의한 또는 그에 대한 소송행위는 일률적으로 무효이므로, 당사자 본인이나 정당한 대리인이 추인하더라도 소급하여 유효로 되지 않는다.

⊙ 법인이 당사자인 소송에서 법인등기사항증명서에 공동대표로 등기가 되어 있으면, 공동대표 전원에 의하여 또는 전원에 대하여 소제기가 있어야 하고, 준비서면 등의 제출서면도 공동으로 명의가 기재되어 있어야 한다.

⊙ 본인의 경정권의 대상은 재판상 자백 같은 사실관계에 관한 진술에 한하므로 대리인이 한 신청과 취하·포기·인낙·화해 같은 소송을 처분하는 행위, 법률상의 의견 등은 본인이 취소하거나 경정할 수 없다.

⊙ 당해 소송이 상급심에서 파기환송 또는 취소환송되어 다시 원심법원에 계속하게 된 때에는 환송 전 원심에서의 소송대리인의 대리권이 부활하고, 재심의 소에 있어서도 재심 전 소송의 소송대리인이 당연히 재심소송의 소송대리인이 된다.

⊙ 지방자치단체는 국가를 당사자로 하는 소송에 관한 법률에서 정한 바와 같이 소송수행자를 지정할 수 없으므로, 변호사대리의 원칙에 따른 소송위임에 의한 소송대리만 가능하고, 변호사 아닌 지방자치단체 소속 공무원으로 하여금 소송수행자로서 소송대리를 하도록 할 수 없다.

① 1개
② 2개
③ 3개
④ 4개

【문 6】 소의 이익에 관한 다음의 설명 중 옳은 것은? (다툼이 있는 경우 판례에 의함)

① 채무자가 사해행위로 인한 근저당권의 실행으로 경매절차가 진행 중인 부동산을 매각하고 그 대금으로 근저당권자인 수익자에게 피담보채무를 변제함으로써 근저당권설정등기가 말소된 경우, 채권자는 원상회복을 위하여 사해행위인 근저당권설정계약의 취소를 청구할 소의 이익이 있다.

② 취득시효 완성을 원인으로 하는 소유권이전등기청구권을 피보전권리로 하는 부동산처분금지가처분등기가 마쳐진 후에 가처분채권자가 가처분채무자를 상대로 가처분의 피보전권리에 기한 소유권이전등기를 청구하면서, 가처분등기 후 가처분채무자로부터 소유권이전등기를 넘겨받은 제3자를 상대로 가처분채무자와 제3자 사이의 법률행위가 원인무효라는 사유를 들어 가처분채무자를 대위하여 제3자 명의 소유권이전등기의 말소를 구하는 청구는 특별한 사정이 없는 한 소의 이익이 없다.

③ 의사의 진술을 명하는 판결에서 그러한 의사의 진술이 있더라도 아무런 법적 효과가 발생하지 아니할 경우라도 소로써 청구할 법률상 이익이 있다.

④ 乙이 甲의 X 토지에 관한 서류를 위조하여 매매를 원인으로 한 소유권이전등기를 경료한 다음 丙에게 이를 매도하여 소유권이전등기까지 마친 경우, 甲이 丙을 상대로 제기한 소유권이전등기말소청구가 甲의 패소로 확정되면 乙의 甲에 대한 말소등기의무는 이행불능이 된다. 이러한 경우, 甲이 丙을 상대로 제기한 소유권이전등기 말소청구가 甲의 패소로 확정되면 甲은 乙 명의의 소유권이전등기의 말소를 구할 소의 이익이 없다.

【문 7】 반소에 관한 다음 설명 중 가장 옳지 않은 것은?

① 어떤 채권에 기한 이행의 소에 대하여 동일 채권에 관한 채무부존재확인의 반소를 제기하는 것은 그 청구의 내용이 실질적으로 본소청구의 기각을 구하는 데 그치는 것이므로 부적법하다.

② 피고가 원고 이외의 제3자를 추가하여 반소피고로 하는 반소는 허용되지 아니하고, 피고가 제기하려는 반소가 필수적 공동소송이 될 때에도 마찬가지이다.

③ 반소로 제기된 사해행위취소소송에서 사해행위의 취소를 명하는 판결을 선고하는 경우, 그 판결이 확정되기 전에 사해행위인 법률행위가 취소되었음을 전제로 본소청구를 심리하여 판단할 수 있다.

④ 반소청구의 기초를 이루는 실질적인 쟁점에 관하여 제1심에서 본소의 청구원인 또는 방어방법과 관련하여 충분히 심리되어 항소심에서의 반소제기를 상대방의 동의 없이 허용하더라도 상대방에게 제1심에서의 심급의 이익을 잃게 하거나 소송절차를 현저하게 지연시킬 염려가 없는 경우에는 상대방의 동의 여부와 관계없이 항소심에서의 반소제기를 허용하여야 한다.

【문 8】 공동소송에 관한 다음 설명 중 가장 옳지 않은 것은?

① 주관적·예비적 공동소송인 중 일부가 소를 취하하거나 일부 공동소송인에 대한 소를 취하할 수 있고, 이 경우 소를 취하하지 않은 나머지 공동소송인에 관한 청구 부분은 여전히 심판의 대상이 된다.

② 고유필수적 공동소송인 가운데 일부가 누락된 경우에 법원은 제1심의 변론을 종결할 때까지 원고의 신청에 따라 결정으로 원고 또는 피고를 추가하도록 허가할 수 있고, 법원의 허가결정에 의하여 공동소송인의 추가가 있는 때에는 처음 소가 제기된 때에 추가된 당사자와의 사이에 소가 제기된 것으로 본다.

③ 민사소송법 제70조에서 정한 주관적·예비적 공동소송에는 조정을 갈음하는 결정이 확정된 경우에는 재판상 화해와 동일한 효력이 있으므로 그 결정에 대하여 일부 공동소송인이 이의하지 않았다면 원칙적으로 그 공동소송인에 대한 관계에서는 조정을 갈음하는 결정이 확정될 수 있다.

④ 예비적 공동소송의 경우 주위적 공동소송인에 대한 청구를 받아들이면 예비적 공동소송인에 대한 청구에 대하여는 판단하지 않아도 된다.

【문 9】 보조참가와 소송고지에 관한 다음 설명 중 가장 옳은 것은? (다툼이 있는 경우 판례에 의함)

① 소송고지에 의한 최고의 경우, 시효중단의 효력이 발생하는 시점은 소송고지서가 송달된 때이다.

② 보조참가인에 대한 전소확정판결의 참가적 효력은 피참가인과 참가인 사이뿐만 아니라 피참가인의 상대방과 참가인 사이에도 미친다.

③ 전소가 확정판결이 아닌 조정에 갈음하는 결정에 의하여 종료된 경우 소송고지에 의한 참가적 효력이 인정되지 않는다.

④ 소송고지의 요건이 갖추어진 경우, 그 소송고지서에 고지자가 피고지자에 대하여 채무의 이행을 청구하는 의사가 표명되어 있으면 시효중단사유로서의 최고의 효력이 인정되고, 이 경우 고지자가 6월 내에 재판상의 청구 등을 하면 시효중단의 효력이 생기는데, 위 6월의 기간의 기산점은 소송고지서가 피고지자에게 송달된 때이다.

【문 10】 공동소송참가에 관한 다음 설명 중 가장 옳은 것은?

① 소송목적이 한쪽 당사자와 제3자에게 합일적으로 확정되어야 할 경우 그 제3자는 공동소송인으로 소송에 참가할 수 없다.

② 공동소송참가는 참가인과 피참가인 간에는 필수적 공동소송의 관계가 생기므로 민사소송법 제68조의 필수적 공동소송인의 추가와 같이 제1심의 변론종결시까지 허용된다.

③ 채권자가 자신의 채권을 보전하기 위하여 채무자의 금전채권을 대위행사하는 채권자대위소송의 계속 중에 다른 채권자도 자신의 채권을 보전하기 위하여 채무자의 동일한 금전채권을 대위행사하면서 공동소송참가신청을 한 경우에는 소송목적이 채권자들인 원고와 참가인에게 합일적으로 확정되어야 할 필요성이 있음을 인정하기 어려우므로 공동소송참가신청은 부적법하다.

④ 원고 측에 공동소송참가신청을 할 때는 서면에 의하여야 하고, 소장 또는 항소장에 준하는 액수의 인지를 붙여야 한다.

【문 11】 중복소제기금지원칙에 관한 다음의 설명 중 옳지 않은 것은? (다툼이 있는 경우에는 판례에 의함)

① 여러 명의 채권자가 동시에 또는 시기를 달리하여 사해행위 취소 및 원상회복청구의 소를 제기한 경우 이들 소가 중복제소에 해당하지 아니할 뿐 아니라, 어느 한 채권자가 동일한 사해행위에 관하여 사해행위 취소 및 원상회복청구를 하여 승소판결을 받아 그 판결이 확정되었다는 것만으로는 그 후에 제기된 다른 채권자의 동일한 청구가 권리보호이익이 없어지게 되는 것은 아니다.

② 법원은 중복소제기에 해당하는지 여부에 대해 직권으로 조사하여야 하며 중복소제기를 간과한 판결은 당연무효에 해당하는 것은 아니며, 상소에 의해 구제받을 수는 있으나 재심 사유는 아니다.

③ 전 소송에서 불법행위를 원인으로 치료비청구를 하면서 일부만을 특정하여 청구하고 그 이외의 부분은 별도소송으로 청구하겠다는 취지를 명시적으로 유보한 경우, 전 소송의 계속 중에 동일한 불법행위를 원인으로 유보한 나머지 치료비청구를 별도소송으로 제기하였다면 중복제소에 해당한다.

④ 동일한 사건에 관하여 전소가 소송계속 중이라면 설령 그 전소가 소송요건을 흠결하여 부적법하다고 할지라도 후소의 변론종결 시까지 취하·각하 등에 의하여 그 소송계속이 소멸되지 아니하는 한 후소는 중복된 소제기에 해당한다.

【문 12】 소멸시효에 관한 설명 중 옳지 않은 것은? (다툼이 있는 경우 판례에 의함)

① 소송당사자가 민법에 따른 소멸시효기간을 주장한 경우에도 법원은 직권으로 상법에 따른 소멸시효기간을 적용할 수 있다.

② 본래의 소멸시효 기산일과 당사자가 주장하는 기산일이 서로 다른 경우에는 변론주의의 원칙상 법원은 당사자가 주장하는 기산일을 기준으로 소멸시효를 계산하여야 한다.

③ 채권양도 후 대항요건이 구비되기 전의 양도인이 채무자를 상대로 제기한 소송 중에 채무자가 채권양도의 효력을 인정하는 등의 사정으로 인하여 양도인의 청구가 기각되고 양수인이 그로부터 6월 내에 채무자를 상대로 양수금청구의 소를 제기한 경우, 양도인의 최초의 소제기시에 위 채권의 소멸시효가 중단된다.

④ 가압류로 인한 소멸시효중단의 효력은 가압류결정이 제3채무자에게 송달된 때에 발생하고 가압류신청시로 소급하지 아니한다.

【문 13】 적시제출주의 및 실기한 공격·방어방법의 각하에 관한 다음 설명 중 옳지 않은 것은? (다툼이 있는 경우 판례에 의함)

① 재판장은 당사자의 의견을 들어 한쪽 또는 양쪽 당사자에 대하여 특정한 사항에 관하여 주장제출·증거신청의 기간을 정할 수 있다.

② 적시제출주의에 위반한 경우 각하의 대상은 공격·방어방법, 즉 주장·부인·항변·증거신청 등이고 반소·소의 변경 등은 해당되지 않는다.

③ 임의관할 위반과 소송비용의 담보제공 위반의 주장, 중재 합의의 항변은 본안에 관한 사실심 변론종결시까지 제출하여야 한다.

④ 항소심에서 새로운 공격방어방법이 제출되었을 때, 제1심의 경과까지 전체를 살펴 시기에 늦었는가를 판단하여야 한다.

【문 14】 소송에 있어서 형성권의 행사와 관련된 다음 설명 중 옳지 않은 것은? (다툼이 있는 경우 판례에 의함)

① 피고가 소송상 상계항변과 소멸시효 완성항변을 함께 주장한 경우 법원은 상계항변을 먼저 판단할 수 있고, 소멸시효 완성의 항변을 하기 전에 상계항변을 먼저 한 경우라면 이는 시효완성으로 인한 법적 이익을 받지 않겠다는 의사를 표시한 것으로 보아야 한다.

② 피고의 소송상 상계항변에 대하여 원고가 소송상 상계의 재항변을 할 경우, 법원은 피고의 소송상 상계항변의 인용 여부와 관계없이 원고의 소송상 상계의 재항변에 관하여 판단할 필요가 없으므로 원고의 위 재항변은 다른 특별한 사정이 없는 한 허용되지 않는다.

③ 원고가 2개의 채권을 청구하고, 피고가 그중 1개의 채권을 수동채권으로 삼아 소송상 상계항변을 하는 경우, 원고는 다시 청구채권 중 다른 1개의 채권을 자동채권으로 소송상 상계의 재항변을 할 수는 없다.

④ 소송상 상계항변이 제출되었으나 소송절차 진행 중 조정이 성립됨으로써 수동채권의 존재에 관한 법원의 실질적인 판단이 이루어지지 않은 경우, 상계항변의 사법상 효과는 발생하지 않는다.

【문 15】 소송행위의 추후보완에 관한 다음 설명 중 옳은 것은? (다툼이 있는 경우 판례에 의함)

① 제1심판결을 허위주소에서 다른 사람이 송달받은 경우에는 항소행위의 추후보완이 인정된다.

② 제1심 법원이 2009.12.경 소장부본과 판결정본 등을 공시송달의 방법으로 피고 甲에게 송달하였고, 그 후 원고 乙주식회사가 제1심판결에 기하여 甲의 예금채권 등을 압류·추심하여 甲이 제3채무자인 丙신용협동조합으로부터 2019.7.2. "법원의 요청으로 계좌가 압류되었습니다."는 내용과 채권압류 및 추심명령의 사건번호와 채권자가 기재된 문자메시지를 받았는데, 그로부터 2달이 지난 2019.9.30.에 甲이 제1심 판결정본을 영수한 후 2019.10.1. 추완항소를 제기하였다면, 위 항소는 적법하다.

③ 소송행위를 추후보완할 수 있는 기간은 불변기간을 지킬 수 없는 사유가 없어진 후부터 2주 이내이나, 그 사유가 없어질 당시 외국에 있던 당사자에 대하여는 이 기간을 20일로 한다.

④ 추후보완의 기간은 불변기간이 아니므로, 부가기간을 정할 수도 없으나 그 기간을 줄이거나 늘일 수는 있다.

【문 16】 송달에 관한 다음 설명 중 가장 옳지 않은 것은? (다툼이 있는 경우 판례에 의함)

① 법인 그 밖의 단체에 대한 송달은 그 대표자의 주소·거소·영업소 또는 사무소에 하여야 한다.

② 근무장소 외의 송달할 장소에서 송달받을 사람의 사무원, 피용자 또는 동거인이 정당한 사유 없이 송달받기를 거부하는 때에는 유치송달을 할 수 있다.

③ 송달의 흠은 원칙적으로 이의권 행사의 대상이 되며 그 포기나 상실 또는 추인에 의해 치유된다. 그러나 항소제기기간에 관한 규정은 성질상 강행규정이므로, 그 기간 계산의 기산점이 되는 판결정본의 송달에 흠이 있는 경우에는 이에 대한 이의권의 포기나 상실로 치유될 수 없고 반드시 재송달을 실시하여야 한다.

④ 공시송달의 요건이 불비되었음에도 불구하고 판결정본이 공시송달 된 경우에는 당사자가 상소기간 내에 상소를 하지 않아도 판결은 확정되지 않고 기판력도 발생하지 않는다.

【문 17】 재판상 자백에 관한 다음 설명 중 가장 옳은 것은?

① 재판상 자백이 진실과 부합되지 않는 사실이 증명된 경우라도 변론 전체의 취지에 의하여 그 자백이 착오로 인한 것이라는 점을 인정할 수는 없고, 반드시 증거에 의하여 착오로 인한 것이라는 점이 인정되어야 한다.

② 당사자 일방이 한 진술에 잘못된 계산이나 기재, 기타 이와 비슷한 표현상의 잘못이 있고, 잘못이 분명한 경우에도 상대방이 이를 원용하면 재판상 자백이 성립한다.

③ 법원에 제출되어 상대방에게 송달된 답변서나 준비서면에 자백에 해당하는 내용이 기재되어 있는 경우, 그것이 변론기일이나 변론준비기일에 진술간주가 되어도 재판상 자백이 성립한다.

④ 채권자대위소송에서 피보전채권의 발생·소멸의 요건이 되는 구체적 사실은 재판상 자백의 대상이 된다.

【문 18】 진정성립의 추정에 관한 다음 설명 중 가장 옳지 않은 것은?

① 문서의 작성방식과 취지에 의하여 공무원이 직무상 작성한 것으로 인정한 때에는 이를 진정한 공문서로 추정하고, 이는 외국의 공공기관이 작성한 것으로 인정한 문서의 경우에도 같다.

② 공증인 또는 그 직무를 행하는 자가 작성한 공정증서는 성질상 공문서와 같은 추정력을 가진다.

③ 사문서의 진정성립에 대하여 다툼이 있을 때에는 성립의 진정이 입증되어야 하는데, 그 문서에 본인 또는 대리인의 서명 또는 날인이 형식상 존재하는 때에는 진정한 것으로 추정을 받는다.

④ 사문서에 날인된 작성명의인의 인영이 그의 인장에 의하여 현출된 것이라면 특별한 사정이 없는 한 그 인영의 진정성립, 즉 날인행위가 작성명의인의 의사에 기한 것임이 사실상 추정되고, 일단 인영의 진정성립이 추정되면 민사소송법 제358조에 의하여 그 문서 전체의 진정성립이 추정된다.

【문 19】 문서송부촉탁에 관한 다음 설명 중 가장 옳지 않은 것은? (다툼이 있는 경우 판례에 의함)

① 등기사항증명서·가족관계등록사항증명서 등과 같이 법령상 문서의 정본 또는 등본의 교부청구권이 보장되어 있는 경우에는 문서송부촉탁을 할 수 없다.

② 송부된 문서는 자동적으로 그 사건에서 증거자료가 되는 것은 아니나 신청인이 그 중에서 필요한 것을 서증으로 제출하면 증거자료가 되므로 문서의 진정성립을 별도로 증명할 필요는 없다.

③ 송부된 문서가 인증등본인 경우 그 인증등본을 기록에 가철한 후 서증의 부호 및 번호를 직접 위 인증등본에 부기하고 제출할 서증의 표목만 제출하면 되고 이 경우 그 서증 표목을 제출한 변론기일에 서증을 제출한 것으로 된다.

④ 제출된 인증등본의 전부 또는 일부를 증거로 채택하지 아니하는 때에는 신청인의 의견을 들어 그 인증등본을 기록에서 분리하여 신청인에게 교부하거나 폐기한다.

【문 20】 증명책임에 관한 다음 설명 중 가장 옳지 않은 것은?

① 부동산에 관한 매매계약에 기한 매매대금청구소송에서 피고는 당해 부동산을 증여받았으므로 매매대금을 지급할 의무가 없다고 주장하는 경우, 원고가 주장하는 매매계약 체결사실과 피고가 주장하는 증여계약 체결사실의 입증이 모두 실패한 경우 원고의 청구가 기각될 것이다.

② 법률상 추정이 되면 추정된 사실을 복멸시킬 증명책임이 상대방에게 전환된다.

③ 채무자가 특정한 채무의 변제조로 금원을 지급하였다고 주장함에 대하여, 채권자가 이를 수령한 사실을 인정하면서도 다른 채무의 변제에 충당하였다고 주장하는 경우에는 채무자는 변제충당하기로 하는 합의나 지정이 있었다는 주장 증명을 하여야 한다.

④ 항변에 대한 증명책임은 항변을 하는 자가 부담한다.

【문 21】 화해권고결정에 관한 다음 설명 중 가장 옳지 않은 것은?

① 독립당사자참가인이 화해권고결정에 대하여 이의한 경우, 이의의 효력이 원·피고 사이에도 미친다.

② 화해권고결정에 대한 이의신청이 취하된 경우에 화해권고결정은 이의신청기간 만료시에 소급하여 확정된다.

③ 화해권고결정의 기판력은 그 결정시를 기준으로 하여 발생한다.

④ 소유권에 기한 물권적 방해배제청구로서 소유권등기의 말소를 구하는 소송이나 진정명의 회복을 원인으로 한 소유권이전등기절차의 이행을 구하는 소송 중에 그 소송물에 대하여 화해권고결정이 확정되면 상대방은 여전히 물권적인 방해배제의무를 지는 것이고, 그 청구권의 법적 성질이 채권적 청구권으로 바뀌지 아니한다.

【문 22】 다음 기판력의 주관적 범위와 관련한 설명 중 옳지 않은 것은? (다툼이 있는 경우에는 판례에 의함)

① 추심금소송에서 추심채권자가 제3채무자와 "피압류채권 중 일부 금액을 지급하고 나머지 청구를 포기한다."는 내용의 재판상 화해를 한 경우, '나머지 청구포기 부분'은 추심채권자가 제3채무자에게 더 이상 추심권을 행사하지 않고 소송을 종료하겠다는 의미로 보아야 한다.

② 동일한 채권에 대해 복수의 채권자들이 압류·추심명령을 받은 경우 어느 한 채권자가 제기한 추심금소송에서 확정된 판결의 기판력은 그 소송의 변론종결일 이전에 압류·추심명령을 받았던 다른 추심채권자에게 미치지 않는다.

③ 채권양수인이 제218조 제1항에 따라 확정판결의 효력이 미치는 변론종결 후의 승계인에 해당하는지 판단하는 기준시기는 채권양도의 합의가 이루어진 때를 기준으로 판단하여야 한다.

④ 대금분할을 명한 공유물분할판결의 변론이 종결된 뒤(변론 없이 한 판결의 경우에는 판결을 선고한 뒤) 해당 공유자의 공유지분에 관하여 소유권이전청구권의 순위보전을 위한 가등기가 마쳐진 경우, 대금분할을 명한 공유물분할 확정판결의 효력은 민사소송법 제218조 제1항이 정한 변론종결 후의 승계인에 해당하는 가등기권자에게 미치므로, 특별한 사정이 없는 한 위 가등기상의 권리는 매수인이 매각대금을 완납함으로써 소멸한다.

【문 23】 소송비용액 확정절차에 관한 다음 설명 중 가장 옳지 않은 것은? (다툼이 있는 경우 판례에 의함)

① 소의 일부가 취하되거나 또는 청구가 감축된 경우, 그 취하되거나 감축된 부분만이 종결될 당시의 소송계속법원에 소송비용부담 및 그 액수의 확정재판을 신청함으로써 소송비용을 상환받을 수 있다.

② 항소심에서 항소취하가 된 경우에는 제1심을 포함한 총 소송비용에 관하여 항소심법원에 소송비용부담 및 그 액수의 확정재판을 신청해야 한다.

③ 본안소송의 사건이 병합된 경우 외에는 수 개의 확정판결에 기한 소송비용액 확정신청을 병합하여 신청할 수 없다.

④ 소송비용액 확정신청의 피신청인이 부담하여야 할 소송비용액이 없는 경우에는 송달료 등 소송비용액 확정절차에서의 비용은 신청인이 부담해야 한다.

【문 24】 불이익변경금지 원칙에 관한 다음의 설명 중 옳은 것은? (다툼이 있는 경우에는 판례에 의함)

① 금전채무불이행시 발생하는 원본채권과 지연손해금채권은 별개의 소송물로 볼 수 없으므로, 불이익변경인지 여부는 원금과 지연손해금 부분을 합산하여 전체 금액을 기준으로 판단하여야 한다.

② X의 대여금청구의 소에 대해 Y가 상계항변을 제출하여 제1심법원은 상계항변을 받아들여 X의 청구기각판결을 선고하였다. 이에 X만 항소하였다면, 법원은 X의 대여금청구권이 인정되지 않는다는 이유로 X의 청구를 기각하는 판결을 선고할 수 있고 이는 불이익변경금지원칙에 반하지 않는다.

③ 소각하판결에 대하여 원고만이 불복상소 하였으나 청구가 이유 없다고 인정되는 경우, 항소심은 원고의 항소를 기각하여야 한다.

④ 동시이행판결을 내렸던 제1심판결에 대하여 피고만이 항소하였는데, 원고가 부담할 반대급부의 금액만을 감축한 항소심판결은 불이익변경금지의 원칙에 위배되지 않는다.

【문 25】 이행권고결정에 관한 다음 설명 중 가장 옳지 않은 것은? (다툼이 있는 경우 판례에 의함)

① 이행권고결정의 송달은 그 결정서 등본을 피고에게 송달하는 방법으로 하며, 이행권고결정이 확정되면 그 결정서 정본을 원고에게 송달하여야 한다.

② 확정된 이행권고결정에 재심사유에 해당하는 하자가 있는 경우에는 이를 이유로 민사소송법 제461조가 정한 준재심의 소를 제기할 수 있다.

③ 이행권고결정이 확정된 때에는 원칙적으로 별도의 집행문 부여 없이 이행권고결정서 정본으로 강제집행을 할 수 있다.

④ 확정되지 않은 이행권고결정은 제1심법원에서 판결이 선고된 때에는 효력을 잃으므로, 제1심판결 선고 후에는 이행권고결정에 대한 이의신청을 취하할 수 없다.

05회 실전동형모의고사

【문 1】 소송요건에 관한 다음 설명 중 가장 옳지 않은 것은?

① 소송계속 중 소송능력을 상실한 경우 소 자체가 부적법해지므로 소를 각하하여야 한다.

② 이미 사망한 자를 채무자로 한 처분금지가처분신청은 부적법하고 그 신청에 따른 처분금지가처분결정이 있었다고 하여도 그 결정은 당연무효로서 그 효력이 상속인에게 미치지 않는다고 할 것이므로, 채무자의 상속인은 일반승계인으로서 무효인 그 가처분결정에 의하여 생긴 외관을 제거하기 위한 방편으로 가처분결정에 대한 이의신청으로써 그 취소를 구할 수 있다.

③ 당사자들이 부제소 합의의 효력이나 그 범위에 관하여 쟁점으로 삼아 소의 적법 여부를 다투지 아니하는데도 법원이 직권으로 부제소 합의에 위배되었다는 이유로 소가 부적법하다고 판단하기 위해서는 그와 같은 법률적 관점에 대하여 당사자에게 의견을 진술할 기회를 주어야 한다.

④ 제척기간이 경과하였는지 여부는 이에 대한 당사자의 주장이 없더라도 법원이 당연히 직권으로 조사하여 재판에 고려하여야 한다.

【문 2】 다음은 제척 또는 기피신청에 관한 설명이다. 틀린 것을 모두 고른 것은? (다툼이 있는 경우에는 판례에 의함)

> ㄱ. 합의부 재판장에 대한 기피신청은 그 합의부에 신청한다.
> ㄴ. 소송지연을 목적으로 한 것이 분명한 경우에는 결정으로 기피신청을 각하할 수 있으나, 제척신청에 대해서는 각하할 수 없다.
> ㄷ. 기피신청은 그 이유가 있음을 알게 된 이후 지체 없이 하여야하고, 당사자가 법관을 기피할 이유가 있다는 것을 알면서도 본안에 관하여 변론한 때에는 그 법관에 대해 기피신청을 할 수 없다.
> ㄹ. 실제로 법관에게 편파성이 존재하지 아니하거나 헌법과 법률이 정한 바에 따라 공정한 재판을 할 수 있는 경우에도 기피가 인정될 수 있는 경우가 있다.
> ㅁ. 제척 또는 기피신청에 대해 불복하기 위해서는 즉시항고를 해야 한다.
> ㅂ. 제척 또는 기피하는 이유와 소명방법은 신청한 날부터 3일 이내에 서면으로 제출하여야 한다.

① ㄱ, ㄴ   ② ㄱ, ㅂ
③ ㄴ, ㅁ   ④ ㄷ, ㄹ

【문 3】 소송의 이송에 관한 다음 설명 중 가장 옳은 것은?

① 관할위반을 이유로 한 당사자의 이송신청은 단지 법원의 직권발동을 촉구하는 의미밖에 없으므로 이송신청 기각결정에 대하여는 즉시항고가 허용되지 않으나, 법원이 이송신청에 대하여 재판하지 않은 경우에는 재판에 영향을 미친 헌법위반이 있음을 이유로 한 특별항고가 허용된다.

② 심급관할을 위반한 이송결정의 기속력은 이송받은 동일 심급의 법원과 하급심법원에는 미치지만 상급심법원에는 미치지 않는다.

③ 이송결정이 확정되면 이송결정을 한 법원은 수소법원으로서의 자격을 상실하므로 어떠한 처분도 할 수 없다.

④ 동일한 지방법원 내에서 합의부와 단독판사의 구별은 사무분담 문제에 불과하므로, 동일한 지방법원 내의 합의부와 단독판사 사이에서는 이송의 여지가 없다.

【문 4】 당사자적격에 관한 다음 설명 중 가장 옳지 않은 것은?

① 甲 소유의 토지 위에 乙이 무단으로 건물을 신축한 후 위 건물에 관하여 乙(임대인)과 丙(임차인)이 임대차계약을 체결하여 현재 丙이 위 건물을 점유하고 있는 경우에, 甲이 불법점유를 이유로 토지인도소송을 제기할 경우의 피고적격자는 乙이 된다.

② 법인의 이사에 대한 직무집행정지가처분 신청에 있어서 당해 이사만이 피신청인이 될 수 있지만, 법인의 이사회결의 부존재확인의 소에 있어서는 그 결의에 의해 선임된 이사 및 당해 법인 모두 피고가 될 수 있다.

③ 불법말소된 것을 이유로 한 근저당권설정등기 회복등기청구는 그 등기말소 당시의 소유자를 상대로 하여야 한다.

④ 관리단으로부터 집합건물의 관리업무를 위임받은 위탁관리회사는 특별한 사정이 없는 한 구분소유자 등을 상대로 자기 이름으로 소를 제기하여 관리비를 청구할 당사자적격이 있다.

【문 5】 채권자대위권에 기한 청구에 관한 다음 설명 중 가장 옳지 않은 것은?

① 채권자가 채권자대위권을 행사하는 방법으로 제3채무자를 상대로 소송을 제기하여 판결을 받은 경우 어떠한 사유로든 채무자가 채권자대위소송이 제기된 사실을 알았을 경우에 한하여 그 판결의 효력이 채무자에게 미친다.

② 비법인사단인 채무자 명의로 제3채무자를 상대로 한 소가 제기되었으나 사원총회의 결의 없이 총유재산에 관한 소가 제기되었다는 이유로 각하판결을 받고 그 판결이 확정된 경우에는 채무자가 스스로 제3채무자에 대한 권리를 행사한 것으로 볼 수 없다.

③ 채권자가 대위권을 행사할 당시에 이미 채무자가 그 권리를 재판상 행사하였을 때에는 채권자는 채무자를 대위하여 채무자의 권리를 행사할 수 없다.

④ 채권자대위소송에서 피대위자인 채무자가 실존인물이 아니거나 사망한 사람인 경우여도 채권자대위소송은 적법하다.

【문 6】 소송상의 대리인에 관한 다음 설명 중 가장 옳지 않은 것은?

① 무권대리인이 행한 소송행위의 추인은 소송행위의 전체를 일괄하여 하여야 하는 것이나 무권대리인이 변호사에게 위임하여 소를 제기하여서 승소하고 상대방의 항소로 소송이 2심에 계속 중 그 소를 취하한 일련의 소송행위 중 소취하행위만을 제외하고 나머지 소송행위를 추인하는 것은 유효하다.

② 무권대리인에 의한 또는 그에 대한 소송행위는 일률적으로 무효이지만 당사자 본인이나 정당한 대리인이 추인한 경우에는 소급하여 유효로 되고, 제1심에서의 무권대리행위를 상소심에서 추인하여도 무방하다.

③ 법인 대표자의 자격이나 대표권에 흠이 있어 그 법인 또는 그 법인에 대하여 소송행위를 하기 위하여 수소법원에 의하여 특별대리인이 선임된 후 소송절차가 진행되던 중에 법인의 대표자 자격이나 대표권에 있던 흠이 보완되었더라도, 특별대리인에 대한 수소법원의 해임결정이 있어야만 그 대표자는 법인을 위하여 유효하게 소송행위를 할 수 있다.

④ 상소 제기에 관한 특별한 권한을 받은 소송대리인이 작성하여 제출한 상소장에 인지를 붙이지 아니한 흠이 있는 때에는 원심 재판장은 그 소송대리인에게 인지의 보정을 명할 수 있지만, 당사자 본인이 상소장을 작성하여 제출한 경우에는 소송대리인에게 인지 보정명령을 송달할 수 없다.

【문 7】 선정당사자에 관한 다음 설명 중 가장 옳은 것은?

① 선정당사자는 선정자들로부터 소송수행을 위한 포괄적인 수권을 받은 것이므로 선정자들의 개별적인 동의 없이 체결한 변호사인 소송대리인과의 보수에 관한 약정은 선정자들에게 그 효력이 미친다.

② 선정당사자는 공동의 이해관계에 있는 여러 사람이 공동소송인이 되어 소송을 하여야 할 경우에 선정할 수 있는데, 여러 사람 상호간에 공동소송인이 될 관계에 있더라도 주요한 공격방어방법을 공통으로 하지 않는 경우에는 공동의 이해관계가 있다고 할 수 없다.

③ 당초부터 특히 어떠한 심급을 한정하여 당사자인 자격을 보유하게끔 할 목적으로 선정을 할 수 있으므로, 제1심에서 제출된 당사자선정서에 사건명을 기재한 다음에 '제1심 소송절차에 관하여'라는 문언이 기재되어 있는 경우에는 특단의 사정이 없는 한 선정의 효력은 제1심에 한정된다.

④ 판례는 선정당사자 본인에 대한 부분의 소가 취하된 경우에도 선정자가 선정을 취소하지 않는 한 선정당사자의 자격이 당연히 상실되는 것은 아니라고 하고 있다.

【문 8】 독립당사자참가에 관한 다음 설명 중 가장 옳지 않은 것은?

① 원고의 피고에 대한 청구의 원인행위가 사해행위라는 이유로 원고에 대하여 사해행위취소를 청구하면서 독립당사자참가신청을 하는 경우, 그러한 참가신청은 부적법하다.

② 독립당사자참가인의 권리 또는 법률상 지위가 원고로부터 부인당하거나 또는 그와 저촉되는 주장을 당함으로써 위협을 받거나 방해를 받는 경우에는 독립당사자참가인은 원고를 상대로 자기의 권리 또는 법률관계의 확인을 구하여야 하며, 그렇지 않고 원고가 자신의 주장과 양립할 수 없는 제3자에 대한 권리 또는 법률관계를 주장한다고 하여 원고에 대하여 원고의 그 제3자에 대한 권리 또는 법률관계가 부존재한다는 확인을 구하는 것은 확인의 이익이 있다고 할 수 없다.

③ 제1심에서 원고 및 독립당사자참가인 패소, 피고 승소의 본안판결이 선고된 데 대하여 원고만이 항소한 경우, 실제로 상소를 제기하지도 당하지도 않은 독립당사자참가인에 대한 판결부분도 확정이 차단되고 그에 관한 소송관계가 항소심으로 이심되나, 위 독립당사자참가인에 대한 판결부분은 항소심의 심판대상이 되지 않는다.

④ 독립당사자참가로 인해 종래의 원고 또는 피고가 더 이상 소송을 계속할 필요가 없게 된 때에는 상대방(즉, 피고 또는 원고)의 승낙을 얻어 탈퇴할 수 있다. 다만, 소의 취하에 있어서와 같은 동의간주는 인정되지 아니하므로 명시적인 승낙이 없으면 탈퇴의 효력이 발생하지 않는다.

【문 9】 피고의 경정에 관한 다음 설명 중 가장 옳지 않은 것은?

① 피고가 본안에 관하여 준비서면을 제출하거나 변론준비기일에서 진술하거나 변론을 한 뒤에는 피고의 동의를 요하며, 피고가 경정신청서를 송달받은 날부터 2주 이내에 이의하지 않으면 동의한 것으로 본다.

② 피고로 되어야 할 자가 누구인지를 증거조사를 거쳐 사실을 인정하고 그 인정 사실에 터 잡아 법률 판단을 해야 인정할 수 있는 경우에는 피고의 경정이 허용되지 않는다.

③ 피고경정신청서 및 그 허부의 결정은 종전의 피고에게 소장부본을 송달하지 아니한 경우를 제외하고는 종전 피고에게 송달하여야 한다.

④ 피고경정신청을 기각하는 결정에 대하여 불복이 있는 원고는 통상항고를 제기할 수 없으므로 그 결정에 대하여 특별항고를 제기해야 한다.

【문 10】 소제기의 효과에 관한 다음 설명 중 가장 옳은 것은?

① 소가 중복제소에 해당하지 아니한다는 당사자의 주장에 관하여 판단하지 않더라도 판단누락에 해당하지 않는다.

② 원고가 채권자대위권에 기해 청구를 하다가 당해 피대위채권 자체를 양수하여 양수금청구로 소를 변경한 경우 채권자대위권에 기한 구청구는 취하된 것으로 보아야 하므로 당초의 채권자대위소송으로 인한 시효중단의 효력은 소멸한다.

③ 별소로 계속 중인 채권을 자동채권으로 하는 소송상 상계의 주장은 허용되지 않는다.

④ A소의 소장제출일은 2012.11.5.이고 소장부본 송달일은 2012. 12.26.이며, B소의 소장제출일은 2012.11.7.이고 소장부본 송달일은 2012.12.24.인 경우 중복된 소제기에 해당하는 소는 B소이다(단, A소와 B소는 당사자 및 소송물이 동일함).

【문 11】 일부청구에 관한 설명 중 옳지 않은 것은? (다툼이 있는 경우 판례에 의함)

① 특정채권 중 일부만을 청구한 경우에도 그 취지로 보아 채권 전부에 관하여 판결을 구하는 것으로 해석되는 경우에는 그 채권의 동일성의 범위 내에서 전부에 관하여 시효중단의 효력이 발생한다.

② 불법행위의 피해자가 일부청구임을 명시하여 그 손해의 일부만을 청구한 전소가 상고심에 계속 중인 경우, 나머지 치료비를 구하는 손해배상청구의 소는 중복제소에 해당하지 않는다.

③ 불법행위의 피해자가 일부청구임을 명시하여 그 손해의 일부만을 청구한 경우, 그 일부청구에 대한 판결의 기판력은 청구의 인용 여부에 관계없이 그 청구의 범위에 한하여 미친다.

④ 가분채권에 대한 이행의 소를 제기하면서 그것이 나머지 부분을 유보하고 일부만 청구하는 것이라는 취지를 명시하지 아니한 경우, 일부청구에 관하여 전부승소한 채권자는 나머지 부분에 관하여 청구를 확장하기 위한 항소를 제기할 수 없다.

【문 12】 변론주의에 관한 다음 설명 중 가장 옳지 않은 것은?

① 어떤 권리의 소멸시효기간이 얼마나 되는지에 관한 주장은 권리의 소멸이라는 법률효과를 발생시키는 요건을 구성하는 사실에 관한 주장이 아니라 단순히 법률의 해석이나 적용에 관한 의견을 표명한 것이므로 변론주의의 적용대상이 되지 않는다.

② 법정변제충당의 순서를 정함에 있어 기준이 되는 이행기나 변제이익에 관한 사항은 구체적 사실로서 자백의 대상이 될 수 있으나, 법정변제충당의 순서 자체는 법률의 규정의 적용에 의하여 정하여지는 법률상의 효과여서 그에 관한 진술이 비록 그 진술자에게 불리하더라도 이를 자백으로 볼 수 없다.

③ 원고가 사해행위 전부의 취소와 원상회복으로서 원물반환을 구하고 있는데 심리 결과 원물반환이 불가능하다면 원상회복청구는 기각하여야 하고, 변론주의의 원칙상 청구취지의 변경 없이 가액배상을 명할 수는 없다.

④ 피고가 본안 전 항변으로 채권양도사실을 내세워 당사자적격이 없다고 주장하는 경우 그와 같은 주장 속에는 원고가 채권을 양도하였기 때문에 채권자임을 전제로 한 청구는 이유가 없는 것이라는 취지의 본안에 관한 항변이 포함되어 있다.

【문 13】 다음 설명 중 옳은 것은?

① 원고가 본소의 이혼청구에 병합하여 재산분할청구를 제기한 후 피고가 반소로서 이혼청구를 하였는데, 본소의 이혼청구가 받아들여지지 않고 피고의 반소청구에 의하여 이혼이 명하여지는 경우에는 원고의 재산분할청구에 대해서는 판단할 필요가 없다.

② 피고가 원고 이외의 제3자를 추가하여 반소피고로 하는 반소는 원칙적으로 허용되지 아니하고, 다만 피고가 제기하려는 반소가 필수적 공동소송이 될 때에는 민사소송법 제68조의 필수적 공동소송인 추가의 요건을 갖추면 허용될 수 있다.

③ 점유권을 기초로 한 본소에 대하여 본권자가 본소청구의 인용에 대비하여 본권에 기초한 장래이행의 소로서 예비적 반소를 제기하고 양 청구가 모두 이유 있는 경우, 법원은 본소가 인용되면 본권과 모순이 되므로 본소청구를 기각하여야 한다.

④ 반소의 취하에 있어서도 본소 취하의 경우와 마찬가지로 원고의 동의가 필요하므로, 본소가 취하되었더라도 반소 취하 시 원고의 동의를 얻어야 한다.

【문 14】 기일의 해태에 관한 다음 설명 중 틀린 것은?

① 한쪽 당사자가 변론기일에 출석하지 아니하거나, 출석하여도 본안에 관하여 변론하지 아니한 때에는 그가 제출한 소장·답변서, 그 밖의 준비서면에 적혀 있는 사항을 진술한 것으로 보고 출석한 상대방에게 변론을 명할 수 있다.

② 출석한 당사자는 상대방의 출석 없이도 변론과 증거신청을 할 수 있으나, 이 경우 할 수 있는 변론과 증거조사의 범위는 그가 미리 준비서면에 적은 사실의 주장과 증거신청 및 증거조사에 한정되는 것이 원칙이다.

③ 공시송달에 의하여 기일이 통지된 경우에는 출석하지 아니한 당사자에게 그 책임을 물을 수 없으므로 자백간주의 효과가 발생하지 않는다.

④ 항소심에서 양쪽 당사자의 2회 기일해태 후 기일지정신청이 없거나 그 기일지정신청에 의해 정해진 변론기일에 양쪽 당사자가 불출석하면 소의 취하가 있는 것으로 본다.

【문 15】 다음 중 소송행위 추후보완이 인정되는 경우는? (다툼이 있는 경우 판례에 의함)

① 소송대리인이 판결정본의 송달을 받고도 당사자에게 그 사실을 알려 주지 아니하여 기간을 지키지 못한 경우

② 법원의 부주의로 주소를 잘못 기재하여 송달한 탓으로 송달불능이 되자 공시송달의 방법으로 송달되어 기간을 지키지 못한 경우

③ 법인인 소송당사자가 법인이나 그 대표자의 주소가 변경되었는데 이를 법원에 신고하지 아니하여 결과적으로 공시송달의 방법으로 송달되어 기간을 지키지 못한 경우

④ 서울에서 수원으로 배달증명우편으로 발송한 항소장이 4일만에 배달되어 기간을 지키지 못한 경우

【문 16】 소송절차의 중단에 관한 다음 설명 중 가장 옳지 않은 것은? (다툼이 있는 경우 판례에 의함)

① 선정당사자 모두가 사망 또는 자격상실된 때에는 중단되나 일부만에 관하여 그러한 사유가 생긴 때에는 중단되지 않는다.

② 지급명령이 송달된 후 이의신청기간 내에 회생절차개시결정 등과 같은 소송중단사유가 생긴 경우에는 이의신청기간의 진행이 정지된다.

③ 소송계속 중 보조참가인이 사망하더라도 본소의 소송절차는 중단되지 않는다.

④ 소송절차의 중단사유가 발생하더라도 소송대리인이 있으면 소송절차가 중단되지 않지만 심급대리의 원칙상 소송대리인에게 상소에 관한 특별수권이 없다면 판결선고와 동시에 소송절차 중단의 효과가 발생한다.

【문 17】 甲은 乙에게 매매계약에 기한 매매대금 청구의 소를 제기하면서 매매계약서를 그 증거로 제출하였다. 乙은 제1회 변론기일에서 甲이 주장하는 매매계약 체결사실과 매매계약서의 진정성립을 인정하였다. 그 후 乙은 매매계약 체결사실을 다투고자 한다. 다음의 설명 중 옳지 않은 것은?(다툼이 있는 경우에는 판례에 의함)

① 乙이 위 자백을 취소하려면 그 자백이 진실에 어긋나는 것 외에 착오로 인한 것임을 아울러 증명하여야 하고, 진실에 어긋나는 것임이 증명되었다고 하여 착오로 인한 자백으로 추정되지는 않는다.

② 乙의 자백 취소에 대하여 甲이 동의하면 진실에 어긋나는지 여부나 착오 여부와는 상관없이 자백의 취소는 인정된다.

③ 乙의 위 자백이 진실에 어긋난다는 사실이 증명된 경우라면 변론 전체의 취지에 의하여 그 자백이 착오로 인한 것이라는 점을 법원이 인정할 수 있다.

④ 乙이 매매계약서의 진정성립에 관하여 한 자백은 보조사실에 관한 자백이어서 이를 자유롭게 취소할 수 있다.

【문 18】 문서의 형식적 증거력에 관한 다음 설명 중 가장 옳은 것은?

① 본인 또는 대리인의 서명행위 등이 있었음에 관하여 당사자 사이에 다툼이 없거나 다른 증거에 의하여 증명되더라도, 서명 이외의 나머지 부분이 가필 등으로 변조되거나 위조되었다고 다투어진 경우 그 문서 전체가 진정하게 성립된 것으로 추정되지 않는다.

② 백지문서를 작성명의자 아닌 자가 보충한 경우에는, 그것이 정당한 권원에 기하여 이루어졌다는 점에 관하여 문서제출자의 상대방이 증명할 책임이 있다.

③ 문서의 진정성립은 작성명의인의 의사에 기한 것이면 되므로, 반드시 자신의 자필일 필요는 없으나, 문서작성자의 날인은 반드시 필요하다.

④ 제출자 자신이 작성한 문서 또는 제3자 작성의 문서에 관하여 상대방이 부지라고 다투었는데 제출자가 성립의 진정을 증명하지 아니한 경우에도, 법원은 다른 증거에 의하지 아니하고 변론 전체의 취지를 참작하여 성립의 진정을 인정할 수 있다.

【문 19】 감정에 관한 다음 설명 중 가장 옳지 않은 것은?

① 신청인이 감정을 구하는 사항을 적은 서면을 제출한 때에는 법원이 필요 없다고 인정한 경우가 아닌 한 그 서면을 상대방에게 송달하여 그에게 의견을 제출할 기회를 부여하여야 한다.

② 감정인에게 제시한 전제사실과 법원이 최종적으로 인정한 사실이 다르다면 그 감정결과를 증거로 사용할 수 없다.

③ 감정인등이 현장에 나가서 감정을 행하였지만 감정서를 작성하기 전에 소의 취하, 청구의 포기·인낙 등의 사유로 재판에 의하지 않고 소송이 종료된 경우에는 감정료의 2분의 1을 지급한다.

④ 감정인등은 예규가 정하는 감정료만으로는 감정하기 어려운 경우에는, 감정하기 전에 그 사유를 구체적으로 적시하여 법원에 감정료의 증액을 요청하여야 한다.

【문 20】 소취하에 관한 다음 중 옳지 않은 것을 모두 고른 지문은? (다툼이 있는 경우에는 판례에 의함)

ㄱ. 원고의 소취하에 대하여 피고가 일단 확정적으로 동의를 거절하면 원고의 소취하는 효력이 발생하지 않고, 이후 피고가 소취하에 동의하더라도 소취하의 효력이 다시 생기게 되는 것은 아니다.
ㄴ. 원고 소송대리인으로부터 소송대리인 사임신고서 제출을 지시받은 사무원은 원고 소송대리인의 표시기관에 해당되어 그의 착오는 원고 소송대리인의 착오라고 보아야 하므로 그 사무원의 착오로 원고 소송대리인의 의사에 반하여 소를 취하하였다고 하여도 이를 무효라고 볼 수는 없다.
ㄷ. 적법한 소취하의 서면이 상대방에게 송달되기 전이라면 원고는 이를 임의로 철회할 수 있다.
ㄹ. 일반적으로는 소송당사자가 소송 외에서 그 소송을 취하하기로 합의하더라도 바로 소취하의 효력이 발생하지 않지만, 재판상 화해가 성립하여 법원에 계속 중인 다른 소송을 취하하기로 하는 내용의 재판상 화해조서가 작성된 경우에는 바로 소취하의 효력이 발생한다.
ㅁ. 제3자에 의한 소취하서의 제출도 허용되고, 나아가 상대방에게 소취하서를 교부하여 그로 하여금 제출하게 하는 것도 상관없다.
ㅂ. 당사자 사이에 조정이 성립됨으로써 수동채권의 존재에 관한 법원의 실질적인 판단이 이루어지지 아니한 경우에는 그 소송절차에서 행하여진 소송상 상계항변의 사법상 효과도 발생하지 않는다.

① ㄱ, ㄴ
② ㄱ, ㅁ
③ ㄷ, ㄹ
④ ㄷ, ㅂ

【문 21】 다음 설명 중 옳은 것은 모두 몇 개인가?

> ㉮ 확정된 이행권고결정은 확정판결과 같은 효력이 있으므로 기판력이 인정된다.
> ㉯ 제1심판결 선고 전에 불상소 합의를 한 경우 제1심판결은 선고와 동시에 확정된다.
> ㉰ 판결의 일부에 대하여 상소한 경우라도 판결의 나머지 전부에 대하여 확정차단과 이심의 효력이 발생한다.
> ㉱ 화해권고결정에 대하여 이의신청을 한 당사자가 이의신청을 취하한 경우, 이의신청 취하서가 법원에 접수된 날 화해권고결정이 확정된다.

① 없음
② 1개
③ 2개
④ 3개

【문 22】 기판력에 관한 다음 설명 중 가장 옳지 않은 것은? (다툼이 있는 경우 판례에 의하고, 전원합의체판결의 경우 다수의견에 의함)

① 법원이 수동채권의 존재를 인정하는 판단을 한 다음, 반대채권의 존재를 인정하지 않고 상계항변을 배척한 경우에는 반대채권에 대하여는 기판력이 발생하지 않는다.

② 甲 등 망인들이 국가를 상대로 농지분배처분을 원인으로 하는 소유권이전등기청구소송을 제기하였다가 패소판결이 선고되어 확정되었는데, 그 후 甲 등의 상속인들인 乙 등이 국가가 행한 일련의 불법행위 때문에 분배농지에 관한 수분배권을 상실하였다며 국가를 상대로 손해배상을 구한 경우, 乙 등이 제기한 손해배상청구소송에서 문제되는 농지분배처분 무효 내지 甲 등의 분배토지에 관한 수분배권 존부에는 위 확정판결의 기판력이 미치지 않는다.

③ 원고의 소구채권 자체가 인정되지 않는 경우 더 나아가 피고의 상계항변의 당부를 따져볼 필요도 없이 원고 청구가 배척될 것이므로, '원고의 소구채권 그 자체를 부정하여 원고의 청구를 기각한 판결'과 '소구채권의 존재를 인정하면서도 상계항변을 받아들인 결과 원고의 청구를 기각한 판결'은 기판력의 범위를 서로 달리하고, 후자의 판결에 대하여 피고는 상소의 이익이 있다.

④ 당사자가 주장한 사항에 대한 구체적·직접적인 판단이 판결이유에 표시되어 있지 아니하더라도 판결이유의 전반적인 취지에 비추어 그 주장을 인용하거나 배척하였음을 알 수 있는 정도라면 판단누락이라고 할 수 없고, 설령 실제로 판단을 하지 아니하였더라도 판결 결과에 영향이 없다면 판단누락의 위법이 있다고 할 수 없다.

【문 23】 소송비용의 부담 및 소송비용액확정에 관한 다음 설명 중 가장 옳지 않은 것은?

① 일부패소의 경우 각 당사자가 부담할 소송비용은 반드시 청구액과 인용액의 비율에 따라 정하여야 한다.

② 공동소송인은 소송비용을 균등하게 부담한다. 다만, 법원은 사정에 따라 공동소송인에게 소송비용을 연대하여 부담하게 하거나 다른 방법으로 부담하게 할 수 있다.

③ 소송이 재판에 의하지 아니하고 완결된 경우에 당사자가 소송비용을 상환받기 위하여서는 당해 소송이 완결될 당시의 소송계속법원에 소송비용부담재판의 신청을 하여야 하고, 이를 제1심 수소법원에 소송비용액확정결정신청의 방법으로 할 수는 없다.

④ 소송비용부담의 재판은 소송비용상환의무의 존재를 확정하고 그 지급을 명하는 데 그치고 소송비용의 액수는 당사자의 신청에 의하여 별도로 소송비용액확정결정을 받아야 하므로, 소송비용부담의 재판만으로는 소송비용상환청구채권의 집행권원이 될 수 없다.

【문 24】 판결의 확정에 관한 다음 설명 중 가장 옳지 않은 것은?

① 수개의 청구에서 패소한 당사자가 그중 일부에 대하여만 항소를 제기한 경우, 항소되지 않은 나머지 부분도 확정이 차단되지만, 그 항소인이 변론종결시까지 항소취지를 확장하지 않는 한 그 나머지 부분은 항소심의 판결선고와 동시에 확정된다.

② 대법원의 환송판결이 일부 부분만 파기환송하고 나머지 상고를 기각하였다면, 파기환송되지 않은 부분은 환송판결의 선고로써 확정된다.

③ 제1심판결 전에 불항소의 합의를 하면 제1심판결은 선고와 함께 확정되고, 제1심판결 후에 불항소의 합의를 하면 제1심판결의 항소기간 만료시에 제1심판결이 확정된다.

④ 본소청구와 반소청구에 대하여 1개의 전부판결이 선고된 경우, 본소청구에 대한 판결 부분에 대하여만 항소를 하였더라도 본소청구에 대한 판결뿐만 아니라 반소청구에 대한 판결의 확정도 차단된다.

【문 25】독촉절차에 관한 다음 설명 중 가장 옳은 것은?

① 확정된 지급명령은 확정판결과 같은 효력이 있으므로 기판력이 있어 준재심의 대상이 된다.

② 확정된 지급명령에 기해 강제집행을 하려면 집행문을 부여받아야 하고 별도로 지급명령의 송달증명 및 확정증명을 받아야 한다.

③ 지급명령에 대한 이의신청이 기간의 도과 등으로 부적법한 경우에는 각하될 수 있고, 그러한 각하결정에 대해 이의신청인은 즉시항고를 할 수 없다.

④ 은행법에 따른 은행 등 금융권 채권자가 그 업무 등으로 취득하여 행사하는 대여금, 구상금, 양수금 채권에 대해 지급명령을 신청하고 청구원인을 소명한 경우에는 지급명령을 공시송달할 수 있다.

해커스공무원
gosi. Hackers.com

2022 해커스법원직 **신정운 S 민사소송법**
실전동형모의고사

정답 및 해설

01~05회

1	2	3	4	5	6	7	8	9
④	④	①	③	④	③	②	④	②

10	11	12	13	14	15	16	17	18
③	④	①	②	①	④	④	②	④

19	20	21	22	23	24	25
④	①	④	②	①	③	③

문 1

정답 ④

재판장의 소장심사에 관한 다음 설명 중 가장 옳지 않은 것은?

① 소명자료를 첨부하여 공시송달을 신청하였는데도, 그에 대한 허부재판을 도외시하고 주소보정의 흠을 이유로 소장각하명령을 하는 것은 위법하다.

➡ [O] 대결 2003.12.12. 2003마1694

② 재판장(참여사무관 등)의 보정명령에 대하여는 이의신청이나 항고 등으로 독립하여 불복할 수 없으며, 재판장의 소장각하명령에 대한 불복방법으로 이를 다툴 수 있을 뿐이다.

➡ [O] 소장에 관한 재판장(참여사무관 등)의 보정명령에 대하여는 독립하여 이의신청이나 항고를 할 수 없고, 보정명령 불이행을 이유로 한 소장각하명령에 대하여는 즉시항고에 의하여만 불복할 수 있다(제254조 제3항, 대결 1995.6.30. 94다39086,39093; 대결 1987.2.4. 86그157).

③ 소장에 일응 대표자의 표시가 되어 있는 이상 설령 그 표시에 잘못이 있다고 하더라도 이를 정정표시하라는 보정명령을 하고 그에 대한 불응을 이유로 소장을 각하하는 것은 허용되지 아니하고, 이러한 경우에는 오로지 판결로써 소를 각하할 수 있을 뿐이다.

➡ [O] 민사소송법 제254조에 의한 재판장의 소장심사권은 소장이 같은 법 제249조 제1항의 규정에 어긋나거나 소장에 법률의 규정에 따른 인지를 붙이지 아니하였을 경우에 재판장이 원고에 대하여 상당한 기간을 정하여 그 흠결의 보정을 명할 수 있고, 원고가 그 기간 내에 이를 보정하지 않을 때에 명령으로써 그 소장을 각하한다는 것일 뿐이므로, 소장에 일응 대표자의 표시가 되어 있는 이상 설령 그 표시에 잘못이 있다고 하더라도 이를 정정표시하라는 보정명령을 하고 그에 대한 불응을 이유로 소장을 각하하는 것은 허용되지 아니한다. 이러한 경우에는 오로지 판결로써 소를 각하할 수 있을 뿐이다(대결 2013.9.9. 2013마1273).

❹ 독립당사자참가소송의 제1심 본안판결에 대해 일방이 항소하고 피항소인 중 1명에게 항소장이 적법하게 송달되어 항소심법원과 당사자들 사이의 소송관계가 일부에만 성립한 것으로 볼 수밖에 없다면, 항소심재판장은 여전히 단독으로 항소장각하명령을 할 수 있다.

➡ [X] 항소심재판장은 항소장부본을 송달할 수 없는 경우 항소인에게

상당한 기간을 정하여 그 기간 이내에 흠을 보정하도록 명해야 하고, 항소인이 이를 보정하지 않으면 항소각하명령을 해야 한다(제402조 제1항·제2항 참조). 이러한 항소심재판장의 항소장각하명령은 항소장 송달 전까지만 가능하다. 따라서 항소장이 피항소인에게 송달되어 항소심법원과 당사자들 사이의 소송관계가 성립하면 항소심재판장은 더 이상 단독으로 항소장각하명령을 할 수 없다. 독립당사자참가소송의 제1심본안판결에 대해 일방이 항소하고 피항소인 중 1명에게 항소장이 적법하게 송달되어 항소심법원과 당사자들 사이의 소송관계가 일부라도 성립한 것으로 볼 수 있다면, 항소심재판장은 더 이상 단독으로 항소장각하명령을 할 수 없다(대결 2020.1.30. 2019마5599, 5600).

문 2

정답 ④

소송요건에 관한 다음 설명 중 옳지 않은 것은? (다툼이 있는 경우 판례에 의함)

① 직권조사사항에 대한 피고의 다툼은 법원의 직권발동을 촉구하는 데 그치므로 그 주장에 대해 판단하지 아니하였다고 하여도 판단누락의 상고이유는 되지 않는다.

➡ [O] 소송요건의 대부분은 직권조사사항으로, 이는 피고의 항변의 유무에 관계없이 법원이 직권으로 조사하여 참작할 사항이다. 사실상 피고가 소송요건의 흠을 들고 나올 때에 본안전항변이라 하지만, 이러한 피고의 주장은 단지 법원의 직권조사를 촉구하는 데 그치므로 이를 판단하지 아니하였다 하여도 판단누락의 상고이유가 될 수 없다.

② 법인 아닌 사단의 대표자 자격에 관하여 상대방 당사자가 자백하더라도 이는 법원을 구속하지 않는다.

➡ [O] **법인 아닌 사단 또는 재단의 존재 여부**
그 대표자의 자격에 관한 사항은 소송당사자능력 또는 소송능력에 관한 사항으로서 직권조사사항이고 소송당사자의 자백에 구애되지 않는다(대판 1971.2.23. 70다44).

③ 소를 제기하는 단계에서의 소송대리인의 대리권 존부는 소송요건으로서 법원의 직권조사사항이고, 이와 같은 직권조사사항에 관하여도 그 사실의 존부가 불명한 경우에는 증명책임의 원칙이 적용되며, 직권조사사항인 소송요건에 대한 증명책임은 원고에게 있다.

➡ [O] 제소단계에서의 소송대리인의 대리권 존부는 소송요건으로서 법원의 직권조사사항이다. 직권조사사항에 관하여도 그 사실의 존부가 불명한 경우에는 입증책임의 원칙이 적용되어야 할 것인바, 본안판결을 받는다는 것 자체가 원고에게 유리하다는 점에 비추어 직권조사사항인 소송요건에 대한 입증책임은 원고에게 있다(대판 1997.7.25. 96다39301).

❹ 법인의 대표자에게 적법한 대표권이 있는지 여부는 소송요건으로서 법원의 직권조사사항에 해당하므로, 법원으로서는 그 판단의 기초 자료인 사실과 증거를 직권으로 탐지할 의무가 있으며, 대표권의 적법성에 의심이 갈 만한 사정이 엿보인다

면 이를 구체적으로 지적하여 다투지 않더라도 이에 관하여 심리·조사할 의무가 있다.

→ **[X]** 법인이 당사자인 사건에 있어서 그 법인의 대표자에게 적법한 대표권이 있는지 여부는 소송요건에 관한 것으로서 법원의 직권조사사항이므로, 법원으로서는 그 판단의 기초 자료인 사실과 증거를 직권으로 탐지할 의무까지는 없다더라도, 이미 제출된 자료들에 의하여 그 대표권의 적법성에 의심이 갈 만한 사정이 엿보인다면 상대방이 이를 구체적으로 지적하여 다투지 않더라도 이에 관하여 심리·조사할 의무가 있다 할 것이고, 이는 당사자가 비법인사단인 경우에도 마찬가지라 할 것이다(대판 2009.12.10. 2009다22846).

문 3 　　　　　　　　　　　　　정답 ①

사물관할에 관한 다음 설명 중 가장 옳지 않은 것은?

❶ 재산권상의 소로서 그 소송목적의 값을 산출할 수 없는 것과 비재산권을 목적으로 하는 소는, 소송목적의 값이 5,000만 원이므로 단독판사의 심판사건에 해당한다.

→ **[X]** 이 경우 소송목적의 값은 5,000만 원으로 하지만(다만, 해고무효확인의 소를 제외한 회사 등 관계소송, 소비자기본법 및 개인정보보호법에 따른 금지·중지청구에 관한 소송, 특허소송, 무체재산권에 관한 소송의 소송목적의 값은 1억 원. 인지 제2조 제4항, 인지규 제18조의2), 이는 첩부할 인지액 산정의 기준을 정한 것일 뿐이고, 실제에 있어서는 당사자 사이에 중대한 이해관계가 걸려 있거나 복잡한 법률문제가 개입된 사건이 많아 처리에 신중을 기할 필요가 있으므로 합의부의 심판사항으로 정한 것이다.

② 수표금, 약속어음금 청구사건은 소송목적의 값이 2억 원을 초과하더라도 단독판사의 심판사건이다.

→ **[O]** 사물관할규칙 제2조 단서

③ 지방법원판사에 대한 제척·기피 사건은 합의부 심판사건이다.

→ **[O]** 제46조 제1항

④ 소송목적의 값이 제소 당시 또는 청구취지 확장 당시 2억 원을 초과한 민사소송사건의 판결에 대한 항소사건은 원칙적으로 고등법원이 심판한다.

→ **[O]** 지방법원 합의부에 대한 항소심은 고등법원이 담당한다(제28조). 따라서 소송목적의 값이 2억 원을 초과한 민사소송사건의 판결에 대한 항소사건을 고등법원이 심판한다.

문 4 　　　　　　　　　　　　　정답 ③

당사자표시정정에 관한 다음 설명 중 가장 옳지 않은 것은?

① 피고의 경정과 달리, 항소심에서도 당사자의 표시정정이 허용된다.

→ **[O]** 대판 2021.6.24. 2019다278433

② 비록 소장의 당사자표시가 착오로 잘못 기재되었음에도 소송계속 중 당사자표시정정이 이루어지지 않아 잘못 기재된 당사자를 표시한 본안판결이 선고·확정된 경우라 하더라도 그 확정판결을 당연무효라고 볼 수 없을 뿐더러, 그 확정판결의 효력은 잘못 기재된 당사자와 동일성이 인정되는 범위 내에서

위와 같이 적법하게 확정된 당사자에 대하여 미친다고 보아야 한다.

→ **[O]** 대판 2011.1.27. 2008다27615(주 - 임야의 소유자인 갑[○○선(宣)]이 매도증서에 자신의 성명을 을[○○의(宜)]로 잘못 기재함에 따라 임야에 관한 등기부 및 구 토지대장에도 소유명의자가 을로 잘못 기재된 사안에서, 위 등기부상 소유명의자인 을을 상대로 진정명의회복을 원인으로 한 소유권이전등기절차의 이행을 구하는 소송을 제기하여 공시송달에 의하여 받은 승소확정판결의 효력이 동일한 당사자로 인정되는 갑에게 미친다고 본 원심의 판단을 수긍한 사례)

❸ 소제기 후 소장부본이 송달되기 전에 피고가 사망한 경우 제1심판결이 선고된 이후 항소심에서 피고의 상속인들이 한 당사자표시정정신청은 허용된다.

→ **[X]** 사망한 자를 대상으로 소를 제기하여 제1심판결이 선고된 이후 항소심에서 상속인은 당사자표시정정이나 소송수계신청을 할 수 없다. 사망자를 피고로 하는 소제기는 대립당사자 구조를 요구하는 민사소송법의 기본원칙이 무시된 부적법한 것으로서 실질적 소송관계가 이루어질 수 없으므로 그와 같은 상태에서 제1심판결이 선고되었다 할지라도 판결은 당연무효이며, 판결에 대한 사망인 피고의 상속인들에 의한 항소나 소송수계신청은 부적법하다. 이러한 법리는 소제기 후 소장부본이 송달되기 전에 피고가 사망한 경우에도 마찬가지다(대판 2015.1.29. 2014다34041).

④ 소장에 표시된 원고에게 당사자능력이 인정되지 않는 경우에는 소장의 전취지를 합리적으로 해석한 결과 인정되는 올바른 당사자능력자로 그 표시를 정정하는 것은 허용되며, 소장에 표시된 당사자가 잘못된 경우에 당사자표시를 정정케 하는 조치를 취함이 없이 바로 소를 각하할 수는 없다.

→ **[O]** 당사자표시정정 신청이 있을 경우에는 문건으로 전산입력하고, 법원으로서는 당사자를 확정한 연후에 원고가 정정신청한 당사자표시가 확정된 당사자의 올바른 표시이며 동일성이 인정되는지의 여부를 살피고, 그 확정된 당사자로 피고의 표시를 정정하도록 하는 조치를 취하여야 한다(대판 1996.10.11. 96다3852). 소장에 표시된 당사자가 잘못된 경우에 정당한 당사자능력이 있는 사람으로 당사자표시를 정정하게 하는 조치를 취함이 없이 바로 소를 각하할 수는 없다(대판 2001.11.13. 99두2017).

문 5 　　　　　　　　　　　　　정답 ④

다음 중 옳지 않은 것만 고른 것은? (다툼이 있을 경우 판례에 따를 것)

ㄱ. 소취하가 무효라고 주장하는 자는 기일지정신청을 하거나 소취하 무효확인의 소를 제기하여 소취하의 유·무효를 다툴 수 있다.

→ **[X]** 소취하의 효력은 기일지정신청(규칙 제67조 제1항)을 통해 판단받을 수 있으므로 확인의 소를 별도로 제기하는 것은 확인의 이익 결여로 부적법하다.

ㄴ. 장래에 채무의 이행기가 도래할 예정인 경우에도 채무불이행 사유가 언제까지 존속할 것인지가 불확실하여 변론종결 당시에 확정적으로 채무자가 책임을 지는 기간을 예정할 수 없다면 장래의 이행을 명하는 판결을 할 수 없다.

→ **[O]** 장래의 이행을 명하는 판결을 하기 위하여는 채무의 이행기가 장래에 도래하는 것뿐만 아니라 의무불이행사유가 그때까지 존속한

다는 것을 변론종결 당시에 확정적으로 예정할 수 있는 것이어야 하며 이러한 책임기간이 불확실하여 변론종결 당시에 확정적으로 예정할 수 없는 경우에는 장래의 이행을 명하는 판결을 할 수 없다(대판 1987.9.22. 86다카2151).

ㄷ. 장래의 이행을 청구하는 소에서 이행기에 이르거나 조건이 성취될 때에 채무자의 무자력으로 말미암아 집행이 곤란해진다든가 또는 이행불능에 빠질 사정이 있다는 것만으로는 미리 청구할 필요가 있다고 할 수 없다.

➡ **[O]** 대판 2000.8.22. 2000다25576

ㄹ. 근저당권설정등기의 말소청구를 구하면서 그 근저당권설정계약에 기한 피담보채무의 부존재확인청구를 함께 한 경우에 그 채무부존재확인의 청구는 확인의 이익이 없다.

➡ **[O]** 확인의 소는 원고의 권리 또는 법률상 지위에 현존하는 불안·위험이 있고 확인판결을 받는 것이 그 분쟁을 근본적으로 해결하는 가장 유효적절한 수단일 때 허용되는바, 근저당권설정자가 근저당권설정계약에 기한 피담보채무가 존재하지 아니함의 확인을 구함과 함께 그 근저당권설정등기의 말소를 구하는 경우에 근저당권설정자로서는 피담보채무가 존재하지 않음을 이유로 근저당권설정등기의 말소를 구하는 것이 분쟁을 유효적절하게 해결하는 직접적인 수단이 될 것이므로 별도로 근저당권설정계약에 기한 피담보채무가 존재하지 아니함의 확인을 구하는 것은 확인의 이익이 있다고 할 수 없다(대판 2000.4.11. 2000다5640).

ㅁ. 보험회사가 보험수익자와 보험금 지급책임의 존부나 범위에 관하여 다툼이 있다는 사정만으로는 채무부존재확인을 구할 확인의 이익이 부정된다.

➡ **[X]** 확인의 소에서는 권리보호요건으로서 확인의 이익이 있어야 하고 확인의 이익은 원고의 권리 또는 법률상의 지위에 현존하는 불안·위험이 있고 그 불안·위험을 제거하는 데 피고를 상대로 확인판결을 받는 것이 가장 유효적절한 수단일 때에만 인정된다고 할 것이므로 원고의 권리 또는 법률관계를 다툼으로써 원고의 법률상 지위에 불안·위험을 초래할 염려가 있다면 확인의 이익이 있다. 그러므로 보험계약의 당사자 사이에 계약상 채무의 존부나 범위에 관하여 다툼이 있는 경우 그로 인한 법적 불안을 제거하기 위하여 보험회사는 먼저 보험수익자를 상대로 소극적 확인의 소를 제기할 확인의 이익이 있다고 할 것이다(대판 (全) 2021.6.17. 2018다257958·257965).

ㅂ. 부동산담보권 실행을 위한 경매의 배당절차에서 근저당권자의 채권에 대하여 배당이의를 하며 다투는 물상보증인을 상대로 근저당권자가 피담보채권 존재의 확인을 구하는 소를 제기한 경우, 확인의 이익이 있다.

➡ **[O]** 근저당권자가 근저당권의 피담보채무의 확정을 위하여 스스로 물상보증인을 상대로 확인의 소를 제기하는 것이 부적법하다고 볼 것은 아니며, 물상보증인이 근저당권자의 채권에 대하여 다투고 있을 경우 그 분쟁을 종국적으로 종식시키는 유일한 방법은 근저당권의 피담보채권의 존부에 관한 확인의 소라고 할 것이므로, 근저당권자인 원고가 물상보증인인 피고들을 상대로 제기한 이 사건 확인의 소는 확인의 이익이 있어 적법하다(대판 2004.3.25. 2002다20742).

문 6

소송구조에 관한 다음 설명 중 옳은 것은? (다툼이 있는 경우 판례에 의함)

① 소송구조를 받으려면 '패소할 것이 분명한 경우가 아닐 것'을 요하는데, 이 요건에 대해서는 신청인이 적극적으로 진술하고 소명해야 한다.

➡ **[X]** 판례는 패소할 것이 명백하지 않다는 것은 소송상 구조신청의 소극적 요건이므로 신청인이 승소의 가능성을 적극적으로 진술하고 소명하여야 하는 것은 아니고 법원이 소송구조신청 당시까지의 재판절차에서 나온 자료를 기초로 하여 패소할 것이 명백하다고 판단할 수 있는 경우가 아니면 구조요건을 구비한 것으로 보아야 한다고 판시하였다(대결 2001.6.9. 2001마1044).

② 법원은 소송비용을 지출할 자금능력이 부족한 사람에 대하여 직권으로 소송구조를 할 경우에는 패소할 것이 분명하더라도 할 수 있다.

➡ **[X]** 법원은 소송비용을 지출할 자금능력이 부족한 사람의 신청에 따라 또는 직권으로 소송구조를 할 수 있다. 다만, 패소할 것이 분명한 경우에는 그러하지 아니하다(제128조 제1항).

❸ 비송사건은 소송구조의 대상이 되지 아니하므로 비송사건을 대상으로 하는 소송구조신청은 부적법하다.

➡ **[O]** 민사소송의 본안사건이 기본적인 소송구조의 대상이고, 가압류·가처분절차, 독촉절차 및 강제집행사건도 모두 구조대상이 된다. 행정사건 및 가사사건은 각 민사소송법이 준용되므로(행정소송법 제8조 제2항, 가사소송법 제12조) 소송구조의 대상이 되지만, 비송사건은 소송사건과 그 목적 및 절차구조를 달리하며 비송사건절차법에서 민사소송법상 소송구조에 관한 규정을 준용하지 않고 있으므로 소송구조대상이 아니다(대결 2009.9.10. 2009스89).

④ 소장에 인지를 첨부하지 않고 소송상 구조신청을 한 경우에 소송구조기각결정 후 그 기각결정확정 전에 인지보정명령을 발하였다면 기각결정확정 후에 그 인지보정명령에 따른 보정기간이 경과한 때에는 소장에 대한 각하명령을 할 수 있다.

➡ **[X]** 소장에 인지를 첨부하지 않고 소송상 구조신청을 한 경우에, 비록 소송구조신청이 기각되었다고 하더라도, 민사소송법에서 정하고 있는 소송구조는 민사소송 등 인지법 제1조에서 정하고 있는 인지를 붙임에 관한 예외사유에 해당하며, 구조신청기각결정에 대하여 즉시항고를 할 수 있으므로, 즉시항고기간 경과 등의 사유로 기각결정이 확정되기 전에는 인지첨부의무의 발생이 저지되어 인지첨부의무 이행이 정지·유예된다고 할 것이므로, 인지보정명령을 발하거나 인지 미보정을 이유로 소장을 각하할 수 없다(대결 2008.6.2. 2007무77).

문 7

청구의 병합에 관한 다음 설명 중 가장 옳지 않은 것은?

① 주위적 청구를 배척하면서 예비적 청구에 대하여 판단하지 아니한 경우 상소가 제기되면 판단이 누락된 예비적 청구 부분도 상소심으로 이심된다. 그리고 이러한 법리는 부진정 예비적 병합의 경우에도 마찬가지이다.

➡ **[O]** [1] 청구의 예비적 병합은 논리적으로 양립할 수 없는 수개의

청구에 관하여 주위적 청구의 인용을 해제조건으로 예비적 청구에 대하여 심판을 구하는 형태의 병합이다. 그러나 논리적으로 양립할 수 있는 수개의 청구라고 하더라도, 주위적으로 재산상 손해배상을 청구하면서 그 손해가 인정되지 않을 경우에 예비적으로 같은 액수의 정신적 손해배상을 청구하는 것과 같이 수개의 청구 사이에 논리적 관계가 밀접하고, 심판의 순위를 붙여 청구를 할 합리적 필요성이 있다고 인정되는 경우에는, 당사자가 붙인 순위에 따라서 당사자가 먼저 구하는 청구를 심리하여 이유가 없으면 다음 청구를 심리하는 이른바 부진정 예비적 병합청구의 소도 허용된다.

[2] 예비적 병합의 경우에는 수개의 청구가 하나의 소송절차에 불가분적으로 결합되어 있기 때문에 주위적 청구를 먼저 판단하지 않고 예비적 청구만을 인용하거나 주위적 청구만을 배척하고 예비적 청구에 대하여 판단하지 않는 등의 일부판결은 예비적 병합의 성질에 반하는 것으로서 법률상 허용되지 않는다. 그런데도 주위적 청구를 배척하면서 예비적 청구에 대하여 판단하지 않은 판결을 한 경우에는 그 판결에 대한 상소가 제기되면 판단이 누락된 예비적 청구 부분도 상소심으로 이심이 되고 그 부분이 재판의 누락에 해당하여 원심에 계속 중이라고 볼 것은 아니다. 이러한 법리는 부진정 예비적 병합의 경우에도 달리 볼 이유가 없다(대판 2021.5.7. 2020다292411).

❷ 원고가 논리적으로 전혀 관계가 없어 순수하게 단순병합으로 구하여야 할 수개의 청구를 주위적·예비적 청구 형태로 소를 제기한 경우 제1심 법원이 그 모든 청구의 본안에 대하여 심리한 다음 그중 하나의 청구만을 인용하고 나머지 청구를 기각하는 내용의 판결을 선고하였고 피고만이 인용된 청구에 대하여 항소를 제기한 때에는 피고가 불복한 청구에 한정하여 항소심으로 이심되어 항소심 심판범위의 대상이 된다.

→ [X] 논리적으로 전혀 관계가 없어 순수하게 단순병합으로 구하여야 할 수개의 청구를 선택적 또는 예비적 청구로 병합하여 청구하는 것은 부적법하여 허용되지 않는다. 따라서 원고가 그와 같은 형태로 소를 제기한 경우 제1심 법원이 본안에 관하여 심리·판단하기 위해서는 소송지휘권을 적절히 행사하여 이를 단순병합 청구로 보정하게 하는 등의 조치를 취하여야 하는바, 법원이 이러한 조치를 취함이 없이 본안판결을 하면서 그중 하나의 청구에 대하여만 심리·판단하여 이를 인용하고 나머지 청구에 대한 심리·판단을 모두 생략하는 내용의 판결을 하였다 하더라도 그로 인하여 청구의 병합 형태가 선택적 또는 예비적 병합관계로 바뀔 수는 없으므로, 이러한 판결에 대하여 피고만이 항소한 경우 제1심 법원이 심리·판단하여 인용한 청구만이 항소심으로 이심될 뿐, 나머지 심리·판단하지 않은 청구는 여전히 제1심에 남아 있게 된다(대판 2008.12.11. 2005다51495).

③ 채권자가 본래적 급부청구에다가 이에 부가하여 이것이 판결확정 후에 이행불능 또는 집행불능이 된 경우에 대비한 대상청구를 병합하여 소구한 경우, 양자의 경합은 현재의 급부청구와 장래의 급부청구와의 단순병합에 속한다.

→ [O] 채권자가 본래적 급부청구인 부동산소유권 이전등기청구에다가 이에 대신할 전보배상을 부가하여 대상청구를 병합하여 소구한 경우의 대상청구는 본래적 급부청구의 현존함을 전제로 하여 이것이 판결확정 전에 이행불능되거나 또는 판결확정 후에 집행불능이 되는 경우에 대비하여 전보배상을 미리 청구하는 경우로서 양자의 병합은 현재의 급부청구와 장래의 급부청구와의 단순병합에 속하는 것으로 허용된다(대판 2011.1.27. 2010다77781).

④ 수개의 청구가 제1심에서 선택적으로 병합되고 그중 어느 하나의 청구에 대한 인용판결이 선고되어 피고가 항소를 제기한 때에는 제1심이 판단하지 아니한 나머지 청구까지도 항소심으로 이심되어 항소심의 심판범위가 되므로, 항소심이 원고의

청구를 인용할 경우에는 선택적으로 병합된 수개의 청구 중 어느 하나를 임의로 선택하여 심판할 수 있다.

→ [O] 대판 2010.5.27. 2009다12580

문 8 정답 ④

A는 자신의 父인 甲소유의 X부동산에 관한 서류를 보관하고 있음을 기화로 2001.4.1. 자신 앞으로 소유권이전등기를 경료한 뒤, 2001.5.1. 乙에게 X부동산을 1억 원에 매도한 후 이전등기를 경료해 주었다. 이후 乙은 2001.8.1. 丙에게 X부동산을 1억 2천만 원에 매도한 후 이전등기를 경료해 주었으며, 丙은 2001.12.1. 丁에게 위 부동산을 1억 5천만 원에 매도한 후 이전등기를 경료해 주었다. 이에 관한 다음의 설명 중 옳지 않은 것은? (다툼이 있는 경우에는 판례에 의함)

① 甲은 丙만을 상대로도 소유권에 기한 말소등기청구의 소를 제기할 수 있다.

→ [O] 판례는 "원인 없이 경료된 최초의 소유권이전등기와 이에 기하여 순차로 경료된 일련의 소유권이전등기의 각 말소를 구하는 소송은 필요적 공동소송이 아니므로 그 말소를 청구할 권리가 있는 사람은 각 등기의무자에 대하여 이를 각각 청구할 수 있는 것"(대판 1987.10.13. 87다카1093)이라고 판시하였다. 따라서 甲은 丙만을 피고로 삼아 말소등기청구의 소를 제기할 수도 있다.

② 甲이 乙·丙·丁을 상대로 제기한 말소등기청구소송에서 乙이 원인무효사실을 자백하였더라도 법원은 丙·丁에 대해서는 원인무효사실을 증거에 의해 확정하여야 한다.

→ [O] 판례는 "통상 공동소송에 있어서 공동소송인의 일인의 소송행위는 다른 공동소송인에게 영향을 미치지 아니하므로 공동소송인의 1인인 피고 3이 원고 주장사실을 자백한 경우에도 다른 공동소송인인 피고 2, 1에게 대하여는 아무런 효력이 생기지 아니하므로 법원은 원고의 주장을 다투는 피고 2, 1에게 대한 관계에 있어서는 그 사실을 증거에 의하여 확정하여야 한다"(대판 1968.05.14. 67다2787)고 판시하였다.

③ 甲의 乙·丙·丁에 대한 말소등기청구의 소에서 甲의 청구인용판결이 선고되었고 이에 乙만이 항소하였다면, 甲은 丙을 상대로 부대항소를 제기할 수 없다.

→ [O] 통상공동소송에는 공동소송인독립원칙이 적용되는바, 판례는 "통상의 공동소송에 있어 공동당사자 일부만이 항소를 제기한 때에는 피항소인은 항소인인 공동소송인 이외의 다른 공동소송인을 상대방으로 하거나 상대방으로 보태어 부대항소를 제기할 수는 없다."(대판 2015.4.23. 2014다89287,89294)고 보았다.

❹ 甲의 丙과 丁을 상대로 제기한 말소등기청구의 소에서 丁에 대한 청구가 기각되었다면 법원은 丙에 대한 청구도 기각하여야 한다.

→ [X] 판례는 순차적으로 경료된 소유권이전등기의 각 말소등기절차 이행을 청구한 사건에서 "후순위등기의 말소등기절차이행청구가 인용되지 않아 그 전순위등기의 말소등기의 실행이(집행이) 불가능해도, 전순위등기명의자에 대한 관계에서 그 전순위등기의 말소절차를 이행할 의무가 있다고 인정되면 말소절차이행을 명해야 한다."(대판 1983.3.8. 80다3198 등)고 판시하여 소의 이익을 긍정했다.

문 9 정답 ②

보조참가인의 지위와 관련된 다음 설명 중 옳지 않은 것을 모두 고르시오. (다툼이 있는 경우에는 판례에 의함)

ㄱ. 보조참가인의 참가신청에 대하여 피참가인의 상대방은 이의 신청을 할 수 있으나 피참가인은 이의신청을 할 수 없다.

➡ **[X]** 참가신청에 대하여는 피참가인의 상대방은 물론 피참가인 자신도 이의신청을 할 수 있다. 다만, 이의신청 없이 변론하거나 변론준비기일에서 진술한 때에는 이의신청권을 상실한다(제74조).

ㄴ. 판결확정 후 재심사유가 있을 때에는 보조참가인이 피참가인을 보조하기 위하여 보조참가신청과 함께 재심의 소를 제기할 수 있다. 그러나 보조참가인의 재심청구 당시 피참가인인 재심청구인이 이미 사망하여 당사자능력이 없다면, 이를 허용하는 규정 등이 없는 한 보조참가인의 재심청구는 허용되지 않는다.

➡ **[O]** 대판 2018.11.29. 2018므14210

ㄷ. 피참가인과는 별도로 보조참가인에 대하여도 기일의 통지를 하여야 하나, 기일통지서를 송달받지 못한 보조참가인이 변론기일에 직접 출석하여 변론할 기회를 가졌고 위 변론기일 당시 기일통지서를 송달받지 못한 점에 관하여 이의를 하지 아니하였다면, 기일통지를 하지 않은 절차상 흠이 치유된다.

➡ **[O]** 보조참가인의 소송수행권능은 피참가인으로부터 유래된 것이 아니라 독립의 권능이라고 할 것이므로 피참가인과는 별도로 보조참가인에 대하여도 기일의 통지, 소송서류의 송달 등을 행하여야 하고, 보조참가인에게 기일통지서 또는 출석요구서를 송달하지 아니함으로써 변론의 기회를 부여하지 아니한 채 행하여진 기일의 진행은 적법한 것으로 볼 수 없다. 그러나 기일통지서를 송달받지 못한 보조참가인이 변론기일에 직접 출석하여 변론할 기회를 가졌고, 위 변론 당시 기일통지서를 송달받지 못한 점에 관하여 이의를 하지 아니하였다면, 기일통지를 하지 않은 절차진행상의 흠이 치유된다(대판 2007.2.22. 2006다75641).

ㄹ. 보조참가인은 사실을 주장하거나 다툴 수 있고 증거신청·상소제기·이의신청 등에 제한이 없는 것이 원칙이므로 보조참가인의 상소기간은 피참가인의 상고기간과 별도로 진행한다.

➡ **[X]** 보조참가인의 상소기간은 피참가인의 상소제기기간에 한한다. 따라서 보조참가인이 판결송달을 받은 날로부터 기산하면 상소기간 내의 상소라더라도 피참가인이 상소기간을 어긴 때에는 보조참가인의 상소 역시 상소기간 경과 후의 것으로서 그 상소는 부적법하다(대판 1969.8.19. 69다949).

ㅁ. 대립하는 당사자구조를 가지지 못한 결정절차에 있어서는 보조참가를 할 수가 없다.

➡ **[O]** 판례는 대립당사자구조가 아닌 결정절차에 있어서 보조참가가 허용되지 않는다고 한다(대결 1994.1.20. 93마1710).

ㅂ. 보조참가인의 증거신청행위가 피참가인의 소송행위와 저촉되지 아니하고, 그 증거들이 적법한 증거조사절차를 거쳐 법원에 현출되었다면 법원은 이들 증거에 터 잡아 피참가인에게 불이익한 사실을 인정할 수 있다.

➡ **[O]** 보조참가인의 증거신청행위가 피참가인의 소송행위와 저촉되지 아니하고, 그 증거들이 적법한 증거조사절차를 거쳐 법원에 현출되었다면 법원이 이들 증거에 터 잡아 피참가인에게 불이익한 사실

을 인정하였다고 하여 그것이 제70조 제2항(현행 제76조 제2항)에 위배된다고 할 수 없다(대판 1994.4.29. 94다3629).

문 10 정답 ③

A는 B와 체결된 X토지에 대한 매매계약의 매수인임을 주장하며 B에 대해 소유권이전등기절차의 이행을 구하는 소를 제기하였다. C는 자신이 실제 매수인이고 매매대금 또한 자신이 직접 지급하였다고 주장하면서, A에 대하여 소유권이전등기청구권의 확인을 구하고 B에 대해 소유권이전등기절차이행을 구하는 독립당사자참가신청을 하였다. 이와 관련한 다음 설명 중 옳지 않은 것은? (다툼이 있는 경우에는 판례에 의함)

① C의 독립당사자참가는 권리주장참가로서 C의 권리가 A의 권리와 양립불가능관계에 있으므로 적법하다.

➡ **[O]** 원고의 피고에 대한 소유권이전등기청구권과 참가인의 피고에 대한 소유권이전등기청구권은, 당사자참가가 인정되지 아니하는 이중매매 등 통상의 경우와는 달리 하나의 계약에 기초한 것으로서 어느 한쪽의 이전등기청구권이 인정되면 다른 한 쪽의 이전등기청구권은 인정될 수 없는 것이므로 각 청구가 서로 양립할 수 없는 관계에 있다. 따라서 당사자참가는 적법하다(대판 1988.3.8. 86다카762).

② C의 독립당사자참가에 대해 A와 B는 이의할 수 없다.

➡ **[O]** 독립당사자참가는 <u>신소제기의 실질</u>을 가지므로 보조참가와 달리 종전 당사자는 참가자에 <u>이의할 수 없다</u>. 그러나 종전 당사자는 참가인에 대한 관계에서 피고의 지위에 서게 되므로, 참가인을 상대로 <u>반소를 제기할 수 있다</u>(대판 1969.5.13. 68다656,657,658).

❸ 제1심에서 A가 승소하고 B와 C가 패소하였는데 B만 항소한 경우, 항소심에서 심리한 결과 제1심과 달리 C와 B 사이에 X토지에 유효한 계약이 체결된 것으로 판명되었더라도 항소심에서 C 승소판결을 내릴 수는 없다.

➡ **[X]** 독립당사자참가 신청이 있으면 <u>반드시 각 그 청구 전부에 대하여 1개의 판결로써 동시에 재판하지 않으면 아니되고, 일부판결이나 추가판결은 허용되지 않으며</u>, 독립당사자참가인의 청구와 원고의 청구가 모두 기각되고 원고만이 항소한 경우에 <u>제1심판결 전체의 확정이 차단되고 사건전부에 관하여 이심의 효력이 생기는 것이므로 독립당사자참가인도 항소심에서의 당사자라고 할 것이다</u>(대판 1981.12.8. 80다577). 따라서 B만 항소한 경우에도 ⅰ) 항소하지 않은 C의 소송관계도 이심되고, ⅱ) 이때 C의 지위는 항소심 당사자이며, ⅲ) 합일확정의 요청상 C에게도 승소판결을 할 수 있다.

④ C의 참가 후에도 A는 본소를 취하할 수 있으며 이 경우 B의 동의 외에도 참가인 C의 동의를 필요로 한다.

➡ **[O]** 소의 취하는 상대방이 본안에 관하여 준비서면을 제출하거나 변론준비기일에서 진술하거나 변론을 한 뒤에는 상대방의 동의를 받아야 효력을 가진다(제266조 제2항). 또한 판례는 "독립당사자참가 후에도 원고는 본 소를 취하할 수 있으나 당사자 참가인은 3당사자 간의 각 청구에 대하여 논리적으로 모순 없이 재판을 받아야 할 본소 유지의 이익이 있다할 것이므로 본소 취하에는 당사자 참가인의 동의도 필요하다고 해석함이 민사소송법 제73조 소정 소송탈퇴에 관한 규정에 비추어 보아도 상당하다 할 것인바, <u>독립당사자 참가소송에 있어 원고의 본소 취하에는 피고의 동의 외에 당사자 참가인의 동의를 필요로 한다</u>."(대결 1972.11.30. 72마787)라고 한다. 따라서 C의 참가 후에도 A는 본소를 취하할 수 있으며 이 경우 B뿐만 아니라 C의 동의도 필요하다.

문 11

정답 ③

소송승계에 관한 다음 설명 중 가장 옳지 않은 것은?

① 인수참가를 명하는 결정에 대하여는 독립하여 항고할 수 없고, 종국판결에 대한 상소로 다툴 수 있을 뿐이지만, 인수신청을 기각하는 결정에 대하여는 민사소송법 제439조에 의하여 통상의 항고를 할 수 있다.

➡ **[O]** 인수를 명하는 결정에 대하여는 독립하여 항고할 수 없고(대판 1990.9.26. 90그30), 종국판결에 대한 상소로 다툴 수 있을 뿐이다(제392조). 다만, 인수신청을 기각하는 결정에 대하여는 민사소송법 제439조에 의하여 통상의 항고를 할 수 있다.

② 승계참가인의 부적법한 참가신청을 각하하는 판결을 반드시 원래의 당사자 사이의 소송에 대한 판결과 함께 하여야 하는 것은 아니다.

➡ **[O]** 대판 2012.4.26. 2011다85789

❸ 소송목적인 권리를 양도한 원고는 법원이 소송인수 결정을 한 후 피고의 승낙을 받아 소송에서 탈퇴할 수 있는데, 그 후 법원이 인수참가인의 청구의 당부에 관하여 심리한 결과 인수참가인의 청구를 기각하거나 소를 각하하는 판결을 선고하여 판결이 확정된 경우에는 원고가 제기한 최초의 재판상 청구로 인한 시효중단의 효력은 소멸하므로, 인수참가인의 소송목적 양수 효력이 부정되어 인수참가인에 대한 청구기각 또는 소각하 판결이 확정된 날부터 6개월 내에 탈퇴한 원고가 다시 탈퇴 전과 같은 재판상의 청구 등을 한 때에도 소멸시효 중단의 효력은 인정되지 않는다.

➡ **[X]** 소송목적인 권리를 양도한 원고는 법원이 소송인수 결정을 한 후 피고의 승낙을 받아 소송에서 탈퇴할 수 있는데(민사소송법 제82조 제3항, 제80조), 그 후 법원이 인수참가인의 청구의 당부에 관하여 심리한 결과 인수참가인의 청구를 기각하거나 소를 각하하는 판결을 선고하여 판결이 확정된 경우에는 원고가 제기한 최초의 재판상 청구로 인한 시효중단의 효력은 소멸한다. 다만 소송탈퇴는 소취하와는 성질이 다르며, 탈퇴 후 잔존하는 소송에서 내린 판결은 탈퇴자에 대하여도 효력이 미친다(제82조 제3항, 제80조 단서). 이에 비추어 보면 인수참가인의 소송목적 양수 효력이 부정되어 인수참가인에 대한 청구기각 또는 소각하 판결이 확정된 날부터 6개월 내에 탈퇴한 원고가 다시 탈퇴 전과 같은 재판상의 청구 등을 한 때에는, 탈퇴 전에 원고가 제기한 재판상의 청구로 인하여 발생한 시효 중단의 효력은 그대로 유지된다(대판 2017.7.18. 2016다35789).

④ 인수참가인이 인수참가요건인 채무승계 사실에 관한 상대방 당사자의 주장을 모두 인정하여 이를 자백하고 소송을 인수하여 이를 수행하였다면, 위 자백이 진실에 반한 것으로서 착오에 의한 것이 아닌 한 인수참가인은 위 자백에 반하여 인수참가의 전제가 된 채무승계사실을 다툴 수는 없다.

➡ **[O]** 인수참가인이 인수참가요건인 채무승계 사실에 관한 상대방 당사자의 주장을 모두 인정하여 이를 자백하고 소송을 인수하여 이를 수행하였다면, 위 자백이 진실에 반한 것으로서 착오에 의한 것이 아닌 한 인수참가인은 위 자백에 반하여 인수참가의 전제가 된 채무승계 사실을 다툴 수는 없다(대판 1987.11.10. 87다카473).

문 12

정답 ①

압류채권자가 제기하는 추심의 소에 관한 설명 중 옳지 않은 것을 모두 고른 것은? (다툼이 있는 경우 판례에 의함)

ㄱ. 추심명령을 받은 압류채권자는 채무자가 제3채무자를 상대로 제기하여 계속 중인 소에 민사소송법 제81조(승계인의 소송참가), 제79조(독립당사자참가)에 따라 언제든지 참가할 수 있다.

ㄹ. 채무자가 제3채무자를 상대로 제기한 이행의 소가 법원에 계속되어 있는 경우, 추심명령을 얻은 압류채권자가 제3채무자를 상대로 제기한 추심의 소는 채무자가 제기한 이행의 소에 대한 관계에서 민사소송법 제259조가 금지하는 중복된 소제기에 해당하지 않는다.

➡ ㄱ. **[X]** ㄹ. **[O]** [가] 채무자가 제3채무자를 상대로 제기한 이행의 소가 이미 법원에 계속되어 있는 상태에서 압류채권자가 제3채무자를 상대로 제기한 추심의 소의 본안에 관하여 심리·판단한다고 하여, 제3채무자에게 불리하게 과도한 이중 응소의 부담을 지우고 본안심리가 중복되어 당사자와 법원의 소송경제에 반한다거나 판결의 모순·저촉의 위험이 크다고 볼 수 없다.
[나] 압류채권자는 채무자가 제3채무자를 상대로 제기한 이행의 소에 민사소송법 제81조, 제79조에 따라 참가할 수도 있으나, 채무자의 이행의 소가 상고심에 계속 중인 경우에는 승계인의 소송참가가 허용되지 아니하므로 압류채권자의 소송참가가 언제나 가능하지는 않으며, 압류채권자가 채무자가 제기한 이행의 소에 참가할 의무가 있는 것도 아니다.
[다] 채무자가 제3채무자를 상대로 제기한 이행의 소가 법원에 계속되어 있는 경우에도 압류채권자는 제3채무자를 상대로 압류된 채권의 이행을 청구하는 추심의 소를 제기할 수 있고, 제3채무자를 상대로 압류채권자가 제기한 추심의 소는 채무자가 제기한 이행의 소에 대한 관계에서 민사소송법 제259조가 금지하는 중복된 소제기에 해당하지 않는다고 봄이 타당하다(대판 (全) 2013.12.18. 2013다202120).

ㄴ. 추심의 소에서 피압류채권의 존재는 채권자인 원고가 증명하여야 한다.

➡ **[O]** 채권압류 및 추심명령에 기한 추심의 소에서 피압류채권의 존재는 채권자가 증명하여야 하는 점, 민사집행법 제195조 제3호, 제246조 제1항 제8호, 민사집행법 시행령 제7조의 취지와 형식 등을 종합적으로 고려하여 보면, 채권자가 채권압류 및 추심명령에 기하여 채무자의 제3채무자에 대한 예금채권의 추심을 구하는 소를 제기한 경우 추심 대상 채권이 압류금지채권에 해당하지 않는다는 점, 즉 채무자의 개인별 예금 잔액과 민사집행법 제195조 제3호에 의하여 압류하지 못한 금전의 합계액이 150만 원을 초과한다는 사실은 채권자가 증명하여야 한다(대판 2015.6.11. 2013다40476).

ㄷ. 추심의 소에서 제3채무자인 피고는 집행채권의 부존재나 소멸을 항변으로 주장하여 집행채무의 변제를 거절할 수 없다.

➡ **[O]** 집행채권의 부존재나 소멸은 집행채무자가 청구이의의 소에서 주장할 사유이지 추심의 소에서 제3채무자가 이를 항변으로 주장하여 집행채무의 변제를 거절할 수 있는 것이 아니다(대판 1994.11.11. 94다34012).

2022 해커스법원직 신정운 S 민사소송법 실전동형모의고사

문 13

변론주의에 관한 다음 설명 중 가장 옳지 않은 것은?

① 취득시효의 기산점은 간접사실에 불과하므로 법원으로서는 이에 관한 당사자의 주장에 구속되지 아니하고 소송상 나타난 자료에 의하여 점유의 시기를 인정할 수 있다.

→ [O] 취득시효의 기산점은 법률효과의 판단에 관하여 직접 필요한 주요사실이 아니고 간접사실에 불과하여 법원으로서는 이에 관한 당사자의 주장에 구속되지 아니하고 소송자료에 의하여 진정한 점유의 시기를 인정하여야 하는 것이므로, 그러한 점유권원, 점유개시시점과 그로 인한 취득시효완성일을 달리 주장한다고 하더라도, 그러한 주장의 차이를 가지고 별개의 소송물을 구성한다고 할 수 없다(대판 1994. 4.15. 93다60120).

❷ 다툼이 있는 사실을 증명하기 위하여 제출한 증거가 당사자의 부주의 또는 오해로 인하여 불완전·불명료한 경우 법원이 그 사실을 지적하는 것은 변론주의의 원칙에 위배되는 것으로서 석명권 행사의 한계를 일탈하는 것이다.

→ [X] 민사소송법 제136조 제1항은 재판장은 소송관계를 명료하게 하기 위하여 당사자에게 사실상 또는 법률상 사항에 관하여 질문하거나 증명을 하도록 촉구할 수 있다고 규정하고 있고, 같은 조 제4항은 법원은 당사자가 간과하였음이 분명하다고 인정되는 법률상 사항에 관하여 당사자에게 의견을 진술할 기회를 주어야 한다고 규정하고 있으므로, 법원으로서는 다툼 있는 사실을 증명하기 위하여 제출한 증거가 당사자의 부주의 또는 오해로 인하여 불완전·불명료한 경우에는 당사자에게 그 제출된 증거를 명확·명료하게 할 것을 촉구하거나 보충할 수 있는 기회를 주어야 하고, 만약 이를 게을리한 채 제출된 증거가 불완전·불명료하다는 이유로 그 주장을 배척하는 것은 석명의무 또는 심리를 다하지 아니한 것으로서 위법하다(대판 2021. 3.11. 2020다273045).

③ 당사자들이 부제소 합의의 효력이나 그 범위에 관하여 쟁점으로 삼아 소의 적법 여부를 다투지 아니하는데도 법원이 직권으로 부제소 합의에 위배되었다는 이유로 소가 부적법하다고 판단하기 위해서는 그와 같은 법률적 관점에 대하여 당사자에게 의견을 진술할 기회를 주어야 한다.

→ [O] 당사자들이 부제소 합의의 효력이나 그 범위에 관하여 쟁점으로 삼아 소의 적법 여부를 다투지 아니하는데도 법원이 직권으로 부제소 합의에 위배되었다는 이유로 소가 부적법하다고 판단하기 위해서는 그와 같은 법률적 관점에 대하여 당사자에게 의견을 진술할 기회를 주어야 하고, 부제소 합의를 하게 된 동기 및 경위, 그 합의에 의하여 달성하려는 목적, 당사자의 진정한 의사 등에 관하여도 충분히 심리할 필요가 있다. 법원이 그와 같이 하지 않고 직권으로 부제소 합의를 인정하여 소를 각하하는 것은 예상 외의 재판으로 당사자 일방에게 불의의 타격을 가하는 것으로서 석명의무를 위반하여 필요한 심리를 제대로 하지 아니하는 것이다(대판 2013.11.28. 2011다80449).

④ 유권대리에 관한 주장 가운데 무권대리에 속하는 표현대리의 주장이 포함되어 있다고 볼 수 없고, 별도로 표현대리에 관한 주장이 있어야 법원은 표현대리의 성립 여부를 심리·판단할 수 있다.

→ [O] 유권대리에 있어서는 본인이 대리인에게 수여한 대리권의 효력에 의하여 법률효과가 발생하는 반면 표현대리에 있어서는 대리권이 없음에도 불구하고 법률이 특히 거래상대방 보호와 거래안전유지를 위하여 본래 무효인 무권대리행위의 효과를 본인에게 미치게 한 것으로서 표현대리가 성립된다고 하여 무권대리의 성질이 유권대리로 전환되는 것은 아니므로, 양자의 구성요건해당사실, 즉 주요사실은 다르다고 볼 수밖에 없으니 유권대리에 관한 주장 속에 무권대리에 속하는 표현대리의 주장이 포함되어 있다고 볼 수 없다(대판 (全) 1983.12.13. 83다카1489).

문 14

요건사실과 증명책임의 분배에 관한 다음 설명 중 가장 옳지 않은 것은?

① 주요사실에 관하여는 변론주의가 적용되어 법원은 당사자가 주장하지 아니한 것을 기초로 하여 판단할 수 없다.

→ [O] 주요사실은 권리의 발생·소멸 등 법률효과의 존부판단에 직접 필요한 사실을 말하는데, 주요사실에 관하여는 변론주의가 적용되는 관계로 법원은 당사자가 주장하지 아니한 것을 기초로 하여 판단할 수 없다.

② 일반적으로 권리근거사실에 대한 증명책임은 원고에게 있고, 권리장애사실·권리행사저지사실·권리소멸사실에 대한 증명책임은 피고에게 있다.

→ [O] 일반적으로 권리근거사실의 증명책임은 원고에게 있고, 권리장애사실·권리행사저지사실·권리소멸사실의 증명책임은 피고에게 있는데 이것을 증명책임의 분배라고 한다.

❸ 원고의 대여금청구에 대하여 피고가 "甲이 자금을 필요로 해서 甲에게 원고를 소개해 주었고 원고가 甲에게 돈을 대여하겠다고 하여 중간에서 자금을 받아 甲에게 전달하는 심부름을 하였다."고 다투는 것은 항변에 해당한다.

→ [X] 피고는 丙이 자금을 필요로 하기 때문에 丙에게 원고를 소개하여 주었고, 원고가 丙에게 돈을 대여하겠다고 하여 중간에서 자금을 받아 丙에게 전달하는 심부름을 하였다고 다투는 것은 적극부인에 해당한다.

④ 원고의 대여금청구에 대하여 피고가 소멸시효 항변을 하고 다시 원고가 소멸시효 중단을 주장하는 것은 재항변에 해당한다.

→ [O] 원고는 소멸시효기간 만료 전인 2010.10.1. 피고 소유의 부동산에 대하여 가압류를 함으로써 위 소멸시효가 중단되었다고 주장하는 것은 재항변에 해당한다.

문 15

기일의 해태에 관한 다음 설명 중 가장 옳지 않은 것은?

① 양쪽 당사자가 변론준비기일에 한 번, 변론기일에 두 번째 불출석하였다고 하더라도 변론준비기일의 불출석효과는 변론기일에 승계되지 아니하므로, 소취하된 것으로 볼 수 없다.

→ [O] 양쪽 당사자가 변론준비기일에 한 번, 변론기일에 두 번째 불출석하였다고 하더라도 소를 취하한 것으로 볼 수 있는지와 관련하여 판례는 변론준비절차는 원칙적으로 변론기일에 앞서 주장과 증거를 정리하기 위하여 진행되는 변론 전 절차에 불과할 뿐이어서 변론준비기일의 불출석효과는 변론기일에 승계되지 않는다고 보았다(대판 2006.10.27. 2004다69581).

② 일단 자백간주의 효과가 발생한 후에는 그 이후의 기일통지서가 송달불능으로 되어 공시송달로 진행되었다 하더라도 그 자백간주의 효과는 그대로 유지된다.

➡ 【O】 일단 자백간주의 효과가 발생한 후에는 그 이후의 기일통지서가 송달불능으로 되어 공시송달로 진행되었다 하더라도 그 자백간주의 효과는 그대로 유지되므로, 증거로 판단하여 자백간주된 사실과 배치되는 사실인정을 하는 것은 위법하다(대판 1988.2.23. 87다카961).

③ 당사자의 주소, 거소 기타 송달할 장소를 알 수 없는 경우가 아님이 명백함에도 재판장이 당사자에 대한 변론기일 통지서를 공시송달에 의할 것으로 명함으로써 당사자에 대한 변론기일 통지서가 공시송달된 경우, 그 당사자는 각 변론기일에 적법한 절차에 의한 송달을 받았다고 볼 수 없으므로, 위 공시송달의 효력이 있다 하더라도 각 변론기일에 그 당사자가 출석하지 아니하였다고 하여 쌍방 불출석의 효과가 발생한다고 볼 수 없다.

➡ 【O】 대판 1997.7.11. 96므1380

❹ 제1심에서 피고에 대하여 공시송달로 재판이 진행되어 피고에 대한 청구가 기각되어 원고가 항소한 항소심에서, 피고가 공시송달이 아닌 방법으로 송달받고도 다투지 아니한 경우 자백간주가 성립하지 않는다.

➡ 【X】 제1심에서 피고에 대하여 공시송달로 재판이 진행되어 피고에 대한 청구가 기각되었다고 하여도 피고가 원고 청구원인을 다툰 것으로 볼 수 없으므로, 원고가 항소한 항소심에서 피고가 공시송달이 아닌 방법으로 송달받고도 다투지 아니한 경우에는 민사소송법 제150조의 자백간주가 성립된다(대판 2018.7.12. 2015다36167).

문 16 정답 ④

송달에 관한 다음 설명 중 가장 옳지 않은 것은?

① 송달받을 사람이 항소를 제기한 후 주거지를 변경하고 주민등록까지 옮긴 뒤 법원이 종전의 주거지로 소송기록접수통지서를 송달하여 그 사람의 어머니가 이를 수령한 경우 그 송달은 무효이다.

➡ 【O】 대판 1997.6.10. 96도2814

② 수소법원이 당사자의 수감사실을 모르고 종전의 주소 또는 거소에 송달하였더라도 송달의 효력은 발생하지 않는다.

➡ 【O】 재감자 등에 대한 송달은 반드시 그 시설의 장에게 하여야 하며, 설사 수소법원이 수감사실을 모르고 피수감자 본인의 주소 또는 거소에 송달하였더라도 이는 무효이고(대판 1995.6.14; 95모14, 대판 (全) 1982.12.28. 82다카349), 일단 그 교도소 등의 장에게 송달서류가 교부되면 수감된 자에게 실제로 전달되었는지 여부와 관계없이 송달은 완료되고 효력이 발생한다.

③ 법인의 대표자가 사망하였고 달리 법인을 대표할 자도 정하여지지 아니하였기 때문에 법인에 대하여 송달을 할 수 없는 때에는 공시송달도 할 여지가 없다.

➡ 【O】 법인의 대표자가 사망하였고 달리 법인을 대표할 사람이 정하여지지도 아니하여서 그 법인에 대하여 송달 자체를 할 수 없는 경우에는 공시송달의 여지가 없다(대판 1991.10.22. 91다9985). 이 경우

특별대리인 선임신청을 촉구하여 선임된 특별대리인에게 송달하여야 한다.

❹ 소제기시에 법인인 피고의 대표자 주소지가 기재된 법인등기사항증명서가 제출된 경우, 제1심 재판장이 소장에 기재된 피고의 주소지로 소장 부본을 송달하였으나 이사불명으로 송달불능되자 그 주소보정을 명하였으나 원고가 그러한 주소보정명령에 응하지 아니하였다는 이유로 한 소장각하명령은 적법하다.

➡ 【X】 법인인 피고의 대표자의 주소지가 아닌 소장에 기재된 피고의 주소지로 발송하였으나 이사불명으로 송달불능된 경우에 있어서는, 원칙으로 되돌아가 소제기시에 제출된 법인등기사항증명서 등에 나타나 있는 피고의 대표자의 주소지로 소장 부본 등을 송달하여 보고, 그곳으로도 송달되지 않을 때에 주소보정을 명하여야 할 것이므로, 제1심 재판장이 단지 법인의 주소지로 소장부본 등을 송달하였으나 송달불능되었다는 이유만으로 그 주소보정을 명한 것은 잘못이고, 결국 피고의 주소보정을 하지 않았다는 이유로 한 소장각하명령도 위법하다(송달예규 제8조, 대결 1997.5.19. 97마600).

문 17 정답 ②

소송절차중단에 관한 다음 설명 중 가장 옳지 않은 것은?

① 소송계속 중 소송대리인이 없는 상태에서 당사자인 피상속인이 사망하여 소송절차가 중단된 경우, 상속인 각자가 개별적으로 수계하여도 무방하므로, 수계되지 아니한 상속인들에 대한 소송은 중단된 상태 그대로 피상속인이 사망한 당시의 심급법원에 계속되어 있게 된다.

➡ 【O】 소송계속 중 당사자인 피상속인이 사망한 경우 공동상속재산은 상속인들의 공유로서 공동소송관계가 아니므로 상속인 각자가 개별적으로 수계하여도 무방하다. 이 경우 수계되지 아니한 상속인들에 대한 소송은 중단된 상태 그대로 피상속인이 사망한 당시의 심급법원에 계속되어 있게 된다(대판 1994.11.4. 93다31993).

❷ 이사가 주주총회결의 취소의 소를 제기하였다가 소송계속 중이나 사실심 변론종결 후에 사망한 경우 소송절차는 중단된다.

➡ 【X】 소송물인 권리의무가 상속의 대상이 되는 때에만 소송절차가 중단된다. 이사가 주주총회결의 취소의 소를 제기하였다가 소송계속 중이나 사실심 변론종결 후에 사망한 경우(대판 2019.2.14. 2015다255258) 등에는 소송절차가 중단됨이 없이 종료된다.

③ 당사자가 소송대리인에게 소송위임을 한 다음 소제기 전에 사망하였는데 소송대리인이 당사자가 사망한 것을 모르고 당사자를 원고로 표시하여 소를 제기한 경우, 소제기의 효력은 상속인들에게 귀속되므로 상속인들은 소송절차를 수계하여야 한다.

➡ 【O】 당사자가 소송대리인에게 소송위임을 한 다음 소제기 전에 사망하였는데 소송대리인이 당사자가 사망한 것을 모르고 당사자를 원고로 표시하여 소를 제기하였다면 소의 제기는 적법하고, 시효중단 등 소제기의 효력은 상속인들에게 귀속된다. 이 경우 민사소송법 제233조 제1항이 유추적용되어 사망한 사람의 상속인들은 소송절차를 수계하여야 한다(대판 2016.4.2. 2014다210449).

④ 당사자가 사망하였으나 소송대리인이 있어 소송절차가 중단되지 아니한 경우, 원칙적으로 소송수계의 문제는 발생하지

아니하고 소송대리인은 상속인들 전원을 위하여 소송을 수행하게 되는 것이며, 그 사건의 판결의 당사자표시가 망인 명의로 되어 있다 하더라도 그 판결은 상속인들 전원에 대하여 효력이 있다.

➡ 【O】 대판 1995.9.26. 94다54160

문 18
정답 ④

자백간주에 관한 다음 설명 중 가장 옳지 않은 것은?

① 일단 자백간주의 효과가 발생한 후에는 그 이후의 기일통지서가 송달불능으로 되어 공시송달로 진행되었다 하더라도 그 자백간주의 효과는 그대로 유지된다.

➡ 【O】 일단 자백간주의 효과가 발생한 후에는 그 이후의 기일통지서가 송달불능으로 되어 공시송달로 진행되었다 하더라도 그 자백간주의 효과는 그대로 유지되므로, 증거로 판단하여 자백간주된 사실과 배치되는 사실인정을 하는 것은 위법하다(대판 1988.2.23. 87다카961).

② 소송대리권의 존부에 대하여는 자백간주에 관한 규정이 적용될 여지가 없다.

➡ 【O】 종중이 당사자인 사건에 있어서 그 종중의 대표자에게 적법한 대표권이 있는지의 여부는 소송요건에 관한 것으로서 법원의 직권조사사항이고, 이러한 직권조사사항이 자백의 대상이 될 수가 없다(대판 2002.5.14. 2000다42908).

③ 법원은 피고가 소장 부본을 송달받은 날로부터 30일의 제출기간 내에 답변서를 제출하지 아니한 때에는 청구의 원인이 된 사실을 자백한 것으로 보고 변론 없이 판결할 수 있다.

➡ 【O】 제257조 제1항

❹ 보조참가인은 피참가인의 행위와 어긋나는 행위를 할 수 없으므로, 피참가인이 명백히 다투지 아니하여 자백간주 된 경우 보조참가인은 다툴 수 없다.

➡ 【X】 참가인의 소송행위가 피참가인의 행위에 명백히 어긋나지 않고 소극적으로만 어긋나는 때에는 무효로 되지 않는다. 예를 들어 피참가인의 상소의 의사가 없더라도 상소권을 포기하지 않는 한 참가인이 상소할 수 있고(대판 1999.7.9. 99다12796), 피참가인이 명백히 다투지 아니하여 민사소송법 제150조에 의하여 그 사실을 자백한 것으로 보게 될 경우라도 참가인이 보조참가를 신청하면서 그 사실을 다툴 수 있다(대판 2007.11.29. 2007다53310).

문 19
정답 ④

甲은 乙에게 대여금반환청구의 소를 제기하면서 乙 명의의 차용증서를 증거로 제출하였다. 다음 설명 중 옳지 않은 것은? (다툼이 있는 경우에는 판례에 의함)

① 차용증서에 날인된 乙의 인영이 그의 인장에 의하여 현출된 것이라면 특단의 사정이 없는 한 그 인영의 진정성립, 즉 날인행위가 乙의 의사에 기한 것임이 추정되고, 일단 인영의 진정성립이 추정되면 민사소송법 제358조에 의하여 차용증서 전체의 진정성립이 추정된다.

➡ 【O】 문서에 날인된 작성명의인의 인영이 작성 명의인의 인장에 의하여 현출된 인영임이 인정되는 경우에는 특단의 사정이 없는 한 그 인영의 성립, 즉 날인행위가 작성명의인의 의사에 기하여 진정하게 이루어진 것으로 추정되고 일단 인영의 진정성립이 추정되면 민사소송법 제358조의 규정에 의하여 그 문서 전체의 진정성립까지 추정된다(대판 1986.2.11. 85다카1009).

② 위 ①의 경우, 乙이 반증을 들어 인영의 진정성립에 관하여 법원으로 하여금 의심을 품게 할 수 있는 사정을 증명하면 그 진정성립의 추정은 깨어진다.

➡ 【O】 인영의 진정성립, 즉 날인행위가 작성명의인의 의사에 기한 것이라는 추정은 사실상의 추정이므로, 인영의 진정성립을 다투는 자가 반증을 들어 인영의 진정성립, 즉 날인행위가 작성명의인의 의사에 기한 것임에 관하여 법원으로 하여금 의심을 품게 할 수 있는 사정을 입증하면 그 진정성립의 추정은 깨어진다(대결 1997.6.13. 96재다462).

③ 만약 乙이 백지로 된 문서에 날인만 하여 甲에게 교부하였다고 주장한다면, 문서를 백지에 날인만을 하여 교부하여 준다는 것은 이례에 속하는 것이므로 乙이 차용증서의 진정성립의 추정력을 뒤집으려면 그럴만한 합리적인 이유와 이를 뒷받침할 간접반증 등의 증거가 필요하다.

➡ 【O】 문서를 백지에 서명만을 하여 교부하여 준다는 것은 이례에 속하는 것이므로 그 문서의 진정성립의 추정력을 뒤집으려면 그럴 만한 합리적인 이유와 이를 뒷받침할 증거가 필요하다(대판 1988.9.27. 85다카1397).

❹ 甲이 제출한 차용증서가 乙이 백지로 된 문서에 날인한 후 乙이 아닌 자에 의하여 백지 부분이 보충되었음이 밝혀진 경우에는 그것이 권한 없는 자에 의하여 이루어진 것이라는 점에 관하여 乙에게 증명책임이 있다.

➡ 【X】 문서에 날인된 작성명의인의 인영이 작성명의인의 인장에 의하여 현출된 것임이 인정되는 경우에는 특단의 사정이 없는 한 그 인영의 진정성립 및 그 문서 전체의 진정성립까지 추정되는 것이기는 하나, 이는 어디까지나 먼저 내용기재가 이루어진 뒤에 인영이 압날된 경우에만 그러한 것이며 작성명의인의 날인만 되어 있고 그 내용이 백지로 된 문서를 교부받아 후일 그 백지 부분을 작성명의자가 아닌 자가 보충한 문서의 경우에 있어서는 <u>문서제출자는 그 기재 내용이 작성명의인으로부터 위임받은 정당한 권원에 의한 것이라는 사실을 입증할 책임이 있으며</u>, 이와 같은 법리는 그 문서가 처분문서라고 하여 달라질 것은 아니다(대판 2000.6.9. 99다37009). 따라서 乙이 아니라, 甲에게 백지 부분 보충이 권한 있는 자에 의한 것이라는 점에 관하여 증명책임이 있다.

문 20
정답 ①

감정과 검증에 관한 다음 설명 중 가장 옳지 않은 것은?

❶ 전문심리위원은 소송절차에서 설명 또는 의견을 기재한 서면을 제출하거나 기일에 출석하여 설명이나 의견을 진술할 수 있고, 이러한 전문심리위원의 기일에서의 설명이나 의견 진술은 증거자료가 된다.

➡ 【X】 법원은 소송관계를 분명하게 하거나 증거조사 등 소송절차를 원활하게 진행하기 위하여 직권 또는 당사자의 신청에 따른 결정으로 전문심리위원을 지정하여 소송절차에 참여하게 할 수 있는데(제164

조의2), 특수하고 복잡한 사안에 대한 감정 가능성, 감정신청의 적정성 판단, 감정사항의 확정 등과 관련하여 신속한 감정 절차 진행을 위하여 전문심리위원의 설명이나 의견을 들을 필요가 있는 경우에 전문심리위원제도를 활용함이 바람직하다. 그러나 전문심리위원은 독립한 증거방법이 아니고 전문심리위원의 설명 등은 증거자료가 되지 아니한다(대판 2014.12.24. 2013다18332)는 점에서 감정과 차이가 있다.

② 신청인이 감정을 구하는 사항을 적은 서면을 제출한 때에는 측량감정이나 시가감정과 같이 법원이 송달할 필요가 없다고 인정한 경우가 아닌 한 그 서면을 상대방에게 송달하여야 한다.

➡ **[O]** 신청인이 감정을 구하는 사항을 적은 서면을 제출한 때에는 법원이 필요없다고 인정한 경우(측량감정이나 시가감정과 같이 감정사항이 정형적으로 정하여져 있는 경우)가 아닌 한 그 서면을 상대방에게 송달하여 의견제출의 기회를 부여하여야 한다.

③ 감정인등이 감정서를 작성한 후 법원에 감정서를 제출하기 전에 소송등이 화해, 청구의 포기·인낙, 소의 취하 및 그 밖에 재판에 의하지 아니하고 종결된 경우의 감정료는 감정인등 선정과 감정료 산정기준 등에 관한 예규에서 정한 감정료의 2분의 1로 한다.

➡ **[O]** 감정인등이 감정서를 작성한 후 법원에 감정서를 제출하기 전에 소송등이 화해, 청구의 포기·인낙, 소의 취하 및 그 밖에 재판에 의하지 아니하고 종결된 경우의 감정료는 이 예규에서 정한 감정료의 2분의 1로 한다.

④ 법원은 검증을 위하여 필요한 경우에는 남의 토지, 주거, 관리 중인 가옥, 건조물, 항공기, 선박, 차량, 그 밖의 시설물 안에 들어갈 수 있고, 이 경우 저항을 받을 때에는 경찰공무원에게 원조를 요청할 수 있다.

➡ **[O]** 법원은 검증을 위하여 필요한 경우에는 남의 토지·주거 등의 시설물 안에 들어갈 수 있고, 저항을 받은 때에는 경찰공무원에게 원조를 요청할 수 있다(제366조 제3항, 제342조 제1항).

문 21
정답 ④

소취하에 관한 설명 중 옳은 것은? (다툼이 있는 경우 판례에 의함)

① 본안에 대한 종국판결이 있은 뒤에 "원고는 소를 취하하고, 피고는 이에 동의한다."는 화해권고결정이 확정되어 소송이 종결된 경우에는 소취하한 경우가 아니므로 재소금지가 적용되지 아니한다.

➡ **[X]** 화해권고결정에 "원고는 소를 취하하고, 피고는 이에 동의한다."는 화해조항이 있고, 이러한 화해권고결정에 대하여 양 당사자가 이의하지 않아 확정되었다면, 화해권고결정의 확정으로 당사자 사이에 소를 취하한다는 내용의 소송상 합의를 하였다고 볼 수 있다. 따라서 본안에 대한 종국판결이 있은 뒤에 이러한 화해권고결정이 확정되어 소송이 종결된 경우에는 소취하한 경우와 마찬가지로 민사소송법 제267조 제2항의 규정에 따라 같은 소를 제기하지 못한다(대판 2021. 7.29. 2018다230229).

② 甲이 乙을 상대로 매매를 원인으로 A 건물의 인도를 청구하였으나 패소한 후 항소심에서 이미 지급한 매매대금반환을 구하는 것으로 청구를 교환적으로 변경하였다가 다시 위 매매를 원인으로 A 건물의 인도를 구하는 것으로 청구를 변경하는 것은 적법하다.

➡ **[X]** 소의 교환적 변경은 신청구의 추가적 병합과 구청구의 취하의 결합형태로 볼 것이므로 본안에 대한 종국판결이 있은 후 구청구를 신청구로 교환적 변경을 한 다음 다시 본래의 구청구로 교환적 변경을 한 경우에는 종국판결이 있은 후 소를 취하하였다가 동일한 소를 다시 제기한 경우에 해당하여 부적법하다(대판 1987.11.10. 87다카1405).

③ 甲으로부터 대여금채권을 상속한 乙과 丙은 변호사 B를 소송대리인으로 선임하여 채무자 丁을 상대로 대여금청구의 소를 제기하였는데, 소송대리권을 수여할 당시 B에게 소취하에 대한 권한도 수여하였다. 소송계속 중에 丙은 B에게 자신의 소를 취하할 것을 의뢰하였고, B는 그의 사무원 C에게 丙의 소취하서만을 제출할 것을 지시하였는데, C의 착오로 B의 의사에 반하여 乙과 丙의 소를 모두 취하하는 내용의 소취하서를 법원에 제출한 경우 乙은 자신의 소취하를 철회할 수 있다.

➡ **[X]** 소의 취하는 원고가 제기한 소를 철회하여 소송계속을 소멸시키는 원고의 법원에 대한 소송행위이고 소송행위는 일반 사법상의 행위와 달리 내심의 의사보다 그 표시를 기준으로 하여 그 효력 유무를 판정할 수밖에 없는 것인바, 원고들 소송대리인으로부터 원고 중 1인에 대한 소취하를 지시받은 사무원은 원고들 소송대리인의 표시기관에 해당되어 그의 착오는 원고들 소송대리인의 착오로 보아야 하므로, 그 사무원의 착오로 원고들 소송대리인의 의사에 반하여 원고들 전원의 소를 취하하였다 하더라도 이를 무효라 볼 수는 없고, 적법한 소취하의 서면이 제출된 이상 그 서면이 상대방에게 송달되기 전·후를 묻지 않고 원고는 이를 임의로 철회할 수 없다(대판 1997. 6.27. 97다6124).

❹ 甲주식회사가 乙 등에 대하여 가지는 정산금 채권에 대하여 甲회사의 채권자 丙이 채권압류 및 추심명령을 받아 乙 등을 상대로 추심금 청구의 소를 제기하였다가 항소심에서 소를 취하하였는데, 그 후 甲회사의 다른 채권자 丁 등이 위 정산금 채권에 대하여 다시 채권압류 및 추심명령을 받아 乙 등을 상대로 추심금 청구의 소를 제기하였다면, 丁 등은 선행 추심소송과 별도로 자신의 채권집행을 위하여 위 소를 제기한 것이므로 재소금지 규정에 반하지 않는다.

➡ **[O]** [1] 민사소송법 제267조 제2항은 "본안에 대한 종국판결이 있은 뒤에 소를 취하한 사람은 같은 소를 제기하지 못한다."라고 정하고 있다. 이는 소취하로 그동안 판결에 들인 법원의 노력이 무용화되고 다시 동일한 분쟁을 문제 삼아 소송제도를 남용하는 부당한 사태를 방지할 목적에서 나온 제재적 취지의 규정이다. 여기에서 '같은 소'는 반드시 기판력의 범위나 중복제소금지에서 말하는 것과 같은 것은 아니고, 당사자와 소송물이 같더라도 이러한 규정의 취지에 반하지 않고 소제기를 필요로 하는 정당한 사정이 있다면 다시 소를 제기할 수 있다.

[2] 甲주식회사가 乙 등에 대하여 가지는 정산금 채권에 대하여 甲회사의 채권자 丙이 채권압류 및 추심명령을 받아 乙 등을 상대로 추심금 청구의 소를 제기하였다가 항소심에서 소를 취하하였는데, 그 후 甲회사의 다른 채권자 丁 등이 위 정산금 채권에 대하여 다시 채권압류 및 추심명령을 받아 乙 등을 상대로 추심금 청구의 소를 제기한 사안에서, 丙이 선행 추심소송에서 패소판결을 회피할 목적 등으로 종국판결 후 소를 취하하였다거나 丁 등이 소송제도를 남용할 의도로 소를 제기하였다고 보기 어려운 사정 등을 감안할 때, 丁 등은 선행 추심소송과 별도로 자신의 甲회사에 대한 채권의 집행을 위하여 위 소를 제기한 것이므로 새로운 권리보호이익이 발생한 것으로 볼

수 있어 재소금지 규정에 반하지 않는다고 본 원심판결이 정당하다고 한 사례(대판 2021.5.7. 2018다259213)

문 22 　　　　정답 ②

판결의 경정에 관한 다음 설명 중 가장 옳은 것은?

① 청구취지에서 지급을 구하는 금원 중 원금 부분의 표시를 누락하여 그대로 판결된 경우, 그 청구원인에서 원금의 지급을 구하고 있었다면 판결경정으로 원금 부분의 표시를 추가하는 것은 허용된다.

➡ **[X]** 청구취지에서 지급을 구하는 금원 중 원금 부분의 표시를 누락하여 그대로 판결된 경우에는 비록 그 청구원인에서 원금의 지급을 구하고 있더라 하더라도 판결경정으로 원금 부분의 표시를 추가하는 것은 주문의 내용을 실질적으로 변경하는 경우에 해당하여 허용될 수 없다(대결 1995.4.26. 94그26).

❷ 판결경정신청을 기각한 결정에 대하여 헌법 위반을 이유로 특별항고를 하려면 신청인이 그 재판에 필요한 자료를 제출할 기회를 전혀 부여받지 못한 상태에서 그러한 결정이 있었다든지, 판결과 그 소송의 모든 과정에 나타난 자료와 판결선고 후에 제출된 자료에 의하여 판결에 잘못이 있음이 분명하여 판결을 경정해야 하는 사안임이 명백한데도 법원이 이를 간과함으로써 기각결정을 하였다는 등의 사정이 있어야 한다.

➡ **[O]** [1] 민사소송법 제449조 제1항은 불복할 수 없는 결정이나 명령에 대하여는 재판에 영향을 미친 헌법 위반이 있거나, 재판의 전제가 된 명령·규칙·처분의 헌법 또는 법률의 위반 여부에 대한 판단이 부당하다는 것을 이유로 하는 때에만 대법원에 특별항고를 할 수 있도록 하고 있다. 여기서 결정이나 명령에 대하여 재판에 영향을 미친 헌법 위반이 있다고 함은 결정이나 명령의 절차에서 헌법 제27조 등이 정하고 있는 적법한 절차에 따라 공정한 재판을 받을 권리가 침해된 경우를 포함한다.
[2] 판결경정신청을 기각한 결정에 이러한 헌법 위반이 있다고 하려면 ⅰ) 신청인이 그 재판에 필요한 자료를 제출할 기회를 전혀 부여받지 못한 상태에서 그러한 결정이 있었다든지, ⅱ) 판결과 그 소송의 모든 과정에 나타난 자료와 판결선고 후에 제출된 자료에 의하여 판결에 잘못이 있음이 분명하여 판결을 경정해야 하는 사안임이 명백한데도 법원이 이를 간과함으로써 기각결정을 하였다는 등의 사정이 있어야 한다(대결 2020.3.16. 2020그507).

③ 판결경정결정은 원칙적으로 당해 판결을 한 법원이 하는 것이나, 통상의 공동소송이었던 다른 당사자 간의 소송사건이 상소의 제기로 상소심에 계속된 결과 상소를 하지 아니한 당사자 간의 원심판결의 원본과 소송기록이 우연히 상소심 법원에 있다면, 상소심 법원이 심판의 대상이 되지 않은 부분에 관한 판결을 경정할 권한을 가지게 된다.

➡ **[X]** 판결경정결정은 원칙적으로 당해 판결을 한 법원이 하는 것이고, 상소의 제기로 본안사건이 상소심에 계속된 경우에는 당해 판결의 원본이 상소기록에 편철되어 상소심 법원으로 송부되므로, 판결 원본과 소송기록이 있는 상소심 법원도 경정결정을 할 수 있는 것이기는 하지만, 당해 판결에 대하여 상소를 하지 아니하여 사건이 상소심에 계속되지 아니한 부분은 상소심의 심판대상이 되지 않는 것이므로, 통상의 공동소송이었던 다른 당사자 간의 소송사건이 상소의 제기로 상소심에 계속된 결과, 상소를 하지 아니한 당사자 간의 원심판결의 원본과 소송기록이 우연히 상소심 법원에 있다고 하더라도,

상소심 법원이 심판의 대상이 되지도 않은 부분에 관한 판결을 경정할 권한을 가지는 것은 아니다(대결 1992.1.29. 91마748).

④ 토지에 관한 소유권이전등기절차의 이행을 구하는 소송 중 사실심 변론종결 전에 토지가 분할되었는데도 그 내용이 변론에 드러나지 않은 채 토지에 관한 원고 청구가 인용된 경우에는 분할된 토지에 관한 표시로 경정해 달라는 신청은 인정되지 않는다.

➡ **[X]** 토지에 관한 소유권이전등기절차의 이행을 구하는 소송 중 사실심 변론종결 전에 토지가 분할되었는데도 그 내용이 변론에 드러나지 않은 채 토지에 관한 원고 청구가 인용된 경우에 판결에 표시된 토지에 관한 표시를 분할된 토지에 관한 표시로 경정해 달라는 신청은 특별한 사정이 없는 한 받아들여야 한다(대결 2020.3.16. 2020그507).

문 23 　　　　정답 ①

소송상 상계항변에 관한 설명 중 옳지 않은 것은? (다툼이 있는 경우 판례에 의함)

❶ 피고가 소송상 상계항변과 소멸시효 완성항변을 함께 주장한 경우, 법원은 상계항변을 먼저 판단할 수 있다.

➡ **[X]** 소송에서의 상계항변은 일반적으로 소송상의 공격방어방법으로 피고의 금전지급의무가 인정되는 경우 자동채권으로 상계를 한다는 예비적 항변의 성격을 갖는다. 따라서 상계항변이 먼저 이루어지고 그 후 대여금채권의 소멸을 주장하는 소멸시효항변이 있었던 경우에, 상계항변 당시 채무자인 피고에게 수동채권인 대여금채권의 시효이익을 포기하려는 효과의사가 있었다고 단정할 수 없다. 그리고 항소심 재판이 속심적 구조인 점을 고려하면 제1심에서 공격방어방법으로 상계항변이 먼저 이루어지고 그 후 항소심에서 소멸시효항변이 이루어진 경우를 달리 볼 것은 아니다(대판 2013.2.28. 2011다21556).

② 소송상 상계항변이 제출되었으나 소송절차 진행 중 조정이 성립됨으로써 수동채권의 존재에 관한 법원의 실질적인 판단이 이루어지지 않은 경우, 상계항변의 사법상 효과는 발생하지 않는다.

➡ **[O]** 소송상 방어방법으로서의 상계항변은 수동채권의 존재가 확정되는 것을 전제로 하여 행하여지는 일종의 예비적 항변으로서 당사자가 소송상 상계항변으로 달성하려는 목적, 상호양해에 의한 자주적 분쟁해결수단인 조정의 성격 등에 비추어 볼 때, 당해 소송절차 진행 중 당사자 사이에 조정이 성립됨으로써 수동채권의 존재에 관한 법원의 실질적인 판단이 이루어지지 아니한 경우에는 그 소송절차에서 행하여진 소송상 상계항변의 사법상 효과도 발생하지 않는다고 봄이 타당하다(대판 2013.03.28. 2011다3329).

③ 甲이 乙을 피고로 3,000만 원의 손해배상청구의 소를 제기하여 제1심에서 승소판결을 받았으나 乙의 항소 제기로 그 항소심 계속 중에 乙이 甲을 피고로 하여 대여금반환청구의 소를 제기한 경우, 甲은 그 소송에서 위 3,000만 원의 손해배상채권을 자동채권으로 하는 소송상 상계항변을 할 수 있다.

➡ **[O]** 상계의 항변을 제출할 당시 이미 자동채권과 동일한 채권에 기한 소송을 별도로 제기하여 계속 중인 경우, 사실심의 담당재판부로서는 전소와 후소를 같은 기회에 심리·판단하기 위하여 이부, 이송 또는 변론병합 등을 시도함으로써 기판력의 저촉·모순을 방지함과 아울러 소송경제를 도모함이 바람직하였다고 할 것이나, 그렇다고

하여 특별한 사정이 없는 한 별소로 계속 중인 채권을 자동채권으로 하는 소송상 상계의 주장이 허용되지 않는다고 볼 수는 없다(대판 2001.04.27. 2000다4050).

④ 피고의 소송상 상계항변에 대하여 원고가 다시 피고의 자동채권을 소멸시키기 위하여 소송상 상계재항변을 하는 것은 특별한 사정이 없는 한 허용되지 않는다.

→ [O] 피고의 소송상 상계항변에 대하여 원고가 소송상 상계의 재항변을 하는 것은 다른 특별한 사정이 없는 한 허용되지 않는다고 보는 것이 타당하다(대판 2014.06.12. 2013다95964).

문 24 정답 ③

상소에 관한 다음 설명 중 옳지 않은 것은?

① 부대항소는 항소심 변론종결시까지 할 수 있으며, 부대상고는 상고이유서 제출기간 만료시까지 할 수 있다.

→ [O] 피상고인은 상고권이 소멸된 후에도 부대상고를 할 수 있으나 상고이유서 제출기간 내에 부대상고를 제기하고 그 이유서를 제출하여야 하는바, 피상고인이 상고이유서 제출기간 내에 부대상고장을 제출하였으나 부대상고장에 부대상고이유의 기재가 없고 부대상고 이유서는 상고이유서 제출기간 경과 후에 제출하였다면 그 부대상고는 기각되어야 한다(대판 1997.10.10. 95다46265).

② 항소장 각하명령이 있은 후에 부족인지액을 보정하고 불복을 신청하였다고 하더라도 그 각하명령을 취소할 수 없다.

→ [O] 제1심 재판장이 항소장에 붙일 인지의 부족액이 있음을 이유로 보정명령을 하였으나 이에 대하여 항소인이 보정기간 안에 일부만을 보정하자 항소장 각하명령을 한 경우, 항소장 각하명령이 있은 후에는 그 부족인지액을 보정하고 불복을 신청하였다고 하더라도 그 각하명령을 취소할 수 없다(대판 1991.1.16. 90마878).

❸ 항소심에서 공시송달 판결을 하는 경우, 민사소송법 제208조 제3항 제3호에 따라 판결서의 이유에 청구를 특정함에 필요한 사항과 같은 법 제216조 제2항의 판단에 관한 사항만을 간략하게 표시할 수 있다.

→ [X] 민사소송법 제208조 제2항의 규정에도 불구하고 제1심판결로서 '피고가 민사소송법 제194조 내지 제196조의 규정에 의한 공시송달로 기일통지를 받고 변론기일에 출석하지 아니한 경우의 판결'(이하 '공시송달 판결'이라 한다)에 해당하는 경우에는 판결서의 이유에 청구를 특정함에 필요한 사항과 같은 법 제216조 제2항의 판단에 관한 사항만을 간략하게 표시할 수 있다(제208조 제3항 제3호). 한편, 항소심의 소송절차에는 특별한 규정이 없으면 민사소송법 제2편 제1장 내지 제3장에서 정한 제1심의 소송절차에 관한 규정을 준용하지만(제408조), 같은 법 제208조 제3항 제3호를 준용하는 규정은 별도로 두고 있지 않다. 오히려 항소심이 판결이유를 적을 때에는 제1심판결을 인용할 수 있지만, 제1심판결이 민사소송법 제208조 제3항 제3호에 따라 작성된 경우에는 이를 인용할 수 없다(제420조). 위와 같은 규정들의 내용과 그 취지를 종합하면, 공시송달 판결을 하는 경우 제1심은 민사소송법 제208조 제3항 제3호에 따라 판결서의 이유에 청구를 특정함에 필요한 사항과 같은 법 제216조 제2항의 판단에 관한 사항만을 간략하게 표시할 수 있지만, 당사자의 불복신청 범위에서 제1심판결의 당부를 판단하는 항소심은 그와 같이 간략하게 표시할 수 없고, 같은 법 제208조 제2항에 따라 주문이 정당하다는 것을 인정할 수 있을 정도로 당사자의 주장과 그 밖의 공격·방어방법에 관한 판단을 표시하여야 한다(대판 2021.2.4. 2020다259506).

④ 제1심판결에 대하여 불복하지 않은 당사자는 그에 대한 항소심판결이 제1심판결보다 불리하지 않다면 항소심판결에 대해 상고의 이익이 없다.

→ [O] 대판 2002.2.5. 2001다63131

문 25 정답 ③

소액사건심판절차에 관한 다음 설명 중 가장 옳지 않은 것은?

① 소송목적의 값이 3,000만 원 이하라고 하더라도 채무부존재확인청구·소유권이전등기청구·사해행위취소청구·토지인도청구 등은 소액사건에 속하지 않는다.

→ [O] 소송목적의 값이 3,000만 원 이하라고 하더라도 채무부존재확인청구·소유권이전등기청구·사해행위취소청구·토지인도청구 등은 소액사건에 속하지 아니한다. 왜냐하면, 금전 그 밖의 대체물이나 유가증권의 일정한 수량의 지급을 목적으로 하는 소송이 아니기 때문이다.

② 소액사건에서는 당사자의 배우자·직계혈족 또는 형제자매이면 변호사가 아니더라도 법원의 허가 없이도 소송대리인이 될 수 있지만, 상소심에서는 이러한 예외가 적용되지 않으므로 변호사대리의 원칙에 의한다.

→ [O] 소액사건에서는 절차의 간이화를 위하여 민사소송법 제88조의 특칙으로 당사자의 배우자·직계혈족 또는 형제자매는 법원의 허가 없이 소송대리인이 될 수 있다(소액사건심판법 제8조 제1항). 다만 상소심에서는 이 예외가 적용되지 않으므로 변호사대리의 원칙에 의한다.

❸ 2개 이상의 소액사건을 병합함으로써 소송목적의 값의 합산액이 3,000만 원을 초과하게 된 경우에는 그 전체가 소액사건의 범위에 속하지 않게 되므로 사물관할의 일반원칙에 따라 일반 단독사건으로 재배당하는 등의 조치를 취하여야 한다.

→ [X] 소액사건에 해당하는지 여부는 소제기 당시를 기준으로 하는 것이므로, 대체물이나 유가증권의 청구 등에 있어서 소제기 후 교환가격의 상승으로 3,000만 원을 초과하게 되거나, 2개 이상의 소액사건을 병합함으로써 소송목적의 값의 합산액이 3,000만 원을 초과하게 된 경우라도 여전히 소액사건임에 변함이 없다(대판 1992.7.24. 91다43176).

④ 소액사건의 경우에는 판사가 바뀌었더라도 변론의 갱신 없이 판결할 수 있다.

→ [O] 소액사건심판법 제9조 제2항

1	2	3	4	5	6	7	8	9
②	③	③	④	①	①	②	③	②
10	11	12	13	14	15	16	17	18
④	③	①	②	②	④	③	④	④
19	20	21	22	23	24	25		
④	③	②	①	④	②	④		

문 1

정답 ②

소장각하명령에 관한 다음 설명 중 가장 옳지 않은 것은?

① 소명자료를 첨부하여 공시송달을 신청하였는데도, 그에 대한 허부재판을 도외시하고 주소보정의 흠을 이유로 소장각하명령을 하는 것은 위법하다.

➡ [O] 대결 2003.12.12. 2003마1694

❷ 법인의 주소지로 소장부본 등을 송달하였으나 송달불능된 경우, 제1심 재판장은 원고에게 그 주소보정을 명할 수 있고, 주소보정을 하지 않으면 곧바로 소장각하명령을 할 수 있다.

➡ [X] 법인인 피고의 대표자 주소지가 아닌 소장에 기재된 피고의 주소지로 발송하였으나 이사불명으로 송달불능된 경우에는, 원칙으로 되돌아가 소제기시에 제출된 법인등기사항증명서 등에 나타나 있는 피고의 대표자 주소지로 소장부본 등을 송달하여 보고, 그 곳으로도 송달되지 않을 때에 주소보정을 명하여야 할 것이므로, 제1심 재판장이 단지 법인의 주소로 소장부본 등을 송달하였으나 송달불능 되었다는 이유만으로 그 주소보정을 명한 것은 잘못이고, 결국 피고의 주소보정을 하지 않았다는 이유로 한 소장각하명령도 위법하다(송달예규 제8조, 대결 1997.5.19. 97마600).

③ 소장에 관한 재판장 또는 참여사무관등의 보정명령에 대해서는 독립하여 이의신청이나 항고를 할 수 없고, 보정명령 불이행을 이유로 한 재판장의 소장각하명령에 대하여는 즉시항고에 의하여만 불복할 수 있다.

➡ [O] 재판장(참여사무관등)의 보정명령에 대하여는 이의신청이나 항고 등으로 독립하여 불복할 수 없으며(대결 1995.6.30. 94다39086), 재판장의 소장각하명령에 대한 불복방법으로 이를 다툴 수 있을 뿐이다.

④ 재판장이 소장의 흠결을 이유로 소장각하명령을 한 경우 원고가 즉시항고와 더불어 그 흠을 보정하였을 경우라도 소장각하명령을 취소할 수 없다.

➡ [O] 재판장이 소장상의 흠을 이유로 소장각하명령을 한 경우 원고가 즉시항고와 더불어 그 흠을 보정하였을 경우라도 소장각하명령을 민사소송법 제446조에 의한 경정결정에 의하여 취소할 수 없다(대결 (全) 1968.7.29. 68사49).

문 2

정답 ③

재판권에 관한 설명 중 가장 옳지 않은 것은? (다툼이 있는 경우 판례에 의함)

① 재판권의 존재 여부는 직권조사사항이다.

➡ [O] 재판권은 소송요건이므로 그 존재 여부는 법원의 직권조사사항이다.

② 소장심사시 재판권 없음이 명백하면 재판장은 명령으로 소장을 각하할 수 있다.

➡ [O] 재판권 없음이 명백하면 소장 부본을 송달할 수 없는 경우에 해당하므로 재판장의 명령으로 소장을 각하하여야 한다.

❸ 국제재판관할권은 배타적인 것이므로 병존할 수도 없다. 지리, 언어, 통신의 편의, 법률의 적용과 해석 등의 측면에서 다른 나라 법원이 대한민국 법원보다 더 편리하다는 것만으로 대한민국 법원의 재판관할권은 부정될 수 있다.

➡ [X] 국제재판관할권은 배타적인 것이 아니라 병존할 수도 있다. 지리, 언어, 통신의 편의, 법률의 적용과 해석 등의 측면에서 다른 나라 법원이 대한민국 법원보다 더 편리하다는 것만으로 대한민국 법원의 재판관할권을 쉽게 부정해서는 안 된다(대판 2021.3.25. 2018다230588).

④ 재판권의 부존재를 간과하고 본안판결을 하여 그 판결이 확정된 경우 재심청구를 할 수 없다.

➡ [O] 판결확정 전에는 상소에 의하여 다툴 수 없으며(판례), 확정 후에는 당해 판결이 무효이므로 재심청구가 불가능하다.

문 3

정답 ③

관할에 관한 다음 설명 중 옳은 것으로 묶은 것은? (다툼이 있는 경우 판례에 의함)

㉮ 전속관할위반을 간과한 판결은 확정 전이면 상소로 다툴 수 있으나 확정 후라면 재심사유가 되지 아니한다.

➡ [O] 전속관할위반이 있으면 당사자는 상소이유로 삼아 이를 주장할 수 있으며, 상소심은 이 경우에 판결을 취소·파기하지 않으면 안 된다. 그러나 재심사유는 되지 않는다.

㉯ 수익자에 대하여 사해행위취소와 함께 그에 따른 원상회복을 구하는 경우, 사해행위취소의 소에 있어서 의무이행지는 '취소로 인하여 형성되는 법률관계에 있어서의 의무이행지'가 아니라 '취소의 대상인 법률행위의 의무이행지'이다.

➡ [X] 사해행위취소소송에서 수익자 또는 전득자에 대하여 사해행위 취소와 함께 사해행위의 취소로 인한 원상회복 또는 이에 갈음하는 가액배상을 구하는 경우라도, 사해행위취소의 소에 있어서의 의무이행지는 "취소의 대상인 법률행위의 의무이행지"가 아니라 "취소로 인하여 형성되는 법률관계에 있어서의 의무이행지"로 보아야 한다(대판 2002.5.10. 2002마1156).

ⓗ 민사소송의 당사자와 소송관계인은 신의에 따라 성실하게 소송을 수행하여야 하고(민사소송법 제1조 제2항), 민사소송의 일방 당사자가 다른 청구에 관하여 관할만을 발생시킬 목적으로 본래 제소할 의사 없는 청구를 병합한 것이 명백한 경우에는 관할선택권의 남용으로서 신의칙에 위배되어 허용될 수 없으므로, 그와 같은 경우에는 관련재판적에 관한 민사소송법 제25조의 규정을 적용할 수 없다.

➡ [O] 대결 2011.9.29. 2011마62

㉑ 관할위반에 따른 이송결정에 대하여는 즉시항고를 할 수 없다.

➡ [X] 당사자가 관할위반을 이유로 하여 이송신청을 한 경우에도 이는 단지 법원의 직권발동을 촉구하는 의미밖에 없는 것이므로, 법원은 이러한 이송신청에 대하여 재판을 할 필요가 없고 설사 법원이 이송신청을 거부하는 재판을 하였다 하여도 항고는 물론 특별항고도 허용되지 않는다(대판 (全) 1993.12.6. 93마524; 대결 1996.1.12. 95그59).

ⓜ 부동산인도와 임료 상당의 부당이득금을 병합청구하는 경우 관련재판적의 규정을 적용하여 지참채무인 임료청구의 채권자 주소지에도 관할이 인정된다.

➡ [O] 부대청구인 임료를 병합청구로 보고 지참채무로 인정하여 원고의 주소지에 관할을 인정할 수 있는지 여부가 문제되는데 부동산의 인도와 그 부동산에 관한 임료 내지 임료 상당의 손해배상금 또는 부당이득금을 병합하여 청구하는 경우 임료 등은 부동산의 인도소송에 부대목적이지만, 이것도 상기한 주된 청구에 병합된 청구의 한 형태이므로 관련재판적의 규정을 적용하여 지참채무인 임료청구의 채권자 주소지에도 관할이 인정된다. 다만, 소송목적의 값에 있어서는 이를 소송목적의 값에 산입하지 않는다.

문 4
정답 ④

甲이 乙을 상대로 대여금 청구의 소를 제기하였다. 옳지 않은 것은? (다툼이 있는 경우에는 판례에 의함)

① 乙이 소제기 전 사망하고 甲이 소송계속 중 그 사실은 안 경우에는 甲의 신청에 의해 피고를 乙의 상속인으로 표시정정하는 것은 허용된다.

➡ [O] 사망자의 상속인이 처음부터 실질적 피고이고 다만 그 표시에 잘못이 있는 데 지나지 않는다고 인정된다면 사망자의 상속인으로 피고의 표시를 정정할 수 있다(대결 2006.7.4, 2005마425).

② 乙이 소 제기 전에 이미 사망하였음에도 법원이 이를 간과하고 본안판결을 선고하였다면 이 판결은 당연무효이다.

➡ [O] 사망자를 피고로 하는 소제기는 원고와 피고의 대립당사자 구조를 요구하는 민사소송법상의 기본원칙이 무시된 부적법한 것으로서 실질적 소송관계가 이루어질 수 없으므로, 그와 같은 상태에서 제1심판결이 선고되었다 할지라도 판결은 당연무효이다(대판 2015.1.29. 2014다34041).

③ 乙이 변론종결 후에 사망한 상태에서 판결이 선고된 경우, 乙에 대한 판결정본의 공시송달은 무효이다.

➡ [O] 피고가 변론종결 후에 사망한 상태에서 판결이 선고된 경우, 망인에 대한 판결정본의 공시송달은 무효이고, 상속인이 소송절차를 수계하여 판결정본을 송달받기 전까지는 그에 대한 항소제기기간이 진행될 수도 없다(대판 2007.12.14. 2007다52997).

④ 소송대리인이 있는 乙에 대하여 소송계속 중 乙에 대한 파산절차가 개시된 경우에도, 소송절차는 중단되지 않는다.

➡ [X] 당사자의 파산으로 말미암은 중단의 경우에는 소송대리인이 있는 경우에도 계속 중단된다(제239조). 소송대리인이 있는 경우 제238조에서는 당사자의 사망으로 말미암은 중단(제233조 제1항), 법인의 합병으로 말미암은 중단(제234조), 소송능력의 상실 또는 법정대리권의 소멸로 말미암은 중단(제235조), 수탁자의 임무종료로 말미암은 중단(제236조), 자격상실로 말미암은 중단(제237조)에 대해서만 적용을 중단한다고 규정할 뿐, 당사자의 파산으로 말미암은 중단(제239조)의 적용을 배제하지는 않기 때문이다.

문 5
정답 ①

소송상 특별대리인에 관한 다음 설명 중 가장 옳지 않은 것은?

① 제한능력자를 위한 특별대리인은 친족·이해관계인 등의 신청에 따라 선임되고, 법원이 직권으로 특별대리인을 선임할 수 없다.

➡ [X] 법원은 소송계속 후 필요하다고 인정하는 경우 직권으로 특별대리인을 선임·개임하거나 해임할 수 있다(제62조 제2항).

② 적법한 대표자 자격이 없는 甲이 비법인사단을 대표하여 소를 제기하였다가 항소심에서 甲이 위 비법인사단의 특별대리인으로 선임되었는데, 상고심에서 甲이 선임한 소송대리인이 甲이 수행한 기왕의 모든 소송행위를 추인한 경우 甲이 비법인사단을 대표하여 한 모든 소송행위는 그 행위시에 소급하여 효력을 갖는다.

➡ [O] 대판 2010.6.10. 2010다5373

③ 특별대리인의 보수, 선임비용 및 소송행위에 관한 비용은 소송비용에 포함된다.

➡ [O] 특별대리인의 보수, 선임비용 및 소송행위에 관한 비용은 소송비용에 포함된다(제62조 제5항).

④ 법인 또는 법인 아닌 사단의 소송법상 특별대리인은 그 대표자와 동일한 권한을 가지게 되므로, 특별한 사정이 없는 한 법인을 대표하여 수행하는 소송에 관하여 상소를 제기하거나 이를 취하할 권리가 있다.

➡ [O] 법인 또는 법인 아닌 사단의 소송법상 특별대리인은 법인 또는 법인 아닌 사단의 대표자와 동일한 권한을 가져 소송수행에 관한 일체의 소송행위를 할 수 있으므로, 소송법상 특별대리인은 특별한 사정이 없는 한 법인을 대표하여 수행하는 소송에 관하여 상소를 제기하거나 이를 취하할 권리가 있다(대판 2018.12.13. 2016다210849, 210856).

문 6
정답 ①

甲은 乙을 상대로 대여금 청구의 소를 제기하였다(이하에서 丙은 甲의 채권자이다). 다음 설명 중 옳지 않은 것은? (각 지문은 독립적이며, 다툼이 있는 경우 판례에 의함)

① 甲이 乙에게 소구하고 있는 채권을 丙이 가압류한 경우 법원은 甲의 소를 각하하여야 한다.

→ **[X]** 채권에 대한 가압류가 있더라도 이는 채무자가 제3채무자로부터 급부를 추심하는 것만을 금지하는 것일 뿐 채무자는 제3채무자를 상대로 그 이행을 구하는 소송을 제기할 수 있고, 법원은 가압류가 되어 있음을 이유로 이를 배척할 수 없다(대판 2002.4.26. 2001다59033).

② 甲이 乙에게 소구하고 있는 채권에 대하여 丙이 압류 및 전부명령을 받고 그 전부명령이 확정된 경우 법원은 甲의 청구를 기각하여야 한다.

→ **[O]** 전부명령이 있는 경우에는 추심명령과 달리 전부채무자가 자기가 이행청구권자임을 주장하는 이상 원고적격을 가지고, 다만 제3채무자를 상대로 급부를 구하는 이행청구소송은 실체법상의 이행청구권의 상실로 인하여 본안에서 기각된다.

③ 甲의 乙에 대한 대여금채권에 대해 丙이 압류 및 추심명령을 받아 그 명령이 甲과 乙에게 송달된 후, 甲이 위와 같이 제소하였다면 법원은 甲의 소를 각하하여야 한다.

→ **[O]** 채권에 대한 추심명령이 있는 경우 채무자는 제3채무자를 상대로 이행의 소를 제기할 수 없다. 채권에 대한 압류 및 추심명령이 있는 경우 제3채무자에 대한 이행의 소는 추심채권자만이 제기할 수 있고, 채무자는 피압류채권에 대한 이행의 소를 제기할 당사자적격을 상실하기 때문이다(대판 2000.4.11. 99다23888).

④ 丙이 甲을 대위하여 乙을 상대로 위 대여금의 지급을 구하는 소를 제기하고 甲에게 소송고지한 후 그 소송에서 패소판결이 확정된 경우, 법원은 그 후에 제소된 甲의 乙에 대한 위 대여금 청구를 기각하여야 한다.

→ **[O]** 판례는 이와 같은 경우 기판력이 미친다고 보며, 패소한 채무자가 동일한 소를 제기한 경우 청구기각판결을 하여야 한다는 입장이다.

문 7
정답 ②

소송물에 관한 다음 설명 중 가장 옳지 않은 것은?

① 부당이득반환청구권과 불법행위로 인한 손해배상청구권은 서로 소송물을 달리하므로 채권자로서는 어느 하나의 청구권에 관한 소를 제기하여 승소 확정판결을 받았다고 하더라도 아직 채권의 만족을 얻지 못한 경우에는 다른 나머지 청구권에 관한 이행판결을 얻기 위하여 그에 관한 이행의 소를 제기할 수 있다.

→ **[O]** 부당이득반환청구권과 불법행위로 인한 손해배상청구권은 서로 실체법상 별개의 청구권으로 존재하고 그 각 청구권에 기초하여 이행을 구하는 소는 소송법적으로도 소송물을 달리하므로, 채권자로서는 어느 하나의 청구권에 관한 소를 제기하여 승소 확정판결을 받았다고 하더라도 아직 채권의 만족을 얻지 못한 경우에는 다른 나머지 청구권에 관한 이행판결을 얻기 위하여 그에 관한 이행의 소를 제기할 수 있다(대판 2013.9.13. 2013다45457).

❷ 소장에서 청구의 대상으로 삼은 채권 중 일부만을 청구하면서 소송의 진행경과에 따라 장차 청구금액을 확장할 뜻을 표시하였으나 당해 소송이 종료될 때까지 실제로 청구금액을 확장하지 않은 경우에도 채권 전부에 관하여 판결을 구한 것으로 볼 수 있으므로, 나머지 부분에 대하여는 재판상 청구로 인한 시효 중단의 효력이 발생한다.

→ **[X]** 소장에서 청구의 대상으로 삼은 채권 중 일부만을 청구하면서 소송의 진행경과에 따라 장차 청구금액을 확장할 뜻을 표시하였으나

당해 소송이 종료될 때까지 실제로 청구금액을 확장하지 않은 경우에는 소송의 경과에 비추어 볼 때 채권 전부에 관하여 판결을 구한 것으로 볼 수 없으므로, 나머지 부분에 대하여는 재판상 청구로 인한 시효중단의 효력이 발생하지 아니한다.

그러나 이와 같은 경우에도 소를 제기하면서 장차 청구금액을 확장할 뜻을 표시한 채권자로서는 장래에 나머지 부분을 청구할 의사를 가지고 있는 것이 일반적이라고 할 것이므로, 다른 특별한 사정이 없는 한 당해 소송이 계속 중인 동안에는 나머지 부분에 대하여 권리를 행사하겠다는 의사가 표명되어 최고에 의해 권리를 행사하고 있는 상태가 지속되고 있는 것으로 보아야 하고, 채권자는 당해 소송이 종료된 때부터 6월 내에 민법 제174조에서 정한 조치를 취함으로써 나머지 부분에 대한 소멸시효를 중단시킬 수 있다(대판 2020.2.6. 2019다223723).

③ 불법행위로 인한 적극적 손해의 배상을 명한 전소의 변론종결 후에 새로운 적극적 손해가 발생한 경우 전소의 변론종결 당시 그 손해의 발생을 예견할 수 없었고 또 그 부분 청구를 포기하였다고 볼 수 없는 등 특별한 사정이 있다면 그 부분에 대한 손해배상의 청구는 전소의 소송물과는 별개의 소송물이다.

→ **[O]** 불법행위로 인한 적극적 손해의 배상을 명한 전 소송의 변론종결 후에 새로운 적극적 손해가 발생한 경우에 그 소송의 변론종결 당시 그 손해의 발생을 예견할 수 없었고 또 그 부분의 청구를 포기한 것으로 볼 수 없는 사정이 있다면 전 소송에서 그 부분에 대한 청구가 유보되어 있지 않았더라도 이는 전 소송의 소송물과는 별개의 소송물이므로 전 소송의 기판력에 저촉되는 것이 아니다(대판 2007.4.13. 2006다78640).

④ 동일 부동산에 대하여 이전등기를 구하면서 그 등기청구권의 발생원인을 처음에는 매매로 하였다가 후에 취득시효의 완성을 선택적으로 추가하는 것은 별개의 청구를 추가시킨 것이다.

→ **[O]** 이전등기청구사건에서 등기원인으로 전소에서는 매매(민법 제563조)를, 후소에서는 취득시효의 완성(민법 제245조)을 주장하는 경우와 같이 등기원인을 서로 달리 하면 공격방법의 차이가 아니라 등기청구권의 발생원인의 차이라 하여 소송물이 별개라는 전제에 서 있다(대판 1997.4.25. 96다32133).

문 8
정답 ③

청구의 선택적·예비적 병합에 관한 다음 설명 중 가장 옳지 않은 것은?

① 선택적으로 병합된 수개의 청구를 모두 기각한 항소심판결에 대하여 원고가 상고한 경우에 상고심법원이 선택적 청구 중 어느 하나의 청구에 관한 상고가 이유 있다고 인정할 때에는 원심판결을 전부 파기하여야 한다.

→ **[O]** 대판 2018.6.15. 2016다229478

② 항소심에 이르러 새로운 청구가 추가된 경우 항소심은 추가된 청구에 대해서는 실질상 제1심으로서 재판하여야 한다. 제1심이 기존의 청구를 기각한 데 대하여 원고가 항소하였고 항소심이 기존의 청구와 항소심에서 추가된 청구를 모두 배척할 경우 단순히 "원고의 항소를 기각한다."라는 주문 표시만 해서는 안 되고, 이와 함께 항소심에서 추가된 청구에 대하여 "원고의 청구를 기각한다."라는 주문 표시를 해야 한다.

→ **[O]** 대판 2021.5.7. 2020다292411

❸ 예비적 병합의 경우에 주위적 청구기각·예비적 청구인용의 제1심판결에 대하여 피고만이 항소한 경우 항소심에서 피고는 주위적 청구를 인낙할 수 있다.

➡ **[X]** 제1심법원이 원고의 주위적 청구와 예비적 청구를 병합심리한 끝에 주위적 청구는 기각하고 예비적 청구만을 인용하는 판결을 선고한 데 대하여 피고만 항소를 하더라도, 항소의 제기에 의한 이심의 효력은 피고의 불복신청의 범위와는 관계없이 사건 전부에 미쳐 주위적 청구에 관한 부분도 항소심에 이심되는 것이므로, **피고가 항소심의 변론에서 원고의 주위적 청구를 인낙하여 그 인낙이 조서에 기재되면 그 조서는 확정판결과 동일한 효력이 있는 것이고, 따라서 그 인낙으로 인하여 주위적 청구의 인용을 해제조건으로 병합심판을 구한 예비적 청구에 관하여는 심판할 필요가 없어 사건이 그대로 종결되는 것이다**(대판 1992.6.9. 92다12032).

④ 실질적으로 선택적 병합관계에 있는 두 청구에 관하여 당사자가 주위적·예비적으로 순위를 붙여 청구하였고, 그에 대하여 제1심법원이 주위적 청구를 기각하고 예비적 청구만을 인용하는 판결을 선고하여 피고만이 항소를 제기한 경우에도 항소심으로서는 두 청구 모두를 심판의 대상으로 삼아 판단하여야 한다.

➡ **[O]** 병합의 형태가 선택적 병합인지 예비적 병합인지는 당사자의 의사가 아닌 병합청구의 성질을 기준으로 판단하여야 하고, 항소심에서의 심판범위도 그러한 병합청구의 성질을 기준으로 결정하여야 한다. 따라서 실질적으로 선택적 병합관계에 있는 두 청구에 관하여 당사자가 주위적·예비적으로 순위를 붙여 청구하였고, 그에 대하여 제1심법원이 주위적 청구를 기각하고 예비적 청구만을 인용하는 판결을 선고하여 피고만이 항소를 제기한 경우에도, 항소심으로서는 두 청구 모두를 심판의 대상으로 삼아 판단하여야 한다(대판 2014. 5.29. 2013다96868).

문 9　　　　정답 ②

청구의 변경에 관한 다음 설명 중 가장 옳지 않은 것은?

① 청구의 변경에 의하여 청구의 기초가 바뀌었다고 하더라도, 그 청구의 변경에 대하여 상대방이 지체 없이 이의하지 아니하고 변경된 청구에 관한 본안의 변론을 한 때에는 상대방은 더 이상 그 청구 변경의 적법 여부에 대하여 다투지 못한다.

➡ **[O]** 청구의 변경에 대하여 상대방이 지체 없이 이의하지 아니하고 변경된 청구에 관한 본안의 변론을 한 때에는 상대방은 더 이상 그 청구변경의 적법 여부에 대하여 다투지 못한다(대판 2011.2.24. 2009다33655).

❷ 청구의 감축은 원칙적으로 소의 일부취하에 해당하므로 반드시 서면에 의할 필요가 없고 말로써 할 수도 있으나, 통상의 소취하와 달리 상대방의 동의는 필요하지 않다.

➡ **[X]** 청구의 감축은 원칙적으로 소의 일부취하에 해당하므로 반드시 서면에 의할 필요가 없고 말로써 할 수도 있으며, 다만 통상의 소취하의 경우와 마찬가지로 상대방의 동의가 있어야 하나, 이러한 동의는 묵시적으로 하여도 무방하다(대판 1993.9.14. 93누9460).

③ 피고만이 항소한 항소심에서 소의 교환적 변경이 적법하게 이루어진 후에 피고가 항소를 취하한 경우 제1심판결은 소의 교환적 변경에 의한 소취하로 실효되고, 항소심은 교환된 새로운 소송을 사실상 제1심으로 재판하는 것이 되므로 항소취하

는 그 대상이 없어 아무런 효력을 발생할 수 없다.

➡ **[O]** 대판 1995.1.24. 93다25875

④ 소의 교환적 변경으로 구청구는 취하되고 신청구가 심판의 대상이 되었음에도 신청구에 대하여는 아무런 판단도 하지 아니한 채 구청구에 대하여 심리·판단한 제1심판결에 대하여 항소한 경우 항소심법원은 제1심판결을 취소하고 구청구에 대하여는 소송종료선언을 하여야 한다.

➡ **[O]** 대판 2003.1.24. 2002다56987

문 10　　　　정답 ④

공동소송에 관한 다음 설명 중 틀린 것은? (다툼이 있으면 판례에 의함)

① 채권자대위권에 기하여 공동하여 채무자의 권리를 행사하는 다수의 채권자들은 유사필수적 공동소송관계에 있다.

➡ **[O]** 대판 1991.12.27. 91다23486

② 필수적 공동소송에서는 공동소송인 가운데 한 사람이 한 유리한 소송행위는 모두를 위하여 효력이 생기지만, 불리한 소송행위는 모두 함께 하지 아니하면 효력이 생기지 아니한다.

➡ **[O]** 제67조 제1항. 따라서 한 사람의 부인, 항변, 증거제출은 이익이 되는 소송행위이기 때문에 모두에게 효력이 있으나, 자백, 청구의 포기·인낙, 화해, 소취하 등은 불리한 소송행위이므로 모두 함께 하지 아니하면 효력이 없다. 다만, 유사필수적 공동소송에 있어서는 한 사람의 소취하도 가능하다(대판 2013.3.28. 2011두16087).

③ 필수적 공동소송에 대하여 본안판결을 할 때에는 공동소송인 전원에 대한 하나의 종국판결을 선고하여야 하는 것이지 공동소송인 일부에 대해서만 판결하거나 남은 공동소송인에 대해 추가판결을 하는 것은 모두 허용될 수 없다.

➡ **[O]** 대판 2011.6.24. 2011다1323

❹ 필수적 공동소송에서는 공동소송인 중 일부가 제기한 상소 또는 공동소송인 중 일부에 대한 상대방의 상소는 다른 공동소송인에게도 효력이 미치는 것이지만, 상소심으로서는 불복하지 아니한 나머지 공동소송인에 대하여는 판단하여서는 안 된다.

➡ **[X]** 필수적 공동소송에서는 공동소송인 중 일부가 제기한 상소 또는 공동소송인 중 일부에 대한 상대방의 상소는 다른 공동소송인에게도 효력이 미치는 것이므로 공동소송인 전원에 대한 관계에서 판결의 확정이 차단되고 소송은 전체로서 상소심에 이심되며, 상소심판결의 효력은 상소를 하지 아니한 공동소송인에게 미치므로 상소심으로서는 공동소송인 전원에 대하여 심리·판단하여야 한다(대판 1991.12.27. 91다23486).

문 11　　　　정답 ③

소제기의 효과에 관한 설명 중 가장 옳지 않은 것은? (다툼이 있는 경우 판례에 의함)

① 채무자가 제3채무자를 상대로 제기한 금전채권의 이행소송이 압류 및 추심명령에 따른 당사자적격의 상실로 각하되었으나 이행소송 계속 중 피압류채권에 대하여 당사자적격을 취득한

추심채권자가 각하판결이 확정된 날로부터 6개월 내에 제3채무자를 상대로 추심의 소를 제기한 경우, 채무자의 재판상 청구에 따른 시효중단의 효력이 추심채권자의 추심소송에서 그대로 유지된다.

➡ [O] 채무자가 제3채무자를 상대로 금전채권의 이행을 구하는 소를 제기한 후 채권자가 위 금전채권에 대하여 압류 및 추심명령을 받으면 채무자와 제3채무자 간의 소송은 당사자적격을 상실하여 각하되지만, 이 경우 채무자가 권리주체의 지위에서 한 시효중단의 효력은 추심권능을 부여받아 채권을 추심하는 추심채권자에게도 미치며, 추심채권자가 채무자와 제3채무자 간의 소송이 각하되어 확정된 날로부터 6개월 내에 추심의 소를 제기하였다면 시효중단의 효력이 유지된다(대판 2019.7.25. 2019다212945).

② 소송목적인 권리를 양도한 원고는 법원이 소송인수결정을 한 후 피고의 승낙을 받아 소송에서 탈퇴할 수 있는데, 그 후 인수참가인의 소송목적 양수 효력이 부정되어 인수참가인에 대한 청구기각 또는 소각하 판결이 확정되면, 그날부터 6개월 내에 탈퇴한 원고가 다시 탈퇴 전과 같은 재판상의 청구 등을 한 때에는, 탈퇴 전에 원고가 제기한 재판상의 청구로 인하여 발생한 시효중단의 효력은 그대로 유지된다.

➡ [O] 소송목적인 권리를 양도한 원고는 법원이 소송인수결정을 한 후 피고의 승낙을 받아 소송에서 탈퇴할 수 있고(제82조 제3항, 제80조), 그 후 법원이 인수참가인의 청구의 당부에 관하여 심리한 결과 인수참가인의 청구를 기각하거나 소를 각하하는 판결을 선고하여 판결이 확정된 경우에는 원고가 제기한 최초의 재판상 청구로 인한 시효중단의 효력은 소멸한다. 다만, 소송탈퇴는 소취하와는 성질이 다르며, 탈퇴 후 잔존하는 소송에서 내린 판결은 탈퇴자에 대하여도 효력이 미친다(제82조 제3항, 제80조 단서). 이에 비추어 보면 인수참가인의 소송목적 양수 효력이 부정되어 인수참가인에 대한 청구기각 또는 소각하 판결이 확정된 날부터 6개월 내에 탈퇴한 원고가 다시 탈퇴 전과 같은 재판상의 청구 등을 한 때에는, 탈퇴 전에 원고가 제기한 재판상의 청구로 인하여 발생한 시효중단의 효력은 그대로 유지된다(대판 2017.7.18. 2016다35789).

❸ 금전채무에 관하여 채무자가 채권자를 상대로 채무부존재확인소송을 제기하였으나 사실심의 심리 결과 채무의 존재가 일부 인정되어 이에 대한 확인판결을 선고하였다면 지연손해금 산정에 대하여 소송촉진법 제3조의 법정이율을 적용할 수 있다.

➡ [X] 소송촉진 등에 관한 특례법(이하 '소송촉진법'이라 한다) 제3조는 금전채권자의 소제기 후에도 상당한 이유 없이 채무를 이행하지 아니하는 채무자에게 지연이자에 관하여 불이익을 가함으로써 채무불이행 상태의 유지 및 소송의 불필요한 지연을 막고자 하는 것을 그 중요한 취지로 한다. 또한 소송촉진법 제3조의 문언상으로도 '금전채무의 전부 또는 일부의 이행을 명하는 판결을 선고할 경우'에 금전채무 불이행으로 인한 손해배상액 산정의 기준이 되는 법정이율에 관하여 정하고 있다(또한 같은 조 제2항도 '채무자에게 그 이행의무가 있음을 선언하는 사실심 판결이 선고'되는 것을 전제로 하여 규정한다). 따라서 금전채무에 관하여 채무자가 채권자를 상대로 채무부존재확인소송을 제기하였을 뿐 이에 대한 채권자의 이행소송이 없는 경우에는, 사실심의 심리 결과 채무의 존재가 일부 인정되어 이에 대한 확인판결을 선고하더라도 이는 금전채무의 전부 또는 일부의 이행을 명하는 판결을 선고한 것은 아니므로, 이 경우 지연손해금 산정에 대하여 소송촉진법 제3조의 법정이율을 적용할 수 없다(대판 2021. 6.3. 2018다276768).

④ 물상보증인이 제기한 저당권설정등기 말소청구소송에서 채권

자가 청구기각을 구하면서 피담보채권의 존재를 적극 주장하더라도 그 피담보채권에 관하여 소멸시효 중단의 효력이 생기지 않는다.

➡ [O] '물상보증인'이 그 피담보채무의 부존재 또는 소멸을 이유로 제기한 저당권설정등기 말소등기절차이행청구소송에서 채권자 겸 저당권자가 청구기각의 판결을 구하고 피담보채권의 존재를 주장하면서 응소하였더라도, 이로써 직접 채무자에 대하여 재판상 청구를 한 것으로 볼 수 없으므로, 피담보채권에 관해 소멸시효 중단사유인 재판상 청구에 해당하지 않는다(대판 2004.1.16. 2003다30890).

문 12
정답 ①

처분권주의에 관한 다음 설명 중 가장 옳지 않은 것은?

❶ 대지임대차 종료시 대지임대인이 그 임차인에 대하여 건물철거 및 그 대지의 인도를 청구한 데 대하여 임차인이 적법하게 건물매수청구권을 행사한 경우, 대지임대인의 건물철거와 그 대지인도 청구에는 건물매수대금 지급과 동시에 건물명도를 구하는 청구가 포함되어 있다고 볼 수 있다.

➡ [X] 피담보채무가 발생하지 아니한 것을 전제로 한 근저당권설정등기의 말소등기절차이행청구 중에 피담보채무의 변제를 조건으로 장래의 이행을 청구하는 취지가 포함된 것으로는 보여지지 않는다(대판 1991.4.23. 91다6009).

② 부동산을 단독으로 상속하기로 분할협의하였다는 이유로 그 부동산 전부가 자기 소유임의 확인을 구하는 청구에는 그와 같은 사실이 인정되지 아니하는 경우 자신의 상속받은 지분에 대한 소유권의 확인을 구하는 취지가 포함되어 있다고 보아야 한다.

➡ [O] 판례는 건물철거 및 토지인도청구 속에 건물의 매수대금지급과 상환으로 건물의 명도를 구하는 청구가 포함되어 있다고 볼 수 없으므로, 원고의 건물매수대금지급과 상환으로 피고에게 건물명도를 명하는 판결은 허용될 수 없다는 입장이다. 다만, 법원으로서는 임대인이 종전의 청구를 계속 유지할 것인지 아니면 대금지급과 상환으로 지상물의 명도를 청구할 의사가 있는 것인지를 석명하고 임대인이 그 석명에 응하여 소를 변경한 때에는 지상물명도의 판결을 함으로써 분쟁의 1회적 해결을 꾀하여야 한다는 입장이다(대판 (全) 1995. 7.11. 94다34265).

③ 채무불이행으로 인한 손해배상 예정액의 청구와 채무불이행으로 인한 손해배상액의 청구는 그 청구원인을 달리하는 별개의 청구이므로 손해배상 예정액의 청구 가운데 채무불이행으로 인한 손해배상액의 청구가 포함되어 있다고 볼 수 없다.

➡ [O] 채무불이행으로 인한 손해배상 예정액의 청구와 채무불이행으로 인한 손해배상액의 청구는 그 청구원인을 달리 하는 별개의 청구이므로 손해배상 예정액의 청구 가운데 채무불이행으로 인한 손해배상액의 청구가 포함되어 있다고 볼 수 없고, 채무불이행으로 인한 손해배상액의 청구에 있어서 손해의 발생 사실과 그 손해를 금전적으로 평가한 배상액에 관하여는 손해배상을 구하는 채권자가 주장·입증하여야 하는 것이므로, 채권자가 손해배상책임의 발생원인 사실에 관하여는 주장·입증을 하였더라도 손해의 발생 사실에 관한 주장·입증을 하지 아니하였다면 변론주의의 원칙상 법원은 당사자가 주장하지 아니한 손해의 발생 사실을 기초로 하여 손해액을 산정할 수 없다(대판 2000.2.11. 99다49644).

④ 상속채권자가 상속인을 상대로 상속채무의 이행을 청구하였는데, 상속인의 한정승인의 항변이 이유가 있으면 상속채무 전부를 이행할 것을 명해야 한다.

➡ **[O]** 상속의 한정승인은 채무의 존재를 한정하는 것이 아니라 단순히 그 책임의 범위를 한정하는 것에 불과하기 때문에, 상속의 한정승인이 인정되는 경우에도 상속채무가 존재하는 것으로 인정되는 이상, 법원으로서는 상속재산이 없거나 그 상속재산이 상속채무의 변제에 부족하다고 하더라도 상속채무 전부에 대한 이행판결을 선고하여야 한다(대판 2003.11.14. 2003다30968).

문 13
정답 ②

다음은 석명권에 관한 설명이다. 이 중 옳지 않은 것은? (다툼이 있는 경우에는 판례에 의함)

① 당사자가 부주의 또는 오해로 인하여 청구취지가 특정되지 아니한 것을 명백히 간과한 채 본안에 관하여 공방을 하고 있는데도 보정의 기회를 부여하지 아니한 채 당사자가 전혀 예상하지 못하였던 청구취지 불특정을 이유로 소를 각하하는 것은 석명의무를 다하지 아니하여 심리를 제대로 하지 아니한 것으로서 위법하다.

➡ **[O]** 민사소송에서 청구의 취지는 내용 및 범위를 명확히 알아볼 수 있도록 구체적으로 특정되어야 하고 청구취지의 특정 여부는 직권조사사항이므로, 청구취지가 특정되지 않은 경우에는 법원은 직권으로 보정을 명하고 보정명령에 응하지 않을 때에는 소를 각하하여야 한다. 이 경우 당사자가 <u>부주의 또는 오해로 인하여 청구취지가 특정되지 아니한 것을 명백히 간과한 채 본안에 관하여 공방을 하고 있는데도 보정의 기회를 부여하지 아니한 채 당사자가 전혀 예상하지 못하였던 청구취지 불특정을 이유로 소를 각하하는 것은 석명의무를 다하지 아니하여 심리를 제대로 하지 아니한 것으로서 위법하다</u>(대판 2014.3.13. 2011다111459).

❷ 원고가 피고에 대하여 부당이득금반환을 구한다는 청구를 하다가, 제3자로부터 그 부당이득반환채권을 양수하였으므로 그 양수금의 지급을 구한다고 주장하여 청구원인을 변경하는 경우라도 법원에게 청구의 교환적 변경인지 추가적 변경인지를 석명으로 밝혀볼 의무는 없다.

➡ **[X]** 소의 변경이 교환적인가 또는 추가적인가의 여부는 기본적으로 당사자의 의사해석에 의할 것이므로 당사자가 구청구를 취하한다는 명백한 의사표시 없이 새로운 청구원인을 주장하는 등으로 그 변경형태가 불명할 경우에는 사실심법원으로서는 과연 청구변경의 취지가 무엇인가 즉, <u>교환적인가 또는 추가적인가의 점에 대하여 석명으로 이를 밝혀 볼 의무가 있다</u>(대판 1995.5.12. 94다6802).

③ 사해행위 취소소송에서 그 소의 제척기간의 도과 여부가 당사자 사이에 쟁점이 된 바가 없음에도 당사자에게 의견진술의 기회를 부여하거나 석명권을 행사함이 없이 제척기간의 도과를 이유로 사해행위 취소의 소를 각하한 것은 석명의무를 다하지 아니하여 심리를 제대로 하지 아니한 것이다.

➡ **[O]** 당사자가 부주의 또는 오해로 인하여 증명하지 아니한 것이 분명하거나 쟁점으로 될 사항에 관하여 당사자 사이에 명시적인 다툼이 없는 경우에는 법원은 석명을 구하고 증명을 촉구하여야 하고, 만일 당사자가 전혀 의식하지 못하거나 예상하지 못하였던 법률적 관점을 이유로 법원이 청구의 당부를 판단하려는 경우에는 그 법률적 관점에 대하여 당사자에게 의견진술의 기회를 주어야 하며, 그와 같이 하지 않고 예상외의 재판으로 당사자 일방에게 불의의 타격을 가하는 것은 석명의무를 다하지 아니하여 심리를 제대로 하지 아니한 위법을 범한 것이 되므로, 사해행위 취소소송에서 그 소의 제척기간의 도과 여부가 당사자 사이에 쟁점이 된 바가 없음에도 당사자에게 의견진술의 기회를 부여하거나 석명권을 행사함이 없이 제척기간의 도과를 이유로 사해행위 취소의 소를 각하한 것은 법원의 석명의무를 위반한 것이다(대판 2006.1.26. 2005다37185).

④ 원고가 소유권에 기한 목적물 반환청구만을 하고 있음이 명백한 경우, 법원이 원고에게 점유권에 기한 반환청구도 구하고 있는지 여부를 석명할 의무가 있는 것은 아니다.

➡ **[O]** 판례는 "소유권에 기하여 미등기 무허가건물의 반환을 구하는 청구취지 속에는 점유권에 기한 반환청구권을 행사한다는 취지가 당연히 포함되어 있다고 볼 수는 없고, 소유권에 기한 반환청구만을 하고 있음이 명백한 이상 법원에 점유권에 기한 반환청구도 구하는지의 여부를 석명할 의무가 있는 것은 아니다."(대판 1996.6.14. 94다53006)라고 판시한 바 있다.

문 14
정답 ②

소송행위에 관한 다음 설명 중 옳지 않은 것은? (다툼이 있는 경우 판례에 의함)

① 공정증서가 채무명의로서 집행력을 가질 수 있도록 하는 집행인낙표시는 공증인에 대한 소송행위로서 이러한 소송행위에는 민법상의 표현대리규정이 적용 또는 준용될 수 없다.

➡ **[O]** 판례는 집행증서를 작성할 때에 강제집행인낙의 의사표시는 공증인에 대한 소송행위이고 이러한 소송행위에는 민법상의 표현대리규정은 적용 또는 유추적용될 수 없다고 한다(대판 2006.3.24. 2006다2803).

❷ 종중을 대표할 권한이 없는 자가 한 소송행위를 추인하면 그 때부터 유효하게 되며, 그 경우 제3자에 대하여도 추인의 효력이 미친다.

➡ **[X]** 적법한 대표자자격이 없는 비법인사단의 대표자가 한 소송행위는 후에 대표자자격을 적법하게 취득한 대표자가 그 소송행위를 추인하면 행위시에 소급하여 효력을 갖게 되고, 이러한 추인은 상고심에서도 할 수 있다(대판 1997.3.14. 96다25227).

③ 재판상 화해에서 제3자의 이의가 있을 때에 화해의 효력을 실효시키기로 하는 약정이 가능하고 그 실효조건의 성취로 화해의 효력은 당연히 소멸된다.

➡ **[O]** 판례는 재판상 화해가 실효조건의 성취로 실효되거나 준재심에 의하여 취소된 경우에는 화해가 없었던 상태로 돌아가므로 화해 성립 전의 법률관계를 다시 주장할 수 있다고 한다(대판 1996.11.15. 94다35343).

④ 대표자나 대리인이 상대방과 통모하여 형사상 처벌을 받을 배임행위 등에 의하여 지급명령에 대한 이의신청을 취하한 경우에 그 취하의 효력이 부정되려면 그 형사상 처벌받을 행위에 대하여 유죄의 판결이나 과태료부과의 재판이 확정된 때 또는 증거부족 외의 이유로 유죄의 확정판결이나 과태료부과의 확정재판을 할 수 없는 때라야 한다.

➡ **[O]** 지급명령에 대한 이의신청의 취하는 채무자가 제기한 이의신청

을 철회하여 지급명령에 확정판결과 같은 효력을 부여하는 채무자의 법원에 대한 소송행위로서 소송행위의 특질상 소송절차의 명확성과 안정성을 기하기 위한 표시주의가 관철되어야 하므로 민법의 법률행위에 관한 규정은 원칙적으로 적용되지 않는다. 다만, 대표자나 대리인이 상대방과 통모하여 형사상 처벌을 받을 배임행위 등에 의하여 지급명령에 대한 이의신청을 취하한 때에는 민사소송법 제451조 제1항 제5호의 규정을 유추적용하여 그 효력이 부정될 수 있는 경우가 있을 것이나, 같은 조 제2항에 따라 그 형사상 처벌받을 행위에 대하여 유죄의 판결이나 과태료부과의 재판이 확정된 때 또는 증거부족 외의 이유로 유죄의 확정판결이나 과태료부과의 확정재판을 할 수 없는 때라야 할 것이다(대결 2012.11.21. 2011마1980).

문 15
정답 ④

기일해태에 관한 설명 중 가장 옳은 것은?

① 변론기일 내지 변론준비기일에 불출석한 당사자가 제출한 준비서면에 서증의 사본이 첨부되어 있고 그 준비서면이 진술간주되었다면 서증의 제출이 있는 것으로 간주된다.

➡ **[X]** 서증의 신청은 법원 밖에서 증거조사를 하는 경우(제297조, 규칙 제112조)를 제외하고는 당사자가 변론(준비)기일에 출석하여 현실적으로 제출하는 방법으로 하여야 한다. 서증이 첨부된 소장 또는 준비서면 등이 진술되는 경우에도 마찬가지이다(대판 1991.11.8. 91다15775).

② 일단 제1심에서 자백간주가 성립하여 그 사실인정에 기초하여 제1심판결이 선고된 경우에는 항소심에서 이를 다투었다 하더라도 자백간주의 효력은 그대로 유지된다.

➡ **[X]** 일단 제1심에서 자백간주가 있었다고 하더라도 당해 심급에서는 물론 항소심에서 변론종결시까지 이를 다투었다면 자백간주를 할 수 없다(대판 1987.12.8. 87다368).

③ 원고가 채권자대위권에 기해 청구를 하다가 당해 피대위채권 자체를 양수하여 양수금청구로 소를 변경한 경우, 양쪽 당사자가 변경 전에 1회, 변경 후에 불출석한 경우에는 2회 기일해태의 효과가 발생한다.

➡ **[X]** 같은 소가 유지되는 상태에서 2회 내지 3회 불출석하여야 하며, 만일 중간에 소의 교환적 변경이 있고 그 전후에 걸쳐 한 차례씩 불출석한 경우에는 2회 불출석에 해당하지 않는다. 왜냐하면 교환적 변경에 의하여 구 청구는 이미 취하되었기 때문이다.

❹ 양쪽 당사자가 2회 불출석한 후 1월 내에 기일지정신청을 하지 않으면 소를 취하한 것으로 보는데, 이때의 1월은 양쪽 당사자가 불출석한 변론기일 다음 날부터 기산된다.

➡ **[O]** 양쪽 당사자가 2회 불출석한 후 1월 내에 기일지정신청을 하지 아니하거나 그 기일지정신청에 의하여 정한 변론기일이나 또는 그 뒤의 변론기일에 다시 양쪽 당사자가 불출석하면 소를 취하한 것으로 본다(제268조 제2항·제3항). 이때의 1개월은 양쪽 당사자가 불출석한 변론기일 다음 날부터 기산된다고 할 것이고(민법 제157조), 기일지정 신청인이 그 사실을 안 때부터 그 기간을 기산할 수 없으며(대판 1992.4.14. 92다3441), 이 기간은 불변기간이 아니므로 기일지정신청의 추후보완은 허용될 수 없다(대판 1992.4.21. 92마175). 또한 법원은 그 기간을 연장할 수 없다.

문 16
정답 ③

송달에 관한 다음 설명 중 가장 옳지 않은 것은?

① 동일한 수령대행인이 이해가 대립하는 소송당사자 쌍방을 대신하여 소송서류를 동시에 수령하는 경우 '소송당사자의 허락이 있다는 등의 특별한 사정이 없는 한' 그러한 보충송달은 무효이다.

➡ **[O]** 보충송달제도는 본인 아닌 그의 사무원, 피용자 또는 동거인, 즉 수령대행인이 소송서류를 수령하여도 그의 지능과 객관적인 지위, 본인과의 관계 등에 비추어 사회통념상 본인에게 소송서류를 전달할 것이라는 합리적인 기대를 전제로 한다. 동일한 수령대행인이 이해가 대립하는 소송당사자 쌍방을 대신하여 소송서류를 동시에 수령하는 경우가 있을 수 있다. 이런 경우 수령대행인이 원고나 피고 중 한 명과도 이해관계의 상충 없이 중립적인 지위에 있기는 쉽지 않으므로 소송당사자 쌍방 모두에게 소송서류가 제대로 전달될 것이라고 합리적으로 기대하기 어렵다. 또한 이익충돌의 위험을 회피하여 본인의 이익을 보호하려는 데 취지가 있는 민법 제124조 본문에서의 쌍방대리금지원칙에도 반한다. 따라서 소송당사자의 허락이 있다는 등의 특별한 사정이 없는 한, 동일한 수령대행인이 소송당사자 쌍방의 소송서류를 동시에 송달받을 수 없고, 그러한 보충송달은 무효라고 봄이 타당하다(대판 2021.3.11. 2020므11658).

② 상소 제기기간 계산의 기산점이 되는 판결정본의 송달의 흠은 이에 대한 이의권의 포기나 상실로 인하여 치유될 수 없다.

➡ **[O]** 불변기간인 항소기간 계산의 기산점이 되는 판결정본의 송달의 흠은 치유될 수 없으므로, 판결정본의 송달에 흠이 있는 경우에는 반드시 재송달을 실시하여야 한다.

❸ 송달받을 사람의 주소·거소·영업소·사무소 또는 근무장소가 알려져 있는 경우, 이러한 송달장소가 아닌 곳에서 송달받을 사람을 만났을 때 그 장소에서 조우송달을 실시할 수 있으며, 만일 그가 송달받기를 거부하는 경우에는 유치송달을 할 수 있다.

➡ **[X]** 송달받을 사람의 주소·거소·영업소·사무소 또는 근무장소가 알려져 있는 경우에는, 그러한 송달장소가 아닌 곳에서 송달받을 사람을 만났을 때 그가 송달받기를 거부하지 아니하면 그 장소에서 조우송달을 실시할 수 있다(제183조 제4항). 예를 들면 송달받을 사람이 당해 사건 이외의 일로 법원에 출석한 기회에 법원사무관등이 송달서류를 교부하고 영수증을 받거나, 우체국 직원이 수취인부재로 반송되어 있는 송달서류를 우체국창구로 찾아온 송달받을 사람에게 교부하는 경우(이른바 창구송달)가 이에 해당한다. 다만 이러한 조우송달은 반드시 송달받을 사람 본인(또는 경우에 따라 변호사사무원 등 그 사자)에게 교부해야지 그 밖의 동거인 등 수령대행인에게는 실시할 수 없음을 주의하여야 한다. 나아가 위와 같은 조우송달은 송달받을 사람 본인이 임의로 수령하는 경우에만 가능하고, 만일 그가 송달받기를 거부하는 경우에는 조우송달은 물론 유치송달도 허용될 수 없다(제183조 제4항, 제186조 제3항).

④ 동일한 주택의 일부를 임차한 임차인 상호간 또는 집주인과 하숙생 사이에서는, 인장을 교부하거나 우편물 수령의 위임을 받는 등 특별한 경우가 아니라면 동거인으로서 보충송달을 할 수 없다.

➡ **[O]** 송달받을 사람과 같은 건물 내에 거주하더라도 세대를 달리하는 건물주와 임차인 사이(대결 1983.12.30. 83모53), 임차인 및 그 피용자 등(대판 1981.4.14. 80다1662), 세대를 달리하는 반대 당사자의 아들(대판 1982.9.14. 81다카864), 동일한 주택의 일부를 임차

한 임차인 상호간, 동일한 아파트의 세대가 다른 거주자 상호간 또는 집주인과 하숙생 사이에서는, 인장을 교부하거나 우편물 수령의 위임을 받는 등 특별한 경우가 아니라면 동거인으로서 보충송달을 할 수 없다. 나아가 부부는 서로 위 동거인에 해당되지만, 그 일방이 이혼소송을 제기한 경우에는 비록 같은 건물 내에 거주하고 있더라도 보충송달을 받을 동거인으로 볼 수는 없다.

문 17
정답 ④

甲은 乙을 상대로 불법행위에 기한 손해배상청구의 소를 제기하였다. 이에 관한 설명 중 가장 옳지 않은 것은? (다툼이 있는 경우 판례에 의함)

① 乙이 소제기 전에 이미 사망하였음에도 법원이 이를 간과하고 본안판결을 선고하였다면 이 판결은 당연무효이다.

➡ **[O]** 사망자를 피고로 하는 소제기는 원고와 피고의 대립당사자 구조를 요구하는 민사소송법상의 기본원칙이 무시된 부적법한 것으로서 실질적 소송관계가 이루어질 수 없으므로, 그와 같은 상태에서 제1심판결이 선고되었다 할지라도 판결은 당연무효이며, 이는 소제기 후 소장부본이 송달되기 전에 피고가 사망한 경우에도 마찬가지로 적용된다(대판 2015.1.29, 2014다34041).

② 乙이 소송계속 후 변론종결 전에 사망하여 소송절차 중단사유가 발생하였음에도 이를 간과하고 선고한 판결은 당연무효는 아니다.

➡ **[O]** 변론종결 후에 당사자가 죽은 때에는 수계절차를 밟을 필요가 없으며 판결선고에 지장이 없다(대판 1989.9.26, 87므13). 이때에는 사망자 명의로 된 판결이라도 무효도 위법도 아니고 상속인이 변론종결한 뒤의 승계인으로 되어 기판력이 미친다. 따라서 그 상속인에 대하여는 승계집행문을 받아 집행할 수 있다.

③ 乙이 소송계속 중 사망하더라도 乙을 위한 소송대리인 丙이 있다면 소송절차는 중단되지 않으며 상속인이 수계절차를 밟지 않더라도 丙은 상속인의 소송대리인이 된다.

➡ **[O]** 망인의 소송대리인은 당사자 지위의 당연승계로 인하여 상속인에게서 새로이 수권을 받을 필요 없이 법률상 당연히 상속인의 소송대리인으로 취급되어 상속인 모두를 위하여 소송수행을 하게 되는 것이고, 당사자의 표시를 정정하지 않은 채 망인으로 표시하여도 판결의 효력은 정당한 상속인들 전원에게 미친다(대결 1992.11.5. 91마342).

④ 甲이 소송대리인 丙에게 소송위임을 한 다음 소제기 전 사망하였음에도 丙이 이를 모르고 甲을 원고로 표시하여 소를 제기한 경우, 이 소는 부적법하므로 각하되어야 한다.

➡ **[X]** 당사자가 소송대리인에게 소송위임을 한 다음 소제기 전에 사망하였는데 소송대리인이 당사자가 사망한 것을 모르고 당사자를 원고로 표시하여 소를 제기하였다면 소의 제기는 적법하고, 시효 중단 등 소제기의 효력은 상속인들에게 귀속된다. 이 경우 민사소송법 제233조 제1항이 유추적용되어 사망한 사람의 상속인들은 소송절차를 수계하여야 한다. 소송대리인은 상속인들 전원을 위하여 소송을 수행하게 되며, 판결은 상속인들 전원에 대하여 효력이 있다(대판 2016. 4.29. 2014다210449).

문 18
정답 ④

증인신문에 관한 다음 설명 중 가장 옳은 것은?

① 증언거부나 선서거부에 정당한 이유가 없다고 한 재판이 확정된 뒤에 증인이 증언이나 선서를 거부한 때에는 소송비용부담, 과태료처분, 감치처분을 받을 수 있다.

➡ **[X]** 증언거부나 선서거부에 정당한 이유가 없다고 한 재판이 확정된 뒤에 증인이 증언이나 선서를 거부한 때에는 소송비용부담과 과태료처분을 받을 수 있다(제317조 제2항, 제326조). 출석의무 불이행의 경우와 달리 감치는 안 된다.

② 증인의 신문은 증인신문신청을 한 당사자의 신문(주신문), 상대방의 신문(반대신문), 증인신문신청을 한 당사자의 재신문(재주신문)의 순서로 하고, 그 신문이 끝난 후에도 당사자는 재판장의 허가를 받지 않더라도 다시 신문을 할 수 있다.

➡ **[X]** 증인신문은 원칙적으로, 증인신문의 신청을 한 당사자의 신문(주신문) → 상대방의 신문(반대신문) → 증인신문신청을 한 당사자의 재신문(재주신문)의 순으로 진행되고, 그 이후의 신문(재반대신문, 재재주신문 등)은 재판장의 허가를 얻은 경우에 한하여 허용되며, 재판장은 당사자에 의한 신문이 끝난 다음에 신문하는 보충신문이다(제327조 1항·2항, 규칙 제89조).

③ 만 17세의 학생을 증인으로 신문할 때에는 선서를 시키지 못한다.

➡ **[X]** 16세 미만이거나 선서의 취지를 이해하지 못하는 증인은 선서 무능력자이므로 선서를 시키지 못한다(제322조).

④ 선서한 당사자가 거짓진술을 한 때에는 법원은 500만 원 이하의 과태료 결정을 할 수는 있으나, 당사자본인이 출석하지 아니하거나 선서 또는 진술을 거부하는 데 대하여 구인하거나 과태료를 부과할 수는 없다.

➡ **[O]** 당사자 본인이 출석하지 아니하거나 선서 또는 진술을 거부하는 데 대하여 구인하거나 과태료를 부과하는 등의 제재를 가할 수 없으며, 다만 선서한 당사자가 거짓진술을 한 경우에 법원은 결정으로 500만 원 이하의 과태료에 처한다(제370조).

문 19
정답 ④

문서제출명령에 관한 다음 설명 중 가장 잘못된 것은?

① 문서제출명령을 하려면 문서의 존재와 소지가 증명되어야 하는데, 그 증명책임은 원칙적으로 신청인에게 있다.

➡ **[O]** 문서제출신청이 있으면 법원은 그 문서의 소지 여부 및 문서제출의무의 존부를 심리하여야 한다. 문서제출명령을 하려면 문서의 존재와 소지가 증명되어야 하는데, 그 증명책임은 원칙적으로 신청인에게 있다(대판 1995.5.3. 95마415).

② 제3자가 소지하고 있는 문서에 대하여는 채부의 결정을 하기 전에 반드시 심문하여야 한다.

➡ **[O]** 제3자가 소지하고 있는 문서에 대하여는 그로부터 제출의무에 대한 의견을 들을 기회가 없기 때문에 그 제3자 또는 그가 지정하는 자를 반드시 심문하여야 한다(제347조 제1항·제3항).

③ 문서제출명령에 대해서는 독립하여 즉시항고를 할 수 있다.

➡ **[O]** 문서제출의 신청에 관한 결정에 대하여는 즉시항고를 할 수 있다(제348조).

2022 해커스법원직 신정운 S 민사소송법 실전동형모의고사

❹ 문서제출명령에 의하여 법원에 제출된 문서는 당연히 서증으로 제출된 것으로 취급된다.

➡ [X] 당사자의 문서제출신청에 의한 문서제출명령에 의하여 법원에 제출된 문서를 변론(준비)기일에 서증으로 제출할 것인지 여부는 당사자가 임의로 결정할 수 있다.

문 20 정답 ③

사실조회(조사의 촉탁)에 관한 다음 설명 중 가장 옳지 않은 것은? (다툼이 있는 경우 판례에 의함)

① 전문적이고 특수한 분야에 관한 지식이나 정보를 갖고 있는 개인에게도 사실조회를 할 수 있다.

➡ [O] 현행 민사소송법은 전문적이고 특수한 분야에 관한 지식이나 정보를 갖고 있는 개인에게도 사실조회를 할 수 있도록 하였다.

② 회보가 도착한 때에는 즉시 양쪽 당사자에게 전화·팩스 등 간이한 방법으로 그 사실을 고지하고, 변론기일에서 당사자에게 의견 진술의 기회를 주는 절차를 거쳐야 한다.

➡ [O] 회보가 도착한 때에는 즉시 양쪽 당사자에게 전화·팩스 등 간이한 방법으로 그 사실을 고지하고, 변론(준비)기일에서 당사자에게 의견 진술의 기회를 주는 절차를 거쳐야 하는데(대판 1982.8.24. 81누270), 유리한 당사자가 이를 원용하는 경우가 많다.

❸ 사실조회회보에 관하여 이를 따로 서증으로 제출시킬 필요는 없으나, 회보처에서 참고서류 사본 등을 함께 보낸 경우에는 그 참고서류를 서증으로 제출시킬 필요가 있다.

➡ [X] 회보에 관하여는 이를 따로 서증으로 제출시킬 필요는 없다. 회보처에서 참고서류 사본 등을 함께 보낸 경우에도 이를 포함한 전체를 사실조회결과로 처리하면 되며 그 참고서류를 따로 서증으로 할 필요는 없는데, 이 점에 있어서 문서송부촉탁의 경우와 다르다.

④ 금융거래정보나 과세정보에 대한 사실조회는 제출명령양식을 사용하여야 한다.

➡ [O] 금융거래정보나 과세정보에 대한 사실조회는 산업통상자원부장관 등이 정한 제출명령양식을 사용하여야 하고 그렇지 않으면 조회가 거부될 수 있다.

문 21 정답 ②

청구의 포기·인낙에 관한 다음 설명 중 가장 옳지 않은 것은?

① 불출석한 당사자가 진술간주되는 준비서면에 청구의 포기 또는 인낙의 의사표시를 적었고 공증사무소의 인증을 받은 경우에는 청구의 포기 또는 인낙이 성립된 것으로 본다.

➡ [O] 피고가 진술한 것으로 보는 답변서, 그 밖의 준비서면에 청구의 포기 또는 인낙의 의사표시가 적혀 있고 공증사무소의 인증을 받은 때에는 그 취지에 따라 청구의 포기 또는 인낙이 성립된 것으로 본다(제148조 제2항).

❷ 청구인낙의 취지가 변론조서만에 기재되어 있고 따로 인낙조서의 작성이 없다면 청구인낙으로서의 효력이 발생하지 않는다.

➡ [X] 피고가 원고의 청구를 인낙하여 그 취지가 변론조서에 기재되어

있으면 따로 인낙조서의 작성이 없어도 확정판결과 동일한 효력이 있는 동시에 그것으로써 소송은 종료되는 것이다(대판 1969.10.7. 69다1027).

③ 청구의 포기 또는 인낙에 대하여는 준재심의 소에 의하여 다툴 수 있다.

➡ [O] 조서 작성 후에는 그 하자는 기판력 있는 확정판결의 하자를 다투는 방법과 마찬가지로 준재심의 소에 의하여 다투어야 한다.

④ 소송절차 내에서 비법인사단이 당사자로서 청구의 포기·인낙 또는 화해를 하여 이를 변론조서나 변론준비기일조서에 적은 경우에 그 비법인사단의 대표자가 그러한 청구의 포기·인낙 또는 화해를 하는 데에 필요한 권한의 수여에 흠이 있는 때에는 비법인사단은 위 변론조서나 변론준비기일조서에 대하여 준재심의 소를 제기할 수 있다.

➡ [O] 소송절차 내에서 법인 또는 법인이 아닌 사단(이하 '법인 등'이라고 한다)이 당사자로서 청구의 포기·인낙 또는 화해를 하여 이를 변론조서나 변론준비기일조서에 적은 경우에, 법인 등의 대표자가 청구의 포기·인낙 또는 화해를 하는 데에 필요한 권한의 수여에 흠이 있는 때에는 법인 등은 변론조서나 변론준비기일조서에 대하여 준재심의 소를 제기할 수 있고, 준재심의 소는 법인 등이 청구를 포기·인낙 또는 화해를 한 뒤 준재심의 사유를 안 날부터 30일 이내에 제기하여야 한다(대판 2016.10.13. 2014다12348).

문 22 정답 ①

외국판결의 승인에 관한 설명 중 가장 옳은 것은? (다툼이 있는 경우 판례에 의함)

❶ 외국재판 과정에서 패소한 피고의 남편에게 소송서류가 보충송달된 경우 민사소송법 제217조 제1항 제2호에서 규정하고 있는 적법한 송달로 볼 수 있다.

➡ [O] 보충송달은 민사소송법 제217조 제1항 제2호에서 외국법원의 확정재판 등을 승인·집행하기 위한 송달요건에서 제외하고 있는 공시송달과 비슷한 송달에 의한 경우로 볼 수 없고, 외국재판 과정에서 보충송달방식으로 송달이 이루어졌더라도 그 송달이 방어에 필요한 시간 여유를 두고 적법하게 이루어졌다면 위 규정에 따른 적법한 송달로 보아야 한다. 이와 달리 보충송달이 민사소송법 제217조 제1항 제2호에서 요구하는 통상의 송달방법에 의한 송달이 아니라고 본 대법원 1992.7.14. 선고 92다2585 판결, 대법원 2009.1.30. 선고 2008다65815 판결을 비롯하여 그와 같은 취지의 판결들은 이 판결의 견해에 배치되는 범위에서 이를 모두 변경하기로 한다(대판 (全) 2021.12.23. 2017다257746).

② 법원은 손해배상에 관한 확정재판 등이 대한민국의 법률 또는 대한민국이 체결한 국제조약의 기본질서에 현저히 반하는 결과를 초래할 경우에는 해당 확정재판 등의 전부 또는 일부를 승인할 수 없으므로, 외국법원의 확정재판 등이 징벌적 손해배상과 같이 손해전보의 범위를 초과하는 배상액의 지급을 명한 경우는 물론 당사자가 실제로 입은 손해를 전보하는 손해배상을 명한 경우에도 그 손해배상액이 지나치게 큰 경우에는 민사소송법 제217조의2 제1항을 근거로 승인을 제한할 수 있다.

➡ [X] 민사소송법 제217조의2 제1항은 "법원은 손해배상에 관한 확정재판 등이 대한민국의 법률 또는 대한민국이 체결한 국제조약의 기본질서에 현저히 반하는 결과를 초래할 경우에는 해당 확정재판 등

의 전부 또는 일부를 승인할 수 없다."라고 규정하고 있는데, 이는 징벌적 손해배상과 같이 손해전보의 범위를 초과하는 배상액의 지급을 명한 외국법원의 확정재판 등의 승인을 적정범위로 제한하기 위하여 마련된 규정이다. 따라서 외국법원의 확정재판 등이 당사자가 실제로 입은 손해를 전보하는 손해배상을 명하는 경우에는 민사소송법 제217조의2 1항을 근거로 승인을 제한할 수 없다(대판 2016.1.28. 2015다207747).

③ 외국법원의 확정재판 등의 승인이 대한민국의 선량한 풍속이나 그 밖의 사회질서에 어긋나는지는 외국법원의 확정재판 등이 확정된 시점을 기준으로 판단한다.

➡ [X] 민사소송법 제217조 제3호는 외국법원의 확정판결의 효력을 인정하는 것이 대한민국의 선량한 풍속이나 그 밖의 사회질서에 어긋나지 아니하여야 한다는 점을 외국판결 승인요건의 하나로 규정하고 있는데, 여기서 외국판결의 효력을 인정하는 것, 즉 외국판결을 승인한 결과가 대한민국의 선량한 풍속이나 그 밖의 사회질서에 어긋나는지는 그 승인 여부를 판단하는 시점에서 외국판결의 승인이 대한민국의 국내법 질서가 보호하려는 기본적인 도덕적 신념과 사회질서에 미치는 영향을 외국판결이 다룬 사안과 대한민국과의 관련성의 정도에 비추어 판단하여야 하고, 이때 그 외국판결의 주문뿐 아니라 이유 및 외국판결을 승인할 경우 발생할 결과까지 종합하여 검토하여야 한다(대판 2012.5.24. 2009다22549).

④ 외국법원의 확정판결이 승인되려면, 상호보증이 있거나 대한민국과 그 외국법원이 속하는 국가에 있어 확정재판 등의 승인요건이 현저히 균형을 상실하지 아니하고 중요한 점에서 실질적으로 차이가 없어야 하고, 이러한 상호보증을 위해서는 당사국과 조약이 체결되어 있어야 한다.

➡ [X] 민사소송법 제217조 제1항 제4호는 외국법원의 확정재판 등의 승인요건으로 '상호보증이 있거나 대한민국과 그 외국법원이 속하는 국가에 있어 확정재판 등의 승인요건이 현저히 균형을 상실하지 아니하고 중요한 점에서 실질적으로 차이가 없을 것'을 규정하고 있다. 이에 의하면 우리나라와 외국 사이에 동종 판결의 승인요건이 현저히 균형을 상실하지 아니하고 외국에서 정한 요건이 우리나라에서 정한 그것보다 전체로서 과중하지 아니하며 중요한 점에서 실질적으로 거의 차이가 없는 정도라면 민사소송법 제217조 제1항 제4호에서 정하는 상호보증의 요건을 갖춘 것으로 보아야 한다. 이러한 상호보증은 외국의 법령, 판례 및 관례 등에 의하여 승인요건을 비교하여 인정되면 충분하고 반드시 당사국과 조약이 체결되어 있을 필요는 없으며, 해당 외국에서 구체적으로 우리나라와 같은 종류의 판결을 승인한 사례가 없다고 하더라도 실제로 승인할 것이라고 기대할 수 있을 정도이면 충분하다(대판 2017.5.30. 2012다23832).

문 23
정답 ④

甲은 乙로부터 그 소유의 X 토지를 임차한 후 그 토지상에 Y 건물을 신축하였다. 다음 설명 중 옳지 않은 것은? (각 지문은 독립적이고, 다툼이 있는 경우에는 판례에 의함)

① 乙이 甲을 상대로 X 토지의 인도 및 Y 건물의 철거를 청구할 수 있는 경우에, 丙이 Y 건물에 대한 대항력 있는 임차인이라도 乙은 소유권에 기한 방해배제로서 丙에 대하여 Y 건물로부터의 퇴거를 청구할 수 있다.

➡ [O] 건물이 그 존립을 위한 토지사용권을 갖추지 못하여 토지의 소유자가 건물의 소유자에 대하여 당해 건물의 철거 및 그 대지의 인도

를 청구할 수 있는 경우에라도 건물소유자가 아닌 사람이 건물을 점유하고 있다면 토지소유자는 그 건물 점유를 제거하지 아니하는 한 위의 건물 철거 등을 실행할 수 없다. 따라서 그때 토지소유권은 위와 같은 점유에 의하여 그 원만한 실현을 방해당하고 있다고 할 것이므로, 토지소유자는 자신의 소유권에 기한 방해배제로서 건물점유자에 대하여 건물로부터의 퇴출을 청구할 수 있다. 그리고 이는 건물점유자가 건물소유자로부터의 임차인으로서 그 건물임차권이 이른바 대항력을 가진다고 해서 달라지지 아니한다. 건물임차권의 대항력은 기본적으로 건물에 관한 것이고 토지를 목적으로 하는 것이 아니므로 이로써 토지소유권을 제약할 수 없고, 토지에 있는 건물에 대하여 대항력 있는 임차권이 존재한다고 하여도 이를 토지소유자에 대하여 대항할 수 있는 토지사용권이라고 할 수는 없다(대판 2010.8.19. 2010다43801).

② 乙이 甲을 상대로 X 토지의 인도 및 Y 건물의 철거를 청구한 데 대하여 甲이 적법하게 건물매수청구권을 행사한 경우, 법원은 乙이 종전 청구를 유지할 것인지 아니면 대금지급과 상환으로 건물인도를 청구할 의사가 있는지를 석명하여야 한다.

➡ [O] 토지임대인이 그 임차인에 대하여 지상물철거 및 그 부지의 인도를 청구한 데 대하여 임차인이 적법한 지상물매수청구권을 행사하게 되면 임대인과 임차인 사이에는 그 지상물에 관한 매매가 성립하게 되므로 임대인의 청구는 이를 그대로 받아들일 수 없게 된다. 이 경우에 법원으로서는 임대인이 종전의 청구를 계속 유지할 것인지, 아니면 대금지급과 상환으로 지상물의 명도를 청구할 의사가 있는 것인지(예비적으로라도)를 석명하고 임대인이 그 석명에 응하여 소를 변경한 때에는 지상물명도의 판결을 함으로써 분쟁의 1회적 해결을 꾀하여야 한다(대판 (全) 1995.7.11. 94다34265).

③ 乙이 甲을 상대로 X 토지의 인도 및 Y 건물의 철거를 청구한 데 대하여 甲이 건물매수청구권을 제1심에서 행사하였다가 철회한 후에도 항소심에서 다시 행사할 수 있다.

➡ [O] 건물의 소유를 목적으로 한 토지임대차가 종료된 경우에 임차인이 그 지상의 현존하는 건물에 대하여 가지는 매수청구권은 그 행사에 특정의 방식을 요하지 않는 것으로서 재판상으로 뿐만 아니라 재판 외에서도 행사할 수 있는 것이고 그 행사의 시기에 대하여도 제한이 없는 것이므로 임차인이 자신의 건물매수청구권을 제1심에서 행사하였다가 철회한 후 항소심에서 다시 행사하였다고 하여 그 매수청구권의 행사가 허용되지 아니할 이유는 없다(대판 2002.5.31. 2001다42080).

❹ 乙이 甲을 상대로 먼저 X 토지의 인도를 구하는 소를 제기하여 승소판결이 확정되었다. 이후 다시 乙이 甲을 상대로 Y 건물의 철거를 구하는 소를 제기하였는데, 이때 甲이 'Y 건물의 소유를 위하여 X 토지를 임차하였으므로 Y 건물에 관하여 건물매수청구권을 행사한다'고 주장하는 경우, 甲 주장의 임차권은 위 토지인도청구소송의 변론종결일 전부터 존재하던 사유로서 위 확정판결의 기판력에 저촉되는 것이다.

➡ [X] 판례는 '토지인도청구소송의 승소판결이 확정된 후 그 지상건물에 관한 철거청구소송이 제기된 경우 후소에서 전소의 변론종결일 전부터 존재하던 건물소유 목적의 토지임차권에 기하여 건물매수청구권을 행사하는 것이 전소 확정판결의 기판력에 저촉되는 것인지 여부'에 관하여 '전소확정판결의 기판력은 전소에서의 소송물인 토지인도청구권의 존부에 대한 판단에 대하여만 발생하는 것이고 토지의 임차권의 존부에 대하여까지 미친다고 할 수는 없으므로'(대판 1994.9.23. 93다37267) 전소확정판결의 기판력에 저촉되지 않는다고 보았다.

▶ 따라서 Y 건물의 철거를 구하는 소에서의 甲의 주장은 기판력에 저촉되지 않는다.

문 24

항소에 관한 다음 설명 중 가장 옳지 않은 것은?

① 항소의 객관적, 주관적 범위는 항소장에 기재된 항소취지만을 기준으로 판단할 것은 아니고, 항소취지와 함께 항소장에 기재된 사건명이나 사건번호, 당사자의 표시, 항소인이 취소를 구하는 제1심판결의 주문 내용 등을 종합적으로 고려해서 판단해야 한다.

➡【O】 민사소송법 제397조 제2항은 항소장에 당사자와 법정대리인, 제1심판결의 표시와 그 판결에 대한 항소의 취지를 적도록 하고 있을 뿐이므로, 항소장에는 제1심판결의 변경을 구한다는 항소인의 의사가 나타나면 충분하고 항소의 범위나 이유까지 기재되어야 하는 것은 아니다. 따라서 항소의 객관적, 주관적 범위는 항소장에 기재된 항소취지만을 기준으로 판단할 것은 아니고, 항소취지와 함께 항소장에 기재된 사건명이나 사건번호, 당사자의 표시, 항소인이 취소를 구하는 제1심판결의 주문 내용 등을 종합적으로 고려해서 판단해야 한다(대결 2020.1.30. 2019마5599,5600).

❷ 항소장이 송달된 이후에도 항소장각하명령을 할 수 있다.

➡【X】 항소심재판장은 항소장 부본을 송달할 수 없는 경우 항소인에게 상당한 기간을 정하여 그 기간 이내에 흠을 보정하도록 명하여야 하고, 항소인이 이를 보정하지 않으면 항소장 각하명령을 해야 한다(제402조 제1항·제2항 참조). 이러한 항소심재판장의 항소장각하명령은 항소장 송달 전까지만 가능하다. 따라서 항소장이 피항소인에게 송달되어 항소심법원과 당사자들 사이의 소송관계가 성립하면 항소심재판장은 더 이상 단독으로 항소장각하명령을 할 수 없다. 나아가 민사소송법 제79조에 의한 독립당사자참가소송은 동일한 권리관계에 관하여 원고, 피고, 참가인 사이의 다툼을 하나의 소송절차로 한꺼번에 모순 없이 해결하는 소송형태이므로, 위 세 당사자들에 대해서는 하나의 종국판결을 선고하여 합일적으로 확정될 결론을 내려야 하고, 이러한 본안판결에 대해 일방이 항소한 경우 제1심판결 전체의 확정이 차단되고 사건 전부에 관하여 이심의 효력이 생긴다. 이처럼 항소심재판장이 단독으로 하는 항소장 각하명령에는 시기적 한계가 있고 독립당사자참가소송의 세 당사자들에 대하여는 합일적으로 확정될 결론을 내려야 하므로, 독립당사자참가소송의 제1심 본안판결에 대해 일방이 항소하고 피항소인 중 1명에게 항소장이 적법하게 송달되어 항소심법원과 당사자들 사이의 소송관계가 일부라도 성립한 것으로 볼 수 있다면, 항소심재판장은 더 이상 단독으로 항소장각하명령을 할 수 없다(대결 2020.1.30. 2019마5599,5600).

③ 항소권을 포기하여 제1심판결이 확정된 후에 항소장이 제출되었음이 분명한 경우, 제1심 재판장은 항소장각하명령을 할 수 있다.

➡【O】 대결 2006.5.2. 2005마933

④ 일부판결이나 추가판결에 대해서는 항소를 할 수 있으나, 중간판결에 대하여는 독립하여 항소할 수 없다.

➡【O】 일부판결(제200조)과 추가판결(제212조)은 모두 종국판결이므로 그에 대하여는 항소할 수 있으나, 중간판결(제201조)에 대하여는 독립하여 항소할 수 없다.

문 25

항고에 관한 다음 설명 중 가장 옳지 않은 것은?

① 즉시항고나 특별항고는 재판의 고지를 받은 날부터 1주의 불변기간 이내에 제기하여야 한다.

➡【O】 즉시항고는 재판의 고지를 받은 날부터 1주의 불변기간 이내에 제기하여야 하나(제444조 제1항·제2항), 통상항고는 기간의 제한이 없고 불복의 실익이 있는 한 언제든지 제기할 수 있다. 특별항고의 제기기간은 재판이 고지된 날부터 1주일이며, 이 기간은 불변기간이다(제449조 제2항·제3항).

② 판결로 재판하여야 할 사항에 대하여 결정의 형식으로 재판한 경우에 그에 대한 불복은 항고에 의하여야 한다.

➡【O】 대결 1971.1.26. 70스6

③ 항고심의 결정에 대하여 하는 항고뿐만 아니라 지방법원 항소부가 제1심으로서 한 결정·명령에 대하여 하는 항고도 재항고이다.

➡【O】 제1심법원의 재판에 대한 항고가 최초의 항고이고, 그 항고심의 결정에 대하여 하는 항고 및 고등법원이나 지방법원 항소부가 제1심으로서 한 결정·명령에 대하여 하는 항고가 재항고(제442조, 대결 2008.5.2. 2008마427)이다.

❹ 특별항고가 제기된 경우나 항고기간이 지나 즉시항고가 제기된 경우에도 항고가 이유 있다고 인정되면 재도의 고안에 의해 원재판을 경정할 수 있다.

➡【X】 원결정을 한 제1심법원이나 원명령을 한 재판장이 항고를 이유 있다고 인정하는 때에는 그 재판을 경정하여야 한다(제446조). 이를 '재도의 고안'이라 부른다. 이러한 재도의 고안은 통상항고이든 즉시항고이든 재항고이든 항고가 제기된 때에는 모두 가능하다. 그러나 특별항고(제449조 제1항)는 불복할 수 없는 결정이나 명령, 즉 확정된 결정이나 명령에 대하여 대법원의 최종 판단을 받도록 한 특별제도로서 이에 포함되지 아니한다(대결 2001.2.28. 2001그4).

1	2	3	4	5	6	7	8	9
④	②	②	④	④	④	④	④	④
10	11	12	13	14	15	16	17	18
①	③	②	②	①	③	④	①	③
19	20	21	22	23	24	25		
④	②	④	④	①	②	③		

문 1
정답 ④

소장심사 등에 관한 다음 설명 중 가장 옳지 않은 것은? (다툼이 있는 경우 판례에 의함)

① 판례는 부족인지의 보정명령을 받고 소송관계인이 '민사소송 등 인지규칙'에 따라 수납은행에 인지액을 현금으로 납부했다면 송달료 수납은행에 현금을 납부한 때에 인지보정의 효과가 발생된다고 한다.

➡ [O] 대판 2000.5.22. 2000마2434

② 소장부본이 피고에게 송달된 후에는 필수적 기재사항의 흠, 인지의 부족 등이 나중에 판명되어 원고가 보정명령에 불응하였더라도, 재판장이 소장각하명령을 할 수는 없다.

➡ [O] 일단 소장이 피고에게 송달된 후에는 필수적 기재사항의 흠, 인지의 부족 등이 나중에 판명되어 원고가 보정명령에 불응하였더라도, 재판장이 소장각하명령을 할 수는 없고 반드시 법원이 소각하 판결을 하여야 한다.

③ 보정명령서에 보정기간이 공란으로 되어 있어 보정기한이 지정된 바 없다면 이는 적법한 보정명령이라고 볼 수 없다.

➡ [O] 대결 1980.6.12. 80마160

④ 법인에 대한 소송서류의 송달은 대표자의 주소·거소가 아닌 법인의 주소나 영업소에 하는 것이 원칙이다.

➡ [X] 법인에 대한 소송서류는 그 대표자의 주소·거소에 하는 것이 원칙이다(대판 1976.4.27. 76다170).

문 2
정답 ②

재판권에 관한 설명 중 가장 옳지 않은 것은? (다툼이 있는 경우 판례에 의함)

① 만일 법인인 피고가 대한민국에 주된 사무소나 영업소를 두고 영업활동을 할 때에는 대한민국 법원에 피고를 상대로 재산에 관한 소가 제기되리라는 점을 쉽게 예측할 수 있다.

➡ [O] 예측가능성은 피고와 법정지 사이에 상당한 관련이 있어서 법정지 법원에 소가 제기되는 것에 대하여 합리적으로 예견할 수 있었는지를 기준으로 판단해야 한다. 만일 법인인 피고가 대한민국에 주

된 사무소나 영업소를 두고 영업활동을 할 때에는 대한민국 법원에 피고를 상대로 재산에 관한 소가 제기되리라는 점을 쉽게 예측할 수 있다(대판 2021.3.25. 2018다230588).

② 재판권의 부존재를 간과하고 본안판결을 하여 그 판결이 확정된 경우 그 판결에 기판력이 발생한다.

➡ [X] 재판권의 부존재를 간과한 본안판결은 그 판결이 확정되더라도 무효가 되어 기판력이 발생하지 않는다.

③ 이혼청구의 주요 원인이 된 사실관계가 대한민국에서 형성되었고 대한민국에 있는 재산이 재산분할대상인지 여부가 첨예하게 다투어지고 있는 경우, 피고의 예측가능성, 당사자의 권리구제, 해당 쟁점의 심리 편의와 판결의 실효성 차원에서 대한민국과 해당 사안 간의 실질적 관련성을 인정할 여지가 크다.

➡ [O] 재판상 이혼과 같은 혼인관계를 다투는 사건에서 대한민국에 당사자들의 국적이나 주소가 없어 대한민국 법원에 국내법의 관할 규정에 따른 관할이 인정되기 어려운 경우라도 이혼청구의 주요 원인이 된 사실관계가 대한민국에서 형성되었고(부부의 국적이나 주소가 해외에 있더라도 부부의 한쪽이 대한민국에 상당 기간 체류함으로써 부부의 별거상태가 형성되는 경우 등) 이혼과 함께 청구된 재산분할사건에서 대한민국에 있는 재산이 재산분할대상인지 여부가 첨예하게 다투어지고 있다면, 피고의 예측가능성, 당사자의 권리구제, 해당 쟁점의 심리 편의와 판결의 실효성 차원에서 대한민국과 해당 사안 간의 실질적 관련성을 인정할 여지가 크다(대판 2021.2.4. 2017므12552).

④ 중국에 상거소를 두고 있는 부부 중 외국 국적의 남편이 대한민국 법원에 이혼 등 소를 제기한 경우 대한민국 법원에 국제재판관할권이 인정되는지와 관련하여 피고가 소장 부본을 적법하게 송달받고 관할위반의 항변을 하지 아니한 채 실제 본안에 관한 주장과 증거를 제출하는 등 적극적으로 응소하였다면 이러한 사정은 대한민국 법원에 관할권을 인정하는 데 긍정적인 요소의 하나로 고려할 수 있다.

➡ [O] 국제사법 제2조는 가사사건에도 적용되므로, 대한민국 법원이 가사사건에 대하여 재판관할권을 가지려면 대한민국이 해당 사건의 당사자 또는 분쟁이 된 사안과 실질적 관련이 있어야 한다. '실질적 관련'이 있다는 것은 대한민국 법원이 재판관할권을 행사하는 것을 정당화할 정도로 당사자 또는 분쟁이 된 사안과 관련성이 있는 것을 뜻한다. 이를 판단할 때에는 당사자의 공평, 재판의 적정, 신속과 경제 등 국제재판관할 배분의 이념에 부합하는 합리적인 원칙에 따라야 하고, 특히 가사사건에서는 가족제도와 사회질서의 유지 등 공적 가치를 가지는 요소에 대한 배려도 필요하다. 이처럼 다양한 국제재판관할의 이익 중 어떠한 이익을 보호할 필요가 있는지는 개별 사건에서 실질적 관련성 유무를 합리적으로 판단하여 결정하여야 한다. 이때, 피고가 소장부본을 적법하게 송달받고 관할위반의 항변을 하지 아니한 채 실제 본안에 관한 주장과 증거를 제출하는 등 적극적으로 응소하였다면 이러한 사정은 대한민국 법원에 관할권을 인정하는 데 긍정적인 요소의 하나로 고려할 수 있다(대판 2021.10.28. 2019므15425).

문 3 정답 ②

소송의 이송에 관한 다음 설명 중 가장 옳은 것은?

① 항고소송으로 제기하였어야 할 소를 민사소송으로 제기하였다 하더라도 그 상고심법원이 항고소송에 대한 관할을 동시에 가지고 있다면, 당사자 권리구제나 소송경제의 측면에서 항고소송에 대한 제1심법원으로서 사건을 심리·판단하여야 한다.

➡ [X] 항고소송으로 제기하였어야 할 소를 민사소송으로 제기하였다 하더라도 그 항소심법원이 항고소송에 대한 관할을 동시에 가지고 있다면, 당사자 권리구제나 소송경제의 측면에서 항고소송에 대한 제1심법원으로서 사건을 심리·판단하여야 한다(대판 1996.2.15. 94다31235).

❷ 법원은 소송의 전부 또는 일부에 대하여 관할권이 없다고 인정하는 경우에는 결정으로 이를 관할법원에 이송한다는 규정은 본래 당사자가 관할권 없는 제1심법원에 소를 제기한 경우를 상정한 것이나, 제1심의 소를 고등법원이나 대법원에 제기한 경우에도 이 규정을 적용할 수 있고, 제1심법원이 항소기록 송부를 잘못한 경우 지방법원 항소부와 고등법원 사이에서도 위 규정에 의한 이송이 인정된다.

➡ [O] 법원은 소송의 전부 또는 일부에 대하여 관할권이 없다고 인정하는 경우에는 결정으로 이를 관할법원에 이송한다(제34조 제1항). 이 규정은 본래 당사자가 관할권 없는 제1심법원에 소를 제기한 경우를 상정한 것이나, 제1심의 소를 고등법원이나 대법원에 제기한 경우에도 이 규정을 적용할 수 있고, 제1심법원이 항소기록 송부를 잘못한 경우 지방법원 항소부와 고등법원 사이에서도 위 규정에 의한 이송이 인정된다.

③ 원고가 고의 또는 중대한 과실 없이 행정소송으로 제기하여야 할 사건을 민사소송으로 잘못 제기한 경우 그 행정소송에 대한 관할을 가지고 있지 아니하다면 당해 소송이 이미 행정소송으로서의 전심절차 및 제소기간을 도과하여 행정소송으로서의 소송요건을 결하고 있음이 명백할 경우에도 부적법한 소라고 하여 각하할 것이 아니라 관할법원에 이송하여야 한다.

➡ [X] 판례는 "원고가 고의 또는 중대한 과실 없이 행정소송으로 제기하여야 할 사건을 민사소송으로 잘못 제기한 경우, 수소법원으로서는 심리·판단하여야 하고, 그 행정소송에 대한 관할을 가지고 있지 아니하다면 당해 소송이 이미 행정소송으로서의 전심절차 및 제소기간을 도과하였거나 행정소송의 대상이 되는 처분 등이 존재하지도 아니한 상태에 있는 등 행정소송으로서의 소송요건을 결하고 있음이 명백하여 행정소송으로 제기되었더라도 어차피 부적법하게 되는 경우가 아닌 이상 이를 부적법한 소라고 하여 각하할 것이 아니라 관할법원에 이송하여야 한다."라고 한다(대판 1997.5.30. 95다28960).

④ 당사자가 상소장을 원심법원이 아닌 상소법원에 제출하였을 경우 상소법원이 그 상소장을 원심법원에 이송할 수 있는지에 관하여는 견해의 대립이 있으나 실무는 상소장을 원심법원에 송부하고 있고, 상소기간의 준수 여부는 상소법원에 상소장이 접수된 때를 기준으로 판단한다.

➡ [X] 당사자가 상소장을 원심법원이 아닌 상소법원에 제출하였을 경우 상소법원이 그 상소장을 원심법원에 이송할 수 있는지에 관하여는 견해의 대립이 있으나 실무는 상소장을 원심법원에 송부하고 있고, 상소기간의 준수 여부는 원심법원에 상소장이 접수된 때를 기준으로 판단한다(대판 1981.10.13. 81누230).

문 4 정답 ④

당사자의 자격에 관한 설명 중 옳지 않은 것은? (다툼이 있는 경우 판례에 의함)

① 비법인사단이 원고로 된 경우, 그 성립의 기초가 되는 사실에 관하여 당사자가 다양한 주장을 하는 경우, 구체적인 주장사실에 구속될 필요 없이 직권으로 단체의 실체를 파악하여 당사자능력의 존부를 판단하여야 한다.

➡ [O] 원래 당사자능력의 문제는 법원의 직권조사사항에 속하는 것이므로 그 당사자능력 판단의 전제가 되는 사실에 관하여는 법원이 당사자의 주장에 구속될 필요 없이 직권으로 조사하여야 하고, 따라서 비법인사단이 원고로 된 경우, 그 성립의 기초가 되는 사실에 관하여 당사자가 다양한 주장을 하는 경우, 구체적인 주장사실에 구속될 필요 없이 직권으로 단체의 실체를 파악하여 당사자능력의 존부를 판단하여야 한다(대판 2021.6.24. 2019다278433).

② 종중 유사의 권리능력 없는 사단(이하 '종중 유사단체'라 한다)은 비록 그 목적이나 기능이 고유 의미의 종중(이하 '고유 종중'이라 한다)과 별다른 차이가 없다 하더라도 공동선조의 후손 중 일부에 의하여 인위적인 조직행위를 거쳐 성립된 경우에는 사적 임의단체라는 점에서 고유 종중과 그 성질을 달리하므로, 그러한 경우에는 사적 자치의 원칙 내지 결사의 자유에 따라 구성원의 자격이나 가입조건을 자유롭게 정할 수 있다.

➡ [O] 종중 유사의 권리능력 없는 사단(이하 '종중 유사단체'라 한다)은 비록 그 목적이나 기능이 고유 의미의 종중(이하 '고유 종중'이라 한다)과 별다른 차이가 없다 하더라도 공동선조의 후손 중 일부에 의하여 인위적인 조직행위를 거쳐 성립된 경우에는 사적 임의단체라는 점에서 고유 종중과 그 성질을 달리하므로, 그러한 경우에는 사적 자치의 원칙 내지 결사의 자유에 따라 구성원의 자격이나 가입조건을 자유롭게 정할 수 있으나, 어떠한 단체가 고유 의미의 종중이 아니라 종중 유사단체를 표방하면서 그 단체에 권리가 귀속되어야 한다고 주장하는 경우, 우선 권리 귀속의 근거가 되는 법률행위나 사실관계 등이 발생할 당시 종중 유사단체가 성립하여 존재하는 사실을 증명하여야 하고, 다음으로 당해 종중 유사단체에 권리가 귀속되는 근거가 되는 법률행위 등 법률요건이 갖추어져 있다는 사실을 증명하여야 한다(대판 2020.4.9. 2019다216411).

③ 법인 아닌 사단의 대표자 자격에 관하여 상대방 당사자가 자백하더라도 이는 법원을 구속하지 않는다.

➡ [O] 법인 아닌 사단 또는 재단의 존재 여부 그 대표자의 자격에 관한 사항은 소송당사자능력 또는 소송능력에 관한 사항으로서 직권조사항이고 소송당사자의 자백에 구애되지 않는다(대판 1971.2.23. 70다44,70다45).

❹ 실종자를 당사자로 한 판결이 특별한 조건 없이 선고되어 확정된 후에 실종선고가 확정되고 그로 인한 사망간주의 시점이 소제기 전으로 소급하는 경우, 위 판결은 당사자능력이 없는 사망한 사람에 대한 것이므로 무효이다.

➡ [X] 실종선고의 효력이 발생하기 전에는 실종기간이 만료된 실종자라 하여도 소송상 당사자능력을 상실하는 것은 아니므로 실종선고 확정 전에는 실종기간이 만료된 실종자를 상대로 하여 제기된 소도 적법하고 실종자를 당사자로 하여 선고된 판결도 유효하며 그 판결이 확정되면 기판력도 발생한다고 할것이고, 이처럼 판결이 유효하게 확정되어 기판력이 발생한 경우에는 그 판결이 해제조건부로 선

고되었다는 등의 특별한 사정이 없는 한 그 효력이 유지되어 당사자로서는 그 판결이 재심이나 추완항소 등에 의하여 취소되지 않는 한 그 기판력에 반하는 주장을 할 수 없는 것이 원칙이라 할 것이며, 비록 실종자를 당사자로 한 판결이 확정된 후에 실종선고가 확정되어 그 사망간주의 시점이 소제기 전으로 소급하는 경우에도 위 판결 자체가 소급하여 당사자능력이 없는 사망한 사람을 상대로 한 판결로서 무효가 된다고는 볼 수 없다(대판 1992.7.14. 92다2455).

문 5

정답 ④

소송대리에 관한 다음 설명 중 가장 옳지 않은 것은?

① 소액사건에서는 법원의 허가가 없더라도 당사자의 형제자매는 소송대리인이 될 수 있다.

➡ 【O】 소액사건심판법 제8조

② 단독판사가 심리·재판하는 소송목적의 값이 제소 당시 1억원 이하인 민사소송사건은 변호사가 아닌 사람도 법원의 허가를 받아 소송대리인이 될 수 있다.

➡ 【O】 단독판사가 심리·재판하는 사건으로서 ㉠ 민사 및 가사소송의 사물관할에 관한 규칙 제2조 각 호에 해당하는 사건(수표금·약속어음금 청구사건, 은행 등 금융회사가 원고인 대여금·구상금·보증금 청구사건, 자동차손해배상 보장법에서 정한 자동차·원동기장치자전거·철도차량의 운행 및 근로자의 업무상 재해로 인한 손해배상 청구사건과 이에 관한 채무부존재확인사건, 단독판사가 심판할 것으로 합의부가 결정한 사건), ㉡ 위 ㉠에 해당하지 않는 사건 중 소송목적의 값이 제소 당시 또는 청구취지 확장(변론의 병합 포함) 당시 1억 원을 초과하지 않은 사건에서는 당사자의 배우자 또는 4촌 안의 친족으로서 당사자와의 생활관계에 비추어 상당하다고 인정되는 경우, 당사자와 고용, 그 밖에 이에 준하는 계약관계를 맺고 그 사건에 관한 통상사무를 처리·보조하는 사람으로서 그 사람이 담당하는 사무와 사건의 내용 등에 비추어 상당하다고 인정되는 경우 법원의 허가를 받아 소송대리인이 될 수 있다(제88조, 민사소송규칙 제15조).

③ 항소의 제기에 관하여 특별수권을 받지 아니한 1심 소송대리인이 제기한 항소는 위법하나, 그 당사자의 적법한 소송대리인이 항소심에서 본안에 대하여 변론하였다면 그 항소는 당사자가 적법하게 제기한 것으로 된다.

➡ 【O】 항소의 제기에 관하여 특별수권을 받지 아니한 1심 소송대리인이 제기한 항소는 무권대리인에 의해 제기된 것으로서 위법하다 할 것이나, 그 당사자의 적법한 소송대리인이 항소심에서 본안에 관하여 변론하였다면 이로써 그 항소제기 행위를 추인하였다고 할 것이므로 그 항소는 당사자가 적법하게 제기한 것으로 된다(대판 2007.2.8. 2006다67893).

④ 소송대리권은 수권자인 법정대리인의 사망, 소송능력 상실, 법정대리권의 소멸·변경 또는 법인 대표자의 교체 등으로 소멸한다.

➡ 【X】 소송대리권은, ㉠ 수권자인 당사자의 사망 또는 소송능력의 상실, ㉡ 수권자인 법인의 합병에 의한 소멸, ㉢ 수권자인 법정대리인의 사망, 소송능력 상실, 법정대리권의 소멸·변경(법인 대표자의 교체 등), ㉣ 제3자 소송담당의 경우 그 소송담당자의 자격상실에 의해서는 소멸되지 않는다(제95조, 제96조).

문 6

정답 ④

소의 이익에 관한 다음의 설명 중 옳은 것은? (다툼이 있는 경우에는 판례에 의함)

ㄱ. 채권양도인 A가 채권양수인 B에게 채권을 양도하면서 채무자 C에게 그 양도사실을 통지하는 등 채권양도의 대항요건을 갖추었다는 점을 인정할 증거가 없어 전소인 양수금 청구소송에서 B의 C에 대한 청구가 기각된 이상, 그 확정된 채권의 소멸시효의 중단을 위하여 제기된 후소에서 A가 C에 대하여 B에게 채권을 양도한 사실을 통지하였는지에 관하여 다시 심리할 수는 없다.

➡ 【O】 확정된 승소판결에는 기판력이 있으므로 당사자는 확정된 판결과 동일한 소송물에 기하여 신소를 제기할 수 없는 것이 원칙이나, 시효중단 등 특별한 사정이 있는 경우에는 예외적으로 신소가 허용되는데, 이러한 경우에 신소의 판결이 전소의 승소확정판결의 내용에 저촉되어서는 아니 되므로, 후소 법원으로서는 그 확정된 권리를 주장할 수 있는 모든 요건이 구비되어 있는지에 관하여 다시 심리할 수 없다(대판 2018.4.24. 2017다293858).

ㄴ. 확정판결에 의한 채권의 소멸시효기간인 10년의 경과가 임박한 경우, 시효중단을 위한 재소(再訴)에는 소의 이익이 있는데, 시효중단을 위한 후소 절차에서 채무자인 피고가 전소의 변론종결 후에 발생한 변제, 상계, 면제 등과 같은 채권소멸사유를 들어 항변할 수 있고, 이는 소멸시효 완성의 경우에도 마찬가지이다.

ㄷ. 위 ㄴ.의 경우 후소가 전소 판결이 확정된 후 10년이 지나 제기되었더라도 법원은 채무자인 피고의 항변에 따라 원고의 채권이 소멸시효 완성으로 소멸하였는지에 관한 본안판단을 하여야 한다.

➡ ㄴ. 【O】, ㄷ. 【O】 확정된 판결과 동일한 소송물에 기하여 신소를 제기할 수 있는 경우 확정된 승소판결에는 기판력이 있으므로 승소 확정판결을 받은 당사자가 전소의 상대방을 상대로 다시 승소 확정판결의 전소와 동일한 청구의 소를 제기하는 경우, 특별한 사정이 없는 한 후소는 권리보호의 이익이 없어 부적법하다. 하지만 예외적으로 확정판결에 의한 채권의 소멸시효기간인 10년의 경과가 임박한 경우에는 그 시효중단을 위한 소는 소의 이익이 있다. 이는 승소판결이 확정된 후 그 채권의 소멸시효기간인 10년의 경과가 임박하지 않은 상태에서 굳이 다시 동일한 소를 제기하는 것은 확정판결의 기판력에 비추어 권리보호의 이익을 인정할 수 없으나, 그 기간의 경과가 임박한 경우에는 시효중단을 위한 필요성이 있으므로 후소를 제기할 소의 이익을 인정하는 것이다. 한편 시효중단을 위한 후소의 판결은 전소의 승소확정판결의 내용에 저촉되어서는 아니 되므로, 후소법원으로서는 그 확정된 권리를 주장할 수 있는 모든 요건이 구비되어 있는지에 관하여 다시 심리할 수 없으나, 위 후소판결의 기판력은 후소의 변론종결시를 기준으로 발생하므로, 전소의 변론종결 후에 발생한 변제, 상계, 면제 등과 같은 채권소멸사유는 후소의 심리대상이 된다(ㄴ. 관련 해설), 따라서 채무자인 피고는 후소 절차에서 위와 같은 사유를 들어 항변할 수 있고 심리 결과 그 주장이 인정되면 법원은 원고의 청구를 기각하여야 한다. 이는 채권의 소멸사유 중 하나인 소멸시효 완성의 경우에도 마찬가지이다. 이처럼 판결이 확정된 채권의 소멸시효기간의 경과가 임박하였는지 여부에 따라 시효중단을 위한 후소의 권리보호이익을 달리 보는 취지와 채권의 소멸시효 완성이 갖는 효과 등을 고려해 보면, 시효중

단을 위한 후소를 심리하는 법원으로서는 전소판결이 확정된 후 소멸시효가 중단된 적이 있어 그 중단사유가 종료된 때로부터 새로이 진행된 소멸시효기간의 경과가 임박하지 않아 시효중단을 위한 재소의 이익을 인정할 수 없다는 등의 특별한 사정이 없는 한, 후소가 전소 판결이 확정된 후 10년이 지나 제기되었다 하더라도 곧바로 소의 이익이 없다고 하여 소를 각하해서는 아니 되고, 채무자인 피고의 항변에 따라 원고의 채권이 소멸시효 완성으로 소멸하였는지에 관한 본안판단을 하여야 한다(ㄷ. 관련 해설)(대판 2019.1.17. 2018다24349).

ㄹ. A는 B를 상대로 2006년 1억 원의 대여금청구의 소를 제기하여 2004년 12월 승소확정판결을 받았으나 B는 돈을 갚지 않고 있다. A가 2014년 11월 B를 상대로 제기한 '시효를 중단시키기 위한 확인'을 구하는 소는 적법하다.

➡ [O] 종래 대법원은 시효중단사유로서 재판상의 청구에 관하여 반드시 권리 자체의 이행청구나 확인청구로 제한하지 않을 뿐만 아니라, 권리자가 재판상 그 권리를 주장하여 권리 위에 잠자는 것이 아님을 표명한 것으로 볼 수 있는 때에는 널리 시효중단사유로서 재판상의 청구에 해당하는 것으로 해석하여 왔다. 이와 같은 법리는 이미 승소 확정판결을 받은 채권자가 그 판결상 채권의 시효중단을 위해 후소를 제기하는 경우에도 동일하게 적용되므로, 채권자가 전소로 이행청구를 하여 승소 확정판결을 받은 후 그 채권의 시효중단을 위한 후소를 제기하는 경우, 후소의 형태로서 항상 전소와 동일한 이행청구만이 시효중단사유인 '재판상의 청구'에 해당한다고 볼 수는 없다. 따라서 시효중단을 위한 후소로서 이행소송 외에 전소판결로 확정된 채권의 시효를 중단시키기 위한 조치, 즉 '재판상의 청구'가 있다는 점에 대하여만 확인을 구하는 형태의 '새로운 방식의 확인소송'이 허용되고, 채권자는 두 가지 형태의 소송 중 자신의 상황과 필요에 보다 적합한 것을 선택하여 제기할 수 있다고 보아야 한다(대판 (全) 2018.10.18. 2015다232316).

문 7
정답 ④

소의 변경에 관한 설명 중 옳은 것을 모두 고른 것은? (다툼이 있는 경우 판례에 의함)

ㄱ. 사해행위의 취소를 구하면서 피보전채권을 추가하거나 교환하는 것은 소의 변경에 해당한다.

➡ [X] 사해행위의 취소를 구하면서 피보전채권을 추가하거나 교환하는 경우도 마찬가지로 공격방어방법의 변경에 해당한다(대판 2003.5.27. 2001다13532).

ㄴ. 청구취지변경을 불허한 결정에 대하여는 독립하여 항고할 수 없고 종국판결에 대한 상소로써만 다툴 수 있다.

➡ [O] 소의 변경에 해당되지만 변경요건을 갖추지 못하여 부적법하다고 인정할 때에는 법원은 상대방의 신청 또는 직권으로 소의 변경의 불허결정을 하여야 한다. 불허결정은 중간적 재판인바, 독립하여 항고할 수 없고, 종국판결에 대한 상소로써만 다툴 수 있다(대판 1992.9.25. 92누5096).

ㄷ. 항소심에서 청구가 교환적으로 변경된 경우, 항소심 법원은 구청구가 취하된 것으로 보아 교환된 신청구에 대하여만 사실상 제1심으로 재판한다.

➡ [O] 상고심에서는 소의 변경이 허용되지 않지만(대판 1997.12.12. 97누12235), 항소심에서는 상대방의 동의 없이 소의 변경을 할 수 있다(대판 1969.12.23. 67다1664). 특히 교환적 변경은 견해대립은

있으나 독자적 소변경형태가 아니고, 신청구 추가와 구청구 취하의 결합형태라고 하는 결합설이 통설·판례이다(대판 1987.11.10. 87다카1405). 따라서 항소심에서 청구가 교환적으로 변경된 경우, 항소심 법원은 구청구가 취하된 것으로 보아 교환된 신청구에 대하여만 사실상 제1심으로 재판한다.

ㄹ. 제1심에서 원고가 전부승소하고 피고만 항소한 경우, 피항소인인 원고는 항소심에서 청구취지를 확장할 수 없다.

➡ [X] 하나의 소송물에 관하여 형식상 전부승소한 당사자의 상소이익의 부정은 절대적이 아니므로 손해배상소송에서 원고가 재산상 손해는 전부승소, 위자료는 일부패소한 경우 원고가 그 패소부분에 불복항소한 경우에 전부승소의 재산상의 손해에 대한 청구의 확장이 허용된다. 그리고 제1심에서 패소한 상대방이 이에 불복하여 항소를 제기한 경우 전부승소한 피항소인이 항소심절차에서 청구를 변경하는 것은 부대항소를 한 취지로 볼 수 있다(대판 1969.10.28. 68다158).

ㅁ. 소장에서 심판을 구하는 대상이 불분명한 경우 이를 명확하게 하기 위하여 청구취지를 보충, 정정하는 것은 청구의 변경에 해당하지 않는다.

➡ [O] 청구취지의 보충 및 정정은 불명한 것을 명백히 하는 것이므로, 소의 변경이 아니다. 판례도 소장에서 심판을 구하는 대상이 불분명한 경우 이를 명확하게 하기 위하여 청구취지를 보충·정정하는 것은 청구의 변경에 해당하지 않는다고 하였다(대판 2008.2.1. 2005다74863).

문 8
정답 ④

공동소송에 관한 다음 설명 중 가장 옳지 않은 것은?

① 주주총회결의의 부존재 또는 무효확인을 구하는 소를 여러 사람이 공동으로 제기한 경우, 민사소송법 제67조가 적용되는 유사필수적 공동소송에 해당한다.

➡ [O] 이 사건 소는 주주총회결의의 부존재 또는 무효확인을 구하는 소로서, 상법 제380조에 의해 준용되는 상법 제190조 본문에 따라 청구를 인용하는 판결은 제3자에 대하여도 효력이 있다. 이러한 소를 여러 사람이 공동으로 제기한 경우 당사자 1인이 받은 승소판결의 효력이 다른 공동소송인에게 미치므로 공동소송인 사이에 소송법상 합일확정의 필요성이 인정되고, 상법상 회사관계소송에 관한 전속관할이나 병합심리 규정도 당사자 간 합일확정을 전제로 하는 점 및 당사자의 의사와 소송경제 등을 함께 고려하면, 이는 민사소송법 제67조가 적용되는 필수적 공동소송에 해당한다(대판 (全) 2021.7.22. 2020다284977).

② 필수적 공동소송에서 공동소송인 가운데 한 사람이 한 유리한 소송행위는 모두를 위하여 효력이 생기지만, 불리한 소송행위는 모두 함께 하지 않으면 효력이 생기지 않는다. 그러나 상대방의 소송행위는 공동소송인 가운데 한 사람에 대하여 하더라도 모두에게 효력이 있다.

➡ [O] 제67조

③ 예비적·선택적 공동소송에서 공동소송 중 어느 한 사람이 상소를 제기하면 다른 공동소송인에 관한 청구 부분도 확정이 차단되고 상소심에 이심되어 심판대상이 되고, 이 경우 상소심의 심판대상은 공동소송인들 및 상대방 당사자 사이의 결론의 합일확정 필요성을 고려하여 판단하여야 한다.

➡ **[O]** 대판 2011.2.24. 2009다43355

❹ 분할 전 상속재산은 공유관계이므로, 이에 관한 소송은 필수적 공동소송이 아닌 통상공동소송으로 보아야 할 것이고, 마찬가지로 공동상속인이 다른 공동상속인을 상대로 어떤 재산이 상속재산임의 확인을 구하는 소 또한 통상공동소송이다.

➡ **[X]** 분할 전 상속재산은 공유관계(민법 제1006조)이므로(대판 1996. 2.9. 94다61649), 이에 관한 소송은 필수적 공동소송이 아닌 통상공동소송으로 보아야 할 것이다(대판 1993.2.12. 92다29801). 공동상속인이 다른 공동상속인을 상대로 어떤 재산이 상속재산임의 확인을 구하는 소는 <u>고유필수적 공동소송이다</u>(대판 2007.8.24. 2006다40980).

문9   정답 ④

보조참가에 관한 다음 설명 중 가장 옳지 않은 것은? (다툼이 있는 경우 판례에 의함)

① 참가신청에 대하여는 피참가인의 상대방은 물론 피참가인 자신도 이의신청을 할 수 있지만, 이의신청 없이 변론하거나 변론준비기일에서 진술한 때에는 이의신청권을 상실한다.

➡ **[O]** 제74조

② 참가신청에 대하여 이의신청이 있으면 참가인은 참가의 이유를 소명하여야 하며, 법원은 참가를 허가하거나 허가하지 않는 결정을 하여야 하고, 이 결정에 대하여는 즉시항고를 할 수 있다.

➡ **[O]** 제73조 제1항 · 제3항

③ 참가신청의 취하는 소송의 어느 단계에서도 허용되며, 참가신청의 취하에 있어서는 어느 당사자의 동의도 필요하지 않다.

➡ **[O]** 보조참가신청의 취하에 관하여는 아무런 규정이 없지만 소의 취하의 규정(제266조)을 유추하여 참가신청의 취하는 소송의 어느 단계에서도 허용된다. 다만, 보조참가인은 참가신청의 취하 후에도 참가적 효력을 받게 되므로 어느 당사자의 동의도 필요하지 않다.

❹ 보조참가인에게는 피참가인의 승소를 위하여 독자적인 소송관여권이 인정되므로, 소송계속 중 보조참가인이 사망한 경우에는 본소의 소송절차가 중단된다.

➡ **[X]** 보조참가인은 피참가인인 당사자의 승소를 위한 보조자일 뿐 자신이 당사자가 되는 것이 아니므로 소송계속 중 보조참가인이 사망하더라도 본소의 소송절차는 중단되지 아니한다(대판 1995.8.25. 94다27373).

문10   정답 ①

제3자의 소송참가에 관한 설명 중 옳지 않은 것은? (다툼이 있는 경우에는 판례에 의함)

❶ 채권자 甲이 연대보증인 丙을 상대로 연대보증채무의 이행을 구하는 소송에서 주채무자 乙이 丙을 위하여 보조참가하여 주채무의 부존재를 주장하였으나 丙이 패소하였다. 그 후 甲이 乙을 상대로 주채무의 이행을 청구한 경우 乙은 전소의 판결이 부당하다고 주장하며 주채무의 존재를 다툴 수 없다.

➡ **[X]** 보조참가인이 피참가인을 보조하여 공동으로 소송을 수행하였으나 피참가인이 그 소송에서 패소한 경우에는 형평의 원칙상 보조참가인이 피참가인에게 그 패소판결이 부당하다고 주장할 수 없도록 구속력을 미치게 하는 이른바 참가적 효력이 있음에 불과하므로 피참가인과 그 소송상대방 간의 판결의 기판력이 참가인과 피참가인의 상대방과의 사이에까지는 미치지 아니한다(대판 1988.12.13. 86다카2289). 甲의 丙에 대한 소송의 판결의 기판력이 甲의 乙에 대한 소송에 미치는 것은 아니다.

② 甲이 乙을 상대로 제기한 소송에서 乙을 위하여 보조참가한 丙은 乙의 상소기간이 도과하지 않은 한 상소를 제기할 수 있다.

➡ **[O]** 불법행위로 인한 손해배상책임을 지는 자는 피해자가 다른 공동불법행위자들을 상대로 제기한 손해배상 청구소송의 결과에 대하여 법률상의 이해관계를 갖는다고 할 것이므로, 위 소송에 원고를 위하여 보조참가를 할 수가 있고, 피해자인 원고가 패소판결에 대하여 상소를 하지 않더라도 원고의 상소기간 내라면 보조참가와 동시에 상소를 제기할 수도 있다(대판 1999.07.09. 99다12796).

③ 甲이 乙을 상대로 제기한 소송에서 丙이 독립당사자참가를 한 경우에 甲과 乙만이 재판상 화해를 하는 것은 허용되지 않는다.

➡ **[O]** 민사소송법 제79조에 의한 소송은 동일한 권리관계에 관하여 원고, 피고 및 참가인 상호간의 다툼을 하나의 소송절차로 한꺼번에 모순 없이 해결하려는 소송형태로서 두 당사자 사이의 소송행위는 나머지 1인에게 불이익이 되는 한 두 당사자 간에도 효력이 발생하지 않는다고 할 것이므로, 원 · 피고 사이에만 재판상 화해를 하는 것은 3자 간의 합일확정의 목적에 반하기 때문에 허용되지 않는다(대판 2005.05.26. 2004다25901).

④ 甲이 乙을 상대로 근저당권설정등기의 불법말소를 이유로 그 회복등기를 구하는 소를 제기한 경우에 후순위 근저당권자인 丙은 甲과 乙이 당해 소송을 통하여 자신을 해할 의사, 즉 사해의사를 갖고 있다고 객관적으로 인정되고 그 소송의 결과 자신의 권리 또는 법률상의 지위가 침해될 염려가 있다고 인정되면 甲 · 乙을 상대로 근저당권부존재확인을 구하는 독립당사자참가를 할 수 있다.

➡ **[O]** [1] 민사소송법 제72조가 규정한 독립당사자참가 중 제1항 후단의 사해방지참가는 원고와 피고가 당해 소송을 통하여 제3자를 해할 의사, 즉 사해의사를 갖고 있다고 객관적으로 인정되고 그 소송의 결과 제3자의 권리 또는 법률상의 지위가 침해될 염려가 있다고 인정되는 경우에 그 참가의 요건이 갖추어 진다고 할 것이다.
[2] 근저당권설정등기의 불법말소를 이유로 그 회복등기를 구하는 본안소송에서 원고가 승소판결을 받는다고 하더라도 그 후순위 근저당권자가 있는 경우에는 바로 회복등기를 할 수 있는 것은 아니고 부동산등기법 제75조에 의하여 이해관계 있는 제3자인 후순위 근저당권자의 승낙서 또는 이에 대항할 수 있는 재판의 등본을 첨부하여야 하므로 원고로서는 후순위 근저당권자를 상대로 승낙을 구하는 소송을 별도로 제기하여 승소판결을 받아야 하고, 따라서 본안소송에서 원고가 승소판결을 받는다고 하더라도 그 기판력은 회복등기에 대한 승낙을 구하는 소송에는 미치지 아니하므로 후순위 근저당권자는 그 소송에서 위 근저당권이 불법으로 말소되었는지의 여부를 다툴 수 있는 것이기는 하지만, 말소회복등기소송에서의 사실인정관계가 승낙의사표시 청구소송에서도 유지되어 후순위 근저당권자는 선순위 근저당권을 수인하여야 할 것이기에 본안소송의 결과는 당연히 후순위 근저당권자를 상대로 승낙을 구하는 소에 사실상 영향을 미치게 됨으로써 후순위 근저당권자의 권리의 실현 또는 법률상의 지

위가 침해될 염려가 있다 할 것이다. 따라서 후순위 근저당권자에게는 원·피고들에 대한 근저당권부존재확인청구라는 참가소송을 통하여 후일 발생하게 될 이러한 불안 내지 염려를 사전에 차단할 필요가 있는 것이고, 이러한 참가소송은 사해판결로 인하여 초래될 이러한 장애를 방지하기 위한 유효적절한 수단이 된다고 할 것이다(대판 2001.08.24. 2000다12785).

문 11

정답 ③

甲은 乙 소유의 X 부동산에 대한 소유권이전등기청구권을 보전하기 위하여 乙이 丙에 대해 가지고 있는 X 부동산에 대한 소유권이전등기 말소등기청구권을 대위행사 하고자 한다. 이에 관한 다음의 설명 중 옳은 것은? (다툼이 있는 경우에는 판례에 의함)

ㄱ. 甲의 채권자대위소송이 계속 중 乙이 丙을 상대로 소를 제기하는 것은 부적법하다.

➡ [O] 채권자대위소송 계속 중 채무자가 제3채무자에 대해서 소송이 제기된 경우, 양 소송은 동일소송이므로 후소는 중복소제기금지원칙에 위배되어 제기된 부적법한 소송이라 할 것이다(대판 1992.5.22. 91다41187).

ㄴ. 甲이 채권자대위소송을 제기하기 전, 이미 乙이 丙을 상대로 말소등기청구의 소를 제기하여 패소판결이 확정되었다면, 甲의 대위소송은 적법하다.

➡ [X] 채권자대위권은 채무자가 제3채무자에 대한 권리를 행사하지 아니하는 경우에 한하여 채권자가 자기의 채권을 보전하기 위하여 행사할 수 있는 것이어서 채권자가 대위권을 행사할 당시는 이미 채무자가 권리를 재판상 행사하였을 때에는 설사 패소의 본안판결을 받았더라도 채권자는 채무자를 대위하여 채무자의 권리를 행사할 당사자적격이 없다고도 볼 수 있다(대판 1992.11.10. 92다30016).

ㄷ. 甲이 채권자대위소송을 제기하기 전, 이미 丙이 乙을 상대로 X 부동산에 대한 인도청구의 본소를 제기하였고, 이에 乙이 丙을 상대로 말소등기청구의 반소를 제기하였으나, 乙의 반소가 적법하게 취하되었다면 甲의 대위소송은 적법하다.

➡ [X] 채권자 대위권은 채무자가 제3채무자에 대한 권리를 행사하지 않는 경우에 한해 채권자가 자기의 채권을 보전하기 위해 행사할 수 있는 것이어서, 채권자가 대위권을 행사할 당시에 이미 채무자가 그 권리를 재판상 행사하였을 때는 채무자를 대위해 채무자의 권리를 행사할 당사자 적격이 없다. 채무자가 반소를 제기한 후 설령 그 반소가 적법하게 취하되었다고 하더라도 반소 후에 제기된 채권자에 의한 채권자대위권의 행사는 부적법하다(대판 2016.4.12. 2015다69372).

ㄹ. 甲이 채권자대위소송을 제기하기 전, 이미 비법인사단인 乙이 丙을 상대로 말소등기청구의 소를 제기하였으나, 사원총회의 결의 없는 총유재산에 관한 소라는 이유로 각하판결을 받고 그 판결이 확정되었다면, 甲의 대위소송은 적법하다.

➡ [O] 채권자대위권은 채무자가 스스로 제3채무자에 대한 권리를 행사하지 아니하는 경우에 한하여 채권자가 자기의 채권을 보전하기 위하여 행사할 수 있는 것이어서, 채권자가 대위권을 행사할 당시에 이미 채무자가 그 권리를 재판상 행사하였을 때에는 채권자는 채무자를 대위하여 채무자의 권리를 행사할 수 없다. 그런데 비법인사단이 사원총회의 결의 없이 제기한 소는 소제기에 관한 특별수권을 결

하여 부적법하고, 그 경우 소제기에 관한 비법인사단의 의사결정이 있었다고 할 수 없다. 따라서 비법인사단인 채무자 명의로 제3채무자를 상대로 한 소가 제기되었으나 사원총회의 결의 없이 총유재산에 관한 소가 제기되었다는 이유로 각하판결을 받고 그 판결이 확정된 경우에는 채무자가 스스로 제3채무자에 대한 권리를 행사한 것으로 볼 수 없다(대판 2018.10.25. 2018다210539).

문 12

정답 ②

甲은 2015.10.7. 乙에 대한 3,000만 원의 차용금채무를 피담보채무로 하여 乙에게 甲 소유의 X 부동산을 목적물로 하는 근저당권설정등기를 해주었다. 그 후 甲은 乙에게 2,000만 원을 변제하여 잔존채무가 1,000만 원이라고 주장하고 있는데, 乙은 甲의 잔존채무가 2,000만 원이라고 하면서 다투고 있다. 甲은 乙을 상대로 잔존채무가 1,000만 원임을 주장하며 채무부존재확인의 소를 제기하였다. 이에 관한 다음의 설명 중 옳은 것은? (다툼이 있는 경우에는 판례에 의함)

ㄱ. 甲의 乙에 대한 잔존채무가 乙의 주장대로 2,000만 원임이 인정되는 경우, 법원은 "원고의 피고에 대한 2015.10 7. 차용금채무는 2,000만 원을 초과하여서는 존재하지 아니함을 확인한다. 원고의 나머지 청구를 기각한다."라고 판결하여야 한다.

➡ [O] 판례는 "1천만 원을 초과하는 채무는 존재하지 않는다는 채무 일부부존재확인의 소에서도 1,500만 원을 초과하는 채무는 존재하지 않는다는 판결을 할 수 있다."(대판 1994.1.25. 93다9422)라고 판시한 바 있다. 즉 사안에서 법원은 "원고의 피고에 대한 2015.10. 7. 차용금채무는 2,000만 원을 초과하여서는 존재하지 아니함을 확인한다. 원고의 나머지 청구를 기각한다."는 판결을 하여야 한다.

ㄴ. 甲의 乙에 대한 잔존채무가 500만 원임이 인정되는 경우, 법원은 "원고의 피고에 대한 2015.10.7. 차용금채무는 1,000만 원을 초과하여서는 존재하지 아니함을 확인한다."라고 판결하여야 한다.

➡ [O] 甲의 乙에 대한 잔존채무가 500만 원임이 인정되는 경우, 이를 인정하는 것은 처분권주의에 반하지 않으므로, 법원은 "원고의 피고에 대한 2015.10.7. 차용금채무는 1,000만 원을 초과하여서는 존재하지 아니함을 확인한다."라고 판결하여야 한다.

ㄷ. 만일 乙이 위 소송계속 중에 잔존채무 2,000만 원의 지급을 구하는 반소를 제기한다면, 甲이 제기한 채무부존재확인의 본소는 확인의 이익이 소멸하여 부적법하게 된다.

➡ [X] 판례는 "소송요건을 구비하여 적법하게 제기된 본소가 그 후 상대방이 제기한 반소로 인하여 소송요건에 흠결이 생겨 다시 부적법하게 되는 것은 아니므로, 원고가 손해배상채무부존재확인을 구할 이익이 본소로 확인을 구하였다면, 피고가 그 후 배상채무이행을 구하는 반소를 제기하였더라도 그 사정만으로 본소가 확인의 이익이 소멸하여 부적법하게 된다고 볼 수 없다."(대판 1999.6.8. 99다17401, 17418)고 판시한 바 있다.

ㄹ. 위 설문과 달리, 甲이 1,000만 원의 잔존채무 변제를 조건으로 X 부동산에 관한 근저당권말소등기청구의 소를 제기하였지만 잔존채무가 2,000만 원이라는 乙의 주장이 받아들여지는 경우, 법원은 특별한 사정이 없는 한 甲의 청구 중 일부를

기각하고 그 확정된 2,000만 원 채무의 변제를 조건으로 그 등기의 말소절차이행을 인용하는 판결을 하여야 한다.

➡ [O] 甲의 조건(잔존채무 1,000만 원)보다 甲에게 불리한 乙의 주장(잔존채무가 2,000만 원)이 받아들여진 경우, 이는 원고인 甲에게 불리한 주장으로서 이를 인정하여도 처분권주의에 반하는 것이 아니다. 따라서 법원은 특별한 사정이 없는 한 甲의 청구 중 일부를 기각하고 그 확정된 2,000만 원 채무의 변제를 조건으로 그 등기의 말소절차이행을 인용하는 판결을 하여야 한다.

문 13 정답 ②

다음은 석명권에 관한 설명이다. 이 중 옳지 않은 것은? (다툼이 있는 경우에는 판례에 의함)

① 법원의 석명권 행사는 당사자의 주장에 모순된 점이 있거나 불완전·불명료한 점이 있을 때에 이를 지적하여 정정·보충할 수 있는 기회를 주고, 계쟁 사실에 대한 증거의 제출을 촉구하는 것을 그 내용으로 하는 것으로, 당사자가 주장하지도 아니한 법률효과에 관한 요건사실이나 독립된 공격방어방법을 시사하여 그 제출을 권유함과 같은 행위를 하는 것은 변론주의의 원칙에 위배되는 것으로 석명권 행사의 한계를 일탈하는 것이다.

➡ [O] 대판 2001.10.9. 2001다15576

② 혼인 외 출생자 등이 법률상 부자관계의 성립을 목적으로 친생자관계존재확인의 소를 제기한 경우에 법원은 친생자관계존재확인의 소의 보충성을 이유로 그대로 소를 각하할 것이다.

➡ [X] [1] 혼인 외 출생자의 경우 모자관계는 인지를 요하지 아니하고 법률상의 친자관계가 인정될 수 있지만, 부자관계는 부의 인지에 의하여서만 발생하는 것이므로, 부가 사망한 경우에는 그 사망을 안 날로부터 2년 이내에 검사를 상대로 인지청구의 소를 제기하여야 하고, 친생자관계존재확인을 구하는 소는 허용될 수 없다.
[2] 가사소송법 제12조 본문에 따라 가사소송절차에 적용되는 민사소송법 제136조 제4항은 "법원은 당사자가 명백히 간과한 것으로 인정되는 법률상 사항에 관하여 당사자에게 의견을 진술할 기회를 주어야 한다."라고 규정하고 있으므로, 당사자가 부주의 또는 오해로 인하여 명백히 간과한 법률상의 사항이 있거나 당사자의 주장이 법률상의 관점에서 보아 모순이나 불명료한 점이 있는 경우 법원은 적극적으로 석명권을 행사하여 당사자에게 의견진술의 기회를 주어야 하고 만일 이를 게을리 한 경우에는 석명 또는 지적의무를 다하지 아니한 것으로서 위법하다. 혼인 외 출생자 등이 법률상 부자관계의 성립을 목적으로 친생자관계존재확인의 소를 제기한 경우에 법원은 친생자관계존재확인의 소의 보충성을 이유로 그대로 소를 각하할 것이 아니라 원고의 진정한 의사를 확인하여 그에 알맞은 청구취지와 청구원인으로 정리하도록 석명하여야 한다(대판 2021.12.30. 2017므14817).

③ 손해배상책임이 인정되는 경우 법원은 손해액에 관한 당사자의 주장과 증명이 미흡하더라도 적극적으로 석명권을 행사하여 증명을 촉구하여야 하고, 경우에 따라서는 직권으로 손해액을 심리·판단하여야 한다.

➡ [O] 대판 2020.3.26. 2018다301336

④ 청구취지가 특정되지 않았는데도 당사자가 부주의 또는 오해로 인하여 이를 명백히 간과한 채 본안에 관하여 공방을 하고 있는 경우 보정의 기회를 부여하지 아니한 채 청구취지 불특정을 이유로 소를 각하하는 것은 석명의무를 다하지 아니한 것으로서 위법하다.

➡ [O] 민사소송에서 청구의 취지는 내용 및 범위를 명확히 알아볼 수 있도록 구체적으로 특정되어야 하고 청구취지의 특정 여부는 직권조사사항이므로, 청구취지가 특정되지 않은 경우에는 법원은 직권으로 보정을 명하고 보정명령에 응하지 않을 때에는 소를 각하하여야 한다. 이 경우 당사자가 부주의 또는 오해로 인하여 청구취지가 특정되지 아니한 것을 명백히 간과한 채 본안에 관하여 공방을 하고 있는데도 보정의 기회를 부여하지 아니한 채 당사자가 전혀 예상하지 못하였던 청구취지 불특정을 이유로 소를 각하하는 것은 석명의무를 다하지 아니하여 심리를 제대로 하지 아니한 것으로서 위법하다(대판 2014.3.13. 2011다111459).

문 14 정답 ①

소송상 합의에 관한 다음 설명 중 가장 옳지 않은 것은?

① 일반적으로는 소송당사자가 소송 외에서 그 소송을 취하하기로 합의하더라도 바로 소취하의 효력이 발생하지 않지만, 재판상 화해가 성립하여 법원에 계속 중인 다른 소송을 취하하기로 하는 내용의 재판상 화해조서가 작성된 경우에는 바로 소취하의 효력이 발생한다.

➡ [X] 재판상 화해에 있어서 법원에 계속 중인 다른 소송을 취하하기로 하는 내용의 화해조서가 작성되었다면 당사자 사이에는 법원에 계속 중인 다른 소송을 취하하기로 하는 합의가 이루어졌다 할 것이므로, 다른 소송이 계속 중인 법원에 취하서를 제출하지 않는 이상 그 소송이 취하로 종결되지는 않지만 위 재판상 화해가 재심의 소에 의하여 취소 또는 변경되는 등의 특별한 사정이 없는 한 그 소송의 원고에게는 권리보호의 이익이 없게 되어 그 소는 각하되어야 한다(대판 2005.6.10. 2005다14861).

② 불항소 합의의 유무는 항소의 적법요건에 관한 법원의 직권조사사항이다.

➡ [O] 대판 1980.1.29. 79다2066

③ 강제집행 당사자 사이에 그 신청을 취하하기로 하는 약정은 사법상으로는 유효하다 할지라도 이를 위배하였다하여 직접 소송으로서 그 취하를 청구하는 것은 허용되지 않는다.

➡ [O] 강제집행 당사자 사이에 그 신청을 취하하기로 하는 약정은 사법상으로는 유효하다 할지라도 이를 위배하였다 하여 직접 소송으로서 그 취하를 청구하는 것은 공법상의 권리의 처분을 구하는 것이어서 할 수 없는 것이다(대판 1966.5.31. 66다564).

④ 환송판결 전에 소취하 합의가 있었지만, 환송 후 원심의 변론기일에서 이를 주장하지 않은 채 본안에 관하여 변론하는 등 계속 응소한 피고가 환송 후 판결에 대한 상고심에 이르러서야 위 소취하 합의사실을 주장하는 경우에 위 소취하 합의가 묵시적으로 해제되었다고 봄이 상당하다.

➡ [O] 대판 2007.5.11. 2005후1202

문 15

정답 ③

소송행위의 추후보완에 관한 다음 설명 중 가장 옳지 않은 것은?

① 추후보완은 당사자가 그 책임으로 돌릴 수 없는 사유로 인하여 불변기간을 준수할 수 없었던 경우에 인정되는데, 피고에게 과실이 있다고 할 수 있는 특별한 사정이란, 피고가 소송을 회피하거나 이를 곤란하게 할 목적으로 의도적으로 송달을 받지 아니하였다거나 피고가 소제기 사실을 알고 주소신고까지 해 두고서도 그 주소로 송달되는 소송서류가 송달불능되도록 장기간 방치하였다는 등의 사정을 말한다.

➡ **[O]** 대판 2021.8.19. 2021다228745(제1심법원이 소장 부본과 변론기일통지서를 공시송달의 방법으로 피고에게 송달한 후 피고의 휴대전화번호로 전화하여 "소장 부본을 피고의 주소지로 송달하겠다."고 고지하고 변론기일과 장소를 알려주었는데, 이후 피고가 출석하지 않은 상태에서 소송절차를 진행하여 원고 승소판결을 선고한 다음 피고에게 판결정본을 공시송달의 방법으로 송달하였고, 그 후 피고가 판결정본을 발급받아 추후보완항소를 제기한 사안에서, 특별한 사정이 없는 한 피고는 판결정본을 발급받은 날에야 비로소 판결이 공시송달의 방법으로 송달된 사실을 알게 되었다고 보아야 하는데, 피고가 소송을 회피하거나 이를 곤란하게 할 목적으로 의도적으로 송달을 받지 아니하였다고 볼 만한 특별한 사정을 찾을 수 없고, 소장 부본 등이 이미 공시송달의 방법으로 송달된 상태에서 제1심법원이 피고에게 전화로 연락하여 소장 부본 송달에 관한 내용과 변론기일 등을 안내해 주었다는 정도의 사정만으로는 제1심판결이 공시송달의 방법으로 송달된 사실을 피고가 모른 데 대하여 피고에게 책임을 돌릴 수 있는 사유가 있다고 섣불리 단정하기 어려우므로, 피고는 책임질 수 없는 사유로 말미암아 불변기간인 항소기간을 지킬 수 없었다고 볼 여지가 큰데도, 피고의 추후보완항소를 각하한 원심판단에 법리오해 등의 잘못이 있다고 한 사례)

② 일단 통상의 방식에 따라 적법한 송달이 이루어져 당사자가 소송계속 여부를 알고 있는 경우에는 당사자는 소송의 진행상태를 조사하여 그 결과까지도 알아보아야 할 의무가 있으므로, 그 후 공시송달로 진행되어 판결이 송달되어 항소기간을 지킬 수 없었던 경우에는 추후보완사유에 해당하지 않는다.

➡ **[O]** 판례는 일단 통상의 방식에 따라 적법한 송달이 이루어져 당사자가 소송계속 여부를 알고 있는 경우에는 소송의 진행상태를 조사하여 그 결과까지도 알아보아야 할 의무가 있으므로, 그 후 공시송달로 진행되어 판결이 송달되었더라도 항소기간을 지킬 수 없었던 것에 당사자의 책임을 인정한다(대판 2001.7.27. 2001다30339).

❸ 조정이 성립되지 아니한 것으로 사건이 종결된 후 피신청인의 주소가 변경되었음에도 주소변경신고를 하지 않은 상태에서 조정이 소송으로 이행되어 변론기일통지서 등 소송서류가 발송송달이나 공시송달의 방법으로 송달된 경우, 피신청인이 소송진행상황을 조사하지 않아 상소제기의 불변기간을 지키지 못하였다면 추후보완사유에 해당하지 않는다.

➡ **[X]** 조정이 성립되지 아니한 것으로 사건이 종결된 후 피신청인의 주소가 변경되었음에도 피신청인이 조정법원에 주소변경신고를 하지 않은 상태에서 민사조정법에 따라 조정이 소송으로 이행되었는데, 통상의 방법으로 변론기일통지서 등 소송서류를 송달할 수 없게 되어 발송송달이나 공시송달의 방법으로 송달한 경우에는 처음부터 소장부본이 적법하게 송달된 경우와 달리 피신청인에게 소송진행상

황을 조사할 의무가 있다고 할 수 없으므로, 피신청인이 소송진행상황을 조사하지 않아 상소제기의 불변기간을 지키지 못하였다면, 이는 당사자가 책임질 수 없는 사유로 말미암은 것에 해당하여 추후보완을 인정한다(대판 2015.8.13. 2015다213322).

④ 소송대리인이 있는 경우, 소송대리인이 판결정본의 송달을 받고도 당사자에게 그 사실을 알려 주지 아니하여 기간을 지키지 못한 경우처럼 그 책임이 소송대리인에게 있는 이상 본인에게 과실이 없다 하더라도 추후보완사유에 해당되지 않고, 그 대리인의 보조인에게 과실이 있는 경우에도 마찬가지이다.

➡ **[O]** 소송대리인이 판결정본의 송달을 받고도 당사자에게 그 사실을 알려 주지 아니하여 기간을 지키지 못한 경우처럼 그 책임이 소송대리인에게 있는 이상 본인에게 과실이 없다 하더라도 추후보완사유에 해당되지 않고(대결 1984.6.14. 84다카744), 그 대리인의 보조인에게 과실이 있는 경우에도 마찬가지이다(대판 1999.6.11. 99다9622).

문 16

정답 ④

공시송달에 관한 다음 설명 중 가장 옳은 것은?

① 공시송달의 효력이 발생한 후에라도 본인이 찾아와 송달서류를 교부받으면 이는 해당사건에 관하여 출석한 사람에게 직접 송달한 것으로 되어, 영수증을 받은 때에 그 송달의 효력이 발생하게 된다.

➡ **[X]** 만일 공시송달의 효력이 발생되기 전에 본인이 찾아와 송달서류를 교부받으면 이는 해당 사건에 관하여 출석한 사람에게 직접 송달한 것으로 되어, 영수증을 받은 때에 그 송달의 효력이 발생하게 된다(제177조 제2항). 그러나 이미 공시송달의 효력이 발생한 뒤에는 당사자에게 서류를 교부하였다 하더라도 이는 사실행위임에 불과하여 이미 발생한 송달의 효력을 좌우할 수 없다. 따라서 이 경우 항소기간 등 불변기간도 공시송달의 효력이 발생한 날부터 진행되는 것이고, 영수증에 기재된 수령일자로부터 기산하는 것이 아님을 유의하여야 한다.

② 최초의 공시송달은 대법원규칙으로 정한 세 가지 방법 중 하나로 실시한 날부터 2주가 지나야 송달의 효력이 생기고, 외국에서 할 송달에 대한 공시송달의 경우에도 마찬가지이다.

➡ **[X]** 최초의 공시송달은 대법원규칙으로 정한 위 세 가지 방법 중 하나로 실시한 날부터 2주가 지나야 송달의 효력이 생기고(제196조 제1항 본문), 외국에서 할 송달에 대한 공시송달의 경우에는 2월이 지나야 효력이 생긴다(제196조 제2항).

③ 같은 당사자에 대한 최초 공시송달 뒤의 공시송달은 실시한 다음 날부터 바로 그 효력이 생기는데, 판결송달을 2회 이후의 공시송달로 할 경우 게시한 날부터 즉시 상소기간이 진행하고, 이 효력발생에 필요한 기간은 늘이거나 줄일 수 없다.

➡ **[X]** 같은 당사자에 대한 그 뒤의 송달은 실시한 다음 날부터 바로 그 효력이 생긴다(제196조 제1항 단서). 여기서 다음 날이란 공시송달을 실시한 다음 날의 오전 영시를 말하므로, 판결송달을 2회 이후의 공시송달로 할 경우 게시한 다음 날부터 즉시 상소기간이 진행한다. 이 효력발생에 필요한 기간은 늘일 수는 있어도 줄일 수는 없다(제196조 제3항).

❹ 공시송달이 법정요건에 해당하지 아니하더라도 재판장이 공시송달을 명하여 일단 공시송달이 행하여진 이상 그 공시송달은 유효하다고 함이 기존의 확립된 판례이다.

➡ [O] 대결 (全) 1984.3.15. 84마20; 대판 1994.10.21. 94다27922

문 17
정답 ①

재판상 자백에 관한 다음 설명 중 가장 옳지 않은 것은? (판례에 의함)

❶ 상대방의 주장에 단순히 침묵하거나 불분명한 진술을 하는 것으로 재판상의 자백이 있었다고 볼 수 있다.

➡ [X] 재판상의 자백은 변론기일 또는 변론준비기일에서 상대방의 주장과 일치하면서 자신에게는 불리한 사실을 진술하는 것을 말한다. 자백은 명시적인 진술이 있는 경우에 인정되는 것이 보통이지만, 자백의 의사를 추론할 수 있는 행위가 있으면 묵시적으로 자백을 한 것으로 볼 수도 있다. 다만, 상대방의 주장에 단순히 침묵하거나 불분명한 진술을 하는 것만으로는 자백이 있다고 인정하기에 충분하지 않다(대판 2021.8.4. 2018다267900).

② 당사자본인신문의 결과 중에 당사자의 진술로서 상대방의 주장사실과 일치되는 것이 나왔다고 하더라도 그것은 재판상 자백이 될 수 없다.

➡ [O] 소송행위로서의 진술을 의미하므로 당사자신문 중에 상대방의 주장과 일치하는 진술을 하더라도 이는 증거자료에 그칠 뿐 재판상 자백으로 되지 아니한다(대판 1978.9.12. 78다879).

③ 부동산의 시효취득에서 점유기간의 산정기준이 되는 점유개시의 시기는 간접사실에 불과하므로 이에 대한 자백은 법원이나 당사자를 구속하지 않는다.

➡ [O] 부동산의 시효취득에 있어서 점유기간의 산정기준이 되는 점유개시의 시기는 취득시효의 요건사실인 점유기간을 판단하는 데 간접적이고 수단적인 구실을 하는 간접사실에 불과하므로, 이에 대한 자백은 법원이나 당사자를 구속하지 않는다(대판 2007.2.8. 2006다28065).

④ 소유권에 기한 이전등기말소청구소송에서 피고가 원고 주장의 소유권을 인정하는 진술은 재판상 자백이다.

➡ [O] 판례는 선결적 법률관계는 그 자체로는 자백으로서 구속력이 없더라도, 그 내용을 이루는 사실에 대해서는 자백이 성립될 수 있다는 입장이다(대판 1982.4.27. 80다851).

문 18
정답 ④

당사자신문에 관한 다음 설명 중 가장 옳지 않은 것은?

① 당사자신문은 직권 또는 당사자의 신청에 따라 할 수 있다.

➡ [O] 법원은 직권으로 또는 당사자의 신청에 따라 당사자 본인을 신문할 수 있다(제367조).

② 당사자신문은 원칙적으로 신청한 당사자가 당사자신문사항을 적은 서면을 미리 제출할 의무를 부담하지 않는다.

➡ [O] 당사자신문의 활성화를 통한 충실한 사실심리를 도모하기 위하여 민사소송규칙은 당사자신문에 대하여는 증인신문과 달리 당사자신문을 신청한 당사자가 당사자신문사항을 적은 서면을 미리 제출

할 의무를 부담하지 않는 것으로 하면서(규칙 제119조 참조), 다만 법원이 효율적인 당사자신문을 위하여 필요하다고 인정하는 때에는 당사자신문을 신청한 당사자에게 당사자진술서 또는 당사자신문사항을 제출할 수 있도록 하고 있다(제119조의2 제1항).

③ 당사자 본인이 정당한 사유 없이 출석하지 아니하거나 선서 또는 진술을 거부한 때에는 법원은 신문사항에 관한 상대방의 주장을 진실한 것으로 인정할 수 있다.

➡ [O] 제369조

❹ 소송무능력자는 당사자신문의 대상이 되지 아니하나, 당사자의 법정대리인, 법인 기타 단체가 당사자인 경우 이를 대표하여 소송을 수행하는 대표자 또는 관리인은 당사자신문의 대상이 된다.

➡ [X] 소송무능력자도 당사자신문의 대상이 되고(제372조 단서), 당사자의 법정대리인, 법인 기타 단체가 당사자인 경우 이를 대표하여 소송을 수행하는 대표자 또는 관리인도 당사자신문의 대상이 된다(제64조, 제372조 본문).

문 19
정답 ④

문서제출명령에 관한 다음 설명 중 가장 옳지 않은 것은?

① 문서제출명령을 하려면 문서의 존재와 소지가 증명되어야 하는데, 그 증명책임은 원칙적으로 신청인에게 있고, 문서제출명령이 있어도 문서가 법원에 제출되기 전까지는 그 신청을 철회함에 상대방의 동의를 요하지 않는다.

➡ [O] 문서제출명령을 하려면 문서의 존재와 소지가 증명되어야 하는데, 그 증명책임은 원칙적으로 신청인에게 있다(대결 2005.7.11. 2005마259). 문서제출명령이 있어도 그 문서가 법원에 제출되기 전까지는 그 신청을 철회함에 상대방의 동의를 요하지 않는다(대판 1971.3.23. 70다3013).

② 문서제출신청 후 이를 상대방에게 송달하는 등 문서제출신청에 대한 의견을 진술할 기회를 부여하지 않은 채 문서제출신청 직후에 이루어진 문서제출명령은 위법하다.

➡ [O] 대결 2009.4.28. 2009무12

③ 제3자에 대하여 문서제출명령을 하면서 심문절차를 누락한 경우 제3자만이 즉시항고를 할 수 있을 뿐이고, 본안소송의 당사자가 이를 이유로 즉시항고를 하는 것은 허용되지 않는다.

➡ [O] 제3자에 대하여 문서제출명령을 하면서 심문절차를 누락한 경우 제3자만이 즉시항고 할 수 있을 뿐이고, 본안소송의 당사자가 이를 이유로 즉시항고하는 것은 허용되지 아니한다(대결 2008.9.26. 2007마672).

❹ 당사자가 문서제출명령에 따르지 아니하는 경우 법원은 그 문서에 의하여 증명하고자 하는 상대방의 주장사실이 증명되었다고 인정하여야 하고, 법원이 자유심증에 의해 그와 달리 판단할 수는 없다.

➡ [X] 당사자가 위 명령에 따르지 아니한 경우에는 법원은 상대방의 그 문서에 관한 주장 즉 문서의 성질·내용·성립의 진정 등에 관한 주장을 진실한 것으로 인정하여야 한다는 것이지 그 문서에 의하여 입증하고자 하는 상대방의 주장사실까지도 반드시 증명되었다고 인정하여야 한다는 취지가 아니며 주장사실의 인정 여부는 법원의 자유심증에 의한다(대판 1993.6.25. 93다15991).

문 20

감정 · 검증 · 사실조회(조사의 촉탁)에 관한 다음 설명 중 가장 옳지 않은 것은?

① 신청인이 감정을 구하는 사항을 적은 서면을 제출한 때에는 법원이 필요 없다고 인정한 경우가 아닌 한 그 서면을 상대방에게 송달하여야 한다.

➡ [O] 신청인이 감정을 구하는 사항을 적은 서면을 제출한 때에는 법원이 필요 없다고 인정한 경우(측량감정이나 시가감정과 같이 감정사항이 정형적으로 정하여져 있는 경우)가 아닌 한 그 서면을 상대방에게 송달하여야 한다(규칙 제101조 제1항 · 제2항).

❷ 법원은 감정을 명한 후라도 감정서를 제출하지 않거나 구술로 감정보고를 하기 전까지는 감정인 지정을 취소할 수 있는데, 이 경우에 감정인에게 감정에 소요된 여비는 지급해야 하지만 감정료는 지급하지 않아도 된다.

➡ [X] 법원은 감정인을 지정하였더라도 감정을 명하기 전이라면 감정인 지정을 취소할 수 있고, 감정을 명한 후라도 감정서를 제출하지 않거나 구술로 감정보고를 하기 전까지는 감정인 지정을 취소할 수 있다. 이 경우에도 감정인에게 감정에 소요된 여비, 감정료 등은 지급하여야 한다(민사소송비용법 제4조, 제6조).

③ 서증의 진정성립 인정을 위한 필적 또는 인영의 대조는 육안에 의한 판별이 가능한 범위 내에서는 검증절차에 의하여야 한다.

➡ [O] 서증의 진정성립 인정을 위한 필적 또는 인영의 대조(제359조)는 육안에 의한 판별이 가능한 범위 내에서는 검증절차에 의하여야 한다.

④ 전문적이고 특수한 분야에 관한 지식이나 정보를 갖고 있는 개인에게도 사실조회를 할 수 있고, 사실조회의 한 방법으로 대상자가 보관 중인 문서의 등 · 사본을 송부할 것을 촉탁할 수 있다.

➡ [O] 현행 민사소송법은 전문적이고 특수한 분야에 관한 지식이나 정보를 갖고 있는 개인에게도 사실조회를 할 수 있도록 하였고, 사실조회의 한 방법으로 대상자가 보관 중인 문서의 등 · 사본을 송부할 것을 촉탁할 수 있다.

문 21

증명책임의 분배에 관한 다음 설명 중 가장 옳지 않은 것은? (다툼이 있는 경우 판례에 의함)

① 매매로 인한 소유권이전등기청구의 경우 원고는 매매계약의 체결사실만 주장 · 증명하면 되고, 대금을 지급하였다거나 목적물이 피고의 소유라는 사실을 주장 · 증명할 필요는 없다.

➡ [O] 매매계약의 체결만으로 매수인의 소유권이전등기청구권이 발생하므로, 매매대금을 청구하는 경우와 마찬가지로 매매계약의 체결사실만 주장 · 입증하면 되며, 매수인이 대금을 지급하였다거나 목적물이 매도인의 소유라는 사실을 주장 · 입증할 필요는 없다. 즉 매매대금 지급사실은 요건사실이 아니다(약정된 대금만을 기재).

❷ 점유취득시효완성으로 인한 소유권이전등기청구의 경우 원고는 부동산을 20년간 점유한 사실, 소유의 의사, 점유의 평온 · 공연성을 주장 · 증명하여야 한다.

➡ [X] 민법 제245조 제1항은 20년간 소유의 의사로 평온 · 공연하게 부동산을 점유한 자는 등기함으로써 그 소유권을 취득한다고 규정하

고 있지만, 자주 · 평온 · 공연한 점유는 민법 제197조에 의하여 추정되므로 당해 원고는 청구원인사실로 부동산을 20년간 점유한 사실만 주장 · 증명하면 된다.

③ 소유권이전등기말소청구의 경우 원고는 부동산이 원고 소유인 사실, 피고 명의의 등기가 마쳐진 사실 외에 등기원인의 무효 사실 또는 등기절차의 위법사실까지 주장 · 증명하여야 한다.

➡ [O] 원고는 청구원인으로 원고 소유인 사실, 피고 명의의 등기가 마쳐진 사실, 등기원인서류가 위조되었다거나 등기원인인 매매가 무효 · 취소 · 해제된 사실을 주장 · 입증해야 한다.

> 예 **원인무효등기 말소** ⓐ [원고 소유] 별지 목록 기재 부동산은 원래 원고 소유이다. ⓑ [피고 명의의 등기 경료] 피고는 위 부동산에 관하여 ○○지방법원 ○○등기소 2010.10.1. 접수 제1234호로 마친 소유권이전등기를 마쳤다. ⓒ [등기가 원인 무효인 사실] 피고가 일시 원고의 인감을 보관함을 기화로 원고 명의의 매도증서, 위임장 등 소유권이전등기에 필요한 서류를 위조하여 위 소유권이전등기를 마쳤다.

④ 소송물인 특정채무의 발생원인이 아예 없었다고 주장하면서 채무부존재확인청구를 하는 경우 원고는 소송물을 특정할 정도의 주장만 하면 되고 피고가 그 발생원인사실을 주장 · 증명하여야 한다.

➡ [O] 소송물인 특정채무의 발생원인사실이 아예 없었다고 주장하는 경우에는 원고는 소송물을 특정할 정도의 주장만 하면 되고, 피고가 그 발생원인사실을 주장 · 입증하여야 한다.
참고로, 소송물인 특정채무의 발생원인이 있었지만 그것이 무효, 취소되었다거나 또는 발생한 채무가 사후에 소멸되었다는 주장을 하는 경우에는 소멸원인(무효, 취소, 변제, 소멸시효 등) 사실이 요건사실이다.

문 22

다음 설명 중 가장 옳은 것은? (다툼이 있는 경우 판례에 의함)

① 당사자가 화해조서의 당연무효사유를 주장하며 기일지정신청을 하여 법원이 심리를 한 다음 무효사유가 부존재한다고 판단한 때에는 기각결정으로 절차를 종료한다.

➡ [X] 당사자가 소송상 화해의 당연무효를 주장하면서 기일지정신청을 한 때에는, 법원은 변론기일을 열어 당연무효사유가 있는지를 심리한 다음 무효사유가 존재한다고 판단된다면 심리를 속행하고, 그 사유가 존재하지 아니하면 판결로써 소송종료선언을 하여야 한다(대판 2000.3.10. 99다67703).

② 제1화해가 성립된 후에 제1화해와 모순 저촉되는 제2화해가 성립된 경우, 제1화해는 실효되거나 변경된 것으로 보아야 한다.

➡ [X] 제1화해가 성립된 후에 그와 모순된 제2화해가 성립되어도 그에 의하여 제1화해가 조서에 기재되어 확정판결과 동일하게 기판력이 발생한 이상 제2화해에 의하여 제1화해가 당연히 실효되거나 변경된다고 할 수 없다(대판 1995.12.5. 94다59028).

③ 화해권고결정에 대하여 이의신청을 한 당사자는 그 심급에서 판결이 선고될 때까지 이의신청을 취하할 수 있다. 이 경우 상대방의 동의를 요하지 않는다.

➡ [X] 화해권고결정에 대하여 이의신청을 한 당사자는 그 심급에서 판결이 선고될 때까지 상대방의 동의를 얻어 이의신청을 취하할 수 있다(제228조 제1항).

④ 화해권고결정에 대한 이의신청은 이의신청서를 화해권고결정을 한 법원에 제출하는 방법으로만 가능하고 변론준비기일 등에서 말로 하는 이의신청은 그 효력이 없다.

➡ **[O]** 이의신청은 당사자와 법정대리인, 화해권고결정의 표시와 그에 대한 이의신청의 취지를 적은 이의신청서를 화해권고결정을 한 법원에 제출하는 방법으로 하여야 하므로(제227조 제1항·제2항), 변론준비기일 등에서 말로 하는 이의신청은 그 효력이 없다.

문 23   정답 ①

가집행선고에 관한 다음 설명 중 가장 옳지 않은 것은?

❶ 가집행선고 있는 판결에 기한 강제집행의 정지를 위하여 공탁한 담보는 강제집행정지로 인하여 채권자에게 생길 손해를 담보하기 위한 것이므로 정지의 대상인 기본채권도 담보한다.

➡ **[X]** 가집행선고 있는 판결에 대한 강제집행정지를 위한 보증공탁은 그 강제집행정지 때문에 손해가 발생할 경우에 그 손해배상의 확보를 위하여 하는 것이고 강제집행의 기본채권에 충당할 수는 없는 것이므로 위 손해배상청구권에 한하여서만 질권자와 동일한 권리가 있을 뿐이고, 강제집행의 기본채권에까지 담보적 효력이 미치는 것이 아니다(대결 1979.11.23. 79마74).

② 당사자가 이혼이 성립하기 전에 이혼소송과 병합하여 재산분할의 청구를 하고, 법원이 이혼과 동시에 재산분할을 명하는 판결을 하는 경우에도 이혼판결은 확정되지 아니한 상태이므로, 그 시점에서 가집행을 허용할 수 없다.

➡ **[O]** 민법상의 재산분할청구권은 이혼을 한 당사자의 일방이 다른 일방에 대하여 재산분할을 청구할 수 있는 권리로서 이혼이 성립한 때에 그 법적 효과로서 비로소 발생하는 것이므로, 당사자가 이혼이 성립하기 전에 이혼소송과 병합하여 재산분할의 청구를 하고, 법원이 이혼과 동시에 재산분할을 명하는 판결을 하는 경우에도 이혼판결은 확정되지 아니한 상태이므로, 그 시점에서 가집행을 허용할 수는 없다(대판 1998.11.13. 98므1193).

③ 가지급물반환신청은 소송 중의 소의 일종으로서 그 성질은 예비적 반소이므로, 가집행의 선고가 붙은 제1심판결에 대하여 피고가 항소를 하였다가 피고의 항소가 기각된 경우, 항소심이 별도로 가지급물반환신청에 대한 판단을 하지 아니한 것은 적법하다.

➡ **[O]** 가지급물반환신청은 소송 중의 소의 일종으로서 그 성질은 예비적 반소라 할 것이므로, 가집행의 선고가 붙은 제1심판결에 대하여 피고가 항소를 하였지만 피고의 항소가 기각된 이 사건에서 원심이 따로 가지급물반환신청에 대한 판단을 하지 아니한 것은 적법하다(대판 2005.1.13. 2004다19647).

④ 제1심에서 가집행선고가 붙은 패소의 이행판결을 선고받고 항소한 당사자는 항소심에서 민사소송법 제215조 제2항의 가집행의 선고에 따라 지급한 물건을 돌려 달라는 재판을 구하는 신청을 하지 아니하고 제1심의 본안판결을 바꾸는 판결을 선고받아 상대방이 상고한 경우에는 상고심에서 위와 같은 신청을 하지 못한다.

➡ **[O]** 제1심에서 가집행선고가 붙은 패소의 이행판결을 선고받고 항소한 당사자는 항소심에서 민사소송법 제215조 제2항의 재판을 구하는 신청을 하지 아니하고 제1심의 본안판결을 바꾸는 판결을 선고받아 상대방이 상고한 경우에는 상고심에서 위와 같은 신청을 하지 못한다(대판 2003.6.10. 2003다14010,14027).

문 24   정답 ②

항소에 관한 다음 설명 중 가장 옳지 않은 것은?

① 판결정본 송달 전에도 항소를 할 수 있다.

➡ **[O]** 항소는 판결서가 송달된 날부터 2주 이내에 제기하여야 하며, 판결서 송달 전에도 항소할 수 있다(제396조 제1항). 위 2주의 기간은 불변기간이다(제396조 제2항).

❷ 원고가 피고의 주소를 알고 있으면서도 허위의 주소 또는 소재불명으로 표시하여 법원으로부터 공시송달명령을 얻어내어 판결을 받아 형식적으로 확정시킨 경우라도 그 판결의 송달 자체가 무효이므로 피고는 언제든지 통상의 방법에 의하여 상소를 제기할 수 있다.

➡ **[X]** 판례는 원고가 피고의 주소를 알고 있으면서도 허위의 주소 또는 소재불명으로 표시하여 법원으로부터 공시송달명령을 얻어내어 판결을 받아 확정시킨 경우에는 그 판결이 일단 확정된 것으로 보고 재심청구(제451조 제1항 제11호)까지 허용하고 있다(대판 1974.6.25. 73다1471).

③ 항소의 취하는 항소의 전부에 대하여 하여야 하고 항소의 일부 취하는 효력이 없으므로 병합된 수개의 청구 전부에 대하여 불복한 항소에서 그 중 일부 청구에 대한 불복신청을 철회하였더라도 그것은 단지 불복의 범위를 감축하여 심판의 대상을 변경하는 효과를 가져오는 것에 지나지 아니하고, 항소인이 항소심의 변론종결시까지 언제든지 서면 또는 구두진술에 의하여 불복의 범위를 다시 확장할 수 있는 이상 항소 자체의 효력에 아무런 영향이 없다.

➡ **[O]** 항소의 취하는 항소의 전부에 대하여 하여야 하고 항소의 일부 취하는 효력이 없으므로 병합된 수개의 청구 전부에 대하여 불복한 항소에서 그중 일부청구에 대한 불복신청을 철회하였더라도 그것은 단지 불복의 범위를 감축하여 심판의 대상을 변경하는 효과를 가져오는 것에 지나지 아니하고, 항소인이 항소심의 변론종결시까지 언제든지 서면 또는 구두진술에 의하여 불복의 범위를 다시 확장할 수 있는 이상 항소 자체의 효력에 아무런 영향이 없다(대판 2017.1.12. 2016다241249).

④ 항소기간 경과 후에 항소취하가 있는 경우에는 항소기간 만료시로 소급하여 제1심판결이 확정되나, 항소기간 경과 전에 항소취하가 있는 경우에는 판결은 확정되지 아니하고 항소기간 내라면 항소인은 다시 항소의 제기가 가능하다.

➡ **[O]** 항소의 취하가 있으면 소송은 처음부터 항소심에 계속되지 아니한 것으로 보게 되나(제393조 제2항, 제267조 제1항), 항소취하는 소의 취하나 항소권의 포기와 달리 제1심 종국판결이 유효하게 존재하므로, 항소기간 경과 후에 항소취하가 있는 경우에는 항소기간 만료시로 소급하여 제1심판결이 확정되나, 항소기간 경과 전에 항소취하가 있는 경우에는 판결은 확정되지 아니하고 항소기간 내라면 항소인은 다시 항소의 제기가 가능하다(대판 2016.1.14. 2015므3455).

소액사건심판절차에 관한 다음 설명 중 가장 잘못된 것은?

① 주택임대차보호법 및 상가건물 임대차보호법 상의 보증금반
환청구는 소송목적의 값의 많고 적음을 불문하고 소액사건심
판법의 일부규정을 준용하여 재판의 신속을 도모하고 있다.

➡ **[O]** 주택임대차보호법 및 상가건물 임대차보호법 상의 보증금반환
청구는 소송목적의 값의 많고 적음을 불문하고 소액사건심판법의 일
부 규정(소액사건심판법 제6조, 제7조, 제10조, 제11조의2 등)을 준
용하여 재판의 신속을 도모하고 있다(주택임대차보호법 제13조, 상
가건물 임대차보호법 제18조).

② 이행권고결정은 발송송달이나 공시송달의 방법으로 송달할
수 없다.

➡ **[O]** 보충송달이나 유치송달을 할 수 없을 때 하는 발송송달(제187
조)이나, 피고의 주소·거소 기타 송달할 장소를 알 수 없을 경우 등
에 하는 공시송달(제194조 내지 제196조)의 방법으로는 이행권고결
정서 등본을 송달할 수 없다(소액사건심판법 제5조의3 제3항). 따라
서 법원은 위와 같은 발송송달이나 공시송달에 의하지 않고는 피고
에게 이행권고결정서 등본을 송달할 수 없다고 여기면 지체 없이 변
론기일을 지정하여야 한다(동조 제4항).

❸ 이행권고결정에 대하여 이의신청을 한 피고는 제1심판결이 선
고되기 전까지 원고의 동의를 얻어 취하할 수 있고 이의신청
을 취하하면 이행권고결정이 확정된다.

➡ **[X]** 이의신청을 한 피고는 제1심판결이 선고되기 전까지 이의신청
을 취하할 수 있으므로(소액사건심판법 제5조의4 제4항), 이때 원고
의 동의를 받을 필요는 없다. 따라서 피고가 이의신청을 취하하면 이
행권고결정이 확정된다.

④ 당사자와 고용, 그 밖에 이에 준하는 계약관계를 맺고 그 사건
에 관한 통상사무를 처리·보조하는 사람으로서 그 사람이 담
당하는 사무와 사건의 내용 등에 비추어 상당하다고 인정되는
경우에는 법원의 허가를 받아 소액사건의 소송대리인이 될 수
있다.

➡ **[O]** 민사소송규칙 제15조 제2항

1	2	3	4	5	6	7	8	9
④	③	③	④	③	①	②	④	③
10	11	12	13	14	15	16	17	18
④	③	④	③	①	②	④	③	③
19	20	21	22	23	24	25		
②	③	③	④	②	③	②		

문 1

정답 ④

답변서가 제출되지 않은 사건의 처리에 관한 다음 설명 중 가장 옳지 않은 것은?

① 이행권고결정에 대하여 피고가 이의신청을 한 때에는 법원은 바로 변론기일을 지정해야 하고, 이때에는 원고가 주장한 사실에 대해 다툰 것으로 보게 되므로 무변론판결의 대상이 될 수 없다.

➡ 【O】 소액사건에서는 소가 제기되면 법원이 원칙적으로 이행권고결정을 할 수 있도록 되어 있고, 이행권고결정에 대하여 피고가 이의신청을 한 때에는 법원은 바로 변론기일을 지정하여야 하며, 이때에는 원고가 주장한 사실을 다툰 것으로 보므로(소액사건심판법 제5조의4), 이행권고결정절차에 회부된 소액사건은 무변론판결의 대상이 될 수 없다.

② 피고가 답변서를 제출하여도 청구의 원인사실에 대해 모두 자백하는 취지이고 따로 항변을 제출하지 아니한 때에도 마찬가지로 무변론판결을 할 수 있다.

➡ 【O】 제257조 제2항

③ 피고가 답변서를 제출하지 않고 상속 관련 심판문만 제출한 경우에도 이를 답변서로 보는 것이 타당하므로 무변론판결 선고를 해서는 안 될 것이다.

➡ 【O】 상속의 포기나 한정승인은 원고의 청구를 기각하거나 일부기각을 구하는 피고의 항변이므로, 비록 피고가 답변서를 제출하지 않고 상속관련 심판문만 제출한 경우에도 이를 답변서로 보는 것이 타당하므로 무변론판결 선고를 해서는 안 될 것이다.

❹ 형성소송·가사소송·행정소송의 경우에도 답변서가 제출되지 않으면 무변론판결로 처리하는 것이 상당하다.

➡ 【X】 법률상 또는 성질상 무변론판결을 할 수 없거나 실무운영상 무변론판결에 적합하지 아니한 사건은 변론기일을 지정하여 처리하게 된다. 여기에 해당하는 사건유형으로는 피고에게 공시송달로 소장부본을 송달한 경우(제256조 제1항 단서), 직권으로 조사할 사항(소송요건의 존부 등)이 있는 경우(제257조 제1항 단서), 변론주의 원칙의 적용이 일부 배제되는 등 그 소송의 성질상 무변론판결에 적합하지 아니한 경우(형성소송·가사소송·행정소송) 등을 들 수 있다.

문 2

정답 ③

제척 또는 기피에 관한 다음 설명 중 가장 옳지 않은 것은? (다툼이 있는 경우 판례에 의함)

① 최종변론 전의 변론이나 증거조사에만 관여한 경우는 이전심급의 재판에 관여한 때라고 할 수 없다.

➡ 【O】 법관의 제척원인이 되는 전심관여라 함은 최종변론과 판결의 합의에 관여함을 말하는 것이고, 그 전의 변론이나 증거조사에 관여한 경우는 포함되지 아니한다(대판 1994.8.12. 92다23537).

② 판례는 소송당사자 일방이 재판장의 변경에 따라 소송대리인을 교체한 경우, 재판의 공정을 기대하기 어려운 객관적인 사정이 있는 때에 해당하지 않는다고 보았다.

➡ 【O】 민사소송법 제39조 제1항 소정의 '재판의 공정을 기대하기 어려운 사정이 있는 때'라 함은 당사자가 불공정한 재판이 될지도 모른다고 추측할 만한 주관적인 사정이 있는 때를 말하는 것이 아니고, 통상인의 판단으로서 법관과 사건과의 관계로 보아 불공정한 재판을 할 것이라는 의혹을 갖는 것이 합리적이라고 인정될 만한 객관적인 사정이 있는 때를 말하는 것이므로, 설사 소송당사자 일방이 재판장의 변경에 따라 소송대리인을 교체하였다 하더라도 그와 같은 사유가 재판의 공정을 기대하기 어려운 객관적인 사정이 있는 때에 해당할 수 없다(대결 1992.12.30. 92마783).

❸ 소송상 화해에 관여한 법관이 그 화해내용에 따른 목적물인도소송에 관여하는 경우 법관은 제척사유인 민사소송법 제41조 제5호 '법관이 불복사건의 이전심급의 재판에 관여한 경우'에 해당한다.

➡ 【X】 ㉠ 환송·이송되기 전에 원심에 관여한 법관이 환송·이송된 후에 다시 관여하는 경우(다만, 이 경우에는 제436조 3항으로 관여할 수 없다), ㉡ 재심의 대상이 되는 확정판결에 관여한 법관이 재심소송에서 다시 관여하는 경우(대판 2000.8.18. 2000재다87), ㉢ 가압류·가처분에 관여한 법관이 다시 본안소송에 관여하는 경우(대판 1962.7.20. 61민재항3), ㉣ 본안사건의 재판장에 대한 기피신청 사건의 재판에 관여한 법관이 다시 위 본안사건에 관여하는 경우(대판 1991.12.27. 91마631), ㉤ 소송상 화해에 관여한 법관이 그 화해내용에 따른 목적물인도소송에 관여하는 경우(대판 1969.12.9. 69다1232) 등은 전심에 해당하지 않는다.

④ 기피신청이 있는 때에는 원칙적으로 본안의 소송절차를 정지하여야 하는데, 법원이 기피신청을 받았음에도 소송절차를 정지하지 아니하고 변론을 종결하여 판결선고기일을 지정하였다고 하더라도 종국판결에 대한 불복절차에 의하여 그 당부를 다툴 수 있을 뿐이다.

➡ 【O】 법원이 기피신청을 받았음에도 소송절차를 정지하지 아니하고 변론을 종결하여 판결선고기일을 지정하였다고 하더라도 종국판결에 대한 불복절차에 의하여 그 당부를 다툴 수 있을 뿐 이에 대하여 별도로 항고로써 불복할 수 없다(대결 2000.4.15. 2000그20).

04회

2022 해커스법원직 신정운 S 민사소송법 실전동형모의고사

문 3

관할에 관한 다음 설명 중 가장 옳은 것은?

① 전속적 관할합의의 경우 법률이 규정한 전속관할과 달리 임의 관할의 성격을 가지고 있기는 하나, 공익상의 필요에 의하여 사건을 다른 관할법원에 이송할 수는 없다.

→ **[X]** 전속적 합의관할의 경우에도 그 성질상 임의관할이며 따라서 원고가 합의를 무시한 채 다른 법정관할법원에 소를 제기하여도 피고가 이의 없이 본안변론하면 변론관할(제30조)이 생기며, 전속적 합의의 법원이 재판하다가도 현저한 지연을 피한다는 공익상의 필요가 있을 때에는 다른 법정관할법원에 이송할 수 있다(대결 2008.12.16. 2007마1328).

② 사무소 또는 영업소가 있는 사람에 대하여 그 사무소 또는 영업소의 업무와 관련이 있는 소를 제기하는 경우에는 그 사무소 또는 영업소가 있는 곳의 법원에 제기할 수 있는데, 여기서의 사무소나 영업소는 반드시 주된 사무소나 영업소일 필요는 없지만, 지점은 포함되지 않는다.

→ **[X]** 사무소 또는 영업소가 있는 사람에 대하여 그 사무소 또는 영업소의 업무와 관련이 있는 소를 제기하는 경우에는 그 사무소 또는 영업소가 있는 곳의 법원에 제기할 수 있다(제12조). 여기서 '업무와 관련이 있는 소'란 본래의 업무자체의 수행에 따른 법률관계에 관한 것뿐만 아니라 그 본래의 업무를 집행할 경우 파생되는 모든 권리·의무에 관한 소를 포함한다. 그리고 여기서의 사무소나 영업소는 반드시 주된 사무소나 영업소일 필요는 없고 지점도 포함되지만(대판 1992.7.28. 91다41897), 적어도 어느 정도 독립하여 업무의 전부나 일부가 총괄적으로 경영되는 장소이어야 한다.

❸ 대한민국 법원의 관할을 배제하고 외국의 법원을 관할법원으로 하는 전속적인 국제관할의 합의가 현저하게 불합리하고 불공정하여 공서양속에 반하는 법률행위에 해당하는 경우에는 무효이다.

→ **[O]** 국내법원의 재판권을 전면적으로 배제하고, 외국법원만을 관할법원으로 하기로 하는 이른바 전속적 합의가 유효하기 위해서는, 판례는 ⊙ 국내재판권에 전속하지 않는 사건일 것, ⓒ 합의한 외국법원이 당해 사건에 대해 국제재판관할권을 가질 것, ⓒ 당해 사건이 합의한 외국법원에 대하여 합리적 관련성이 있을 것, ⓔ 전속적 합의가 현저히 불합리하고 불공정한 경우가 아닌 경우이어야 한다고 하였다(대판 1997.9.9. 96다20093).

④ 관할합의의 효력은 소송물이 채권과 같은 상대권이면 특정승계인에게 미치지 않고, 물권과 같은 절대권이면 특정승계인에게 미친다.

→ **[X]** 관할합의의 효력은 원칙적으로 제3자에게 미치지 않지만, 지명채권과 같이 그 권리관계의 내용을 당사자가 자유롭게 정할 수 있는 경우에는, 당해 권리관계의 특정승계인은 그와 같이 변경된 권리관계를 승계한 것이라고 할 것이어서, 관할합의의 효력은 특정승계인에게도 미친다(대결 2006.3.2. 2005마902). 반면 그 내용이 법률상 정형화되어 있는 물권인 경우에는 당사자가 그 내용을 자유롭게 대세적으로 변경할 수 없고, 그 합의된 바를 등기부상 공시할 수 없기 때문에 물권의 양수인은 양도인이 한 합의에 구속되지 않는다(대결 1994.5.26. 94마536).

문 4

당사자적격에 관한 다음 설명 중 가장 옳지 않은 것은?

① 추심소송의 사실심 변론종결 이후 채권압류 및 추심명령이 취소된 경우 상고심에서도 이를 참작하여야 하므로 소각하판결을 한다.

→ **[O]** 추심채권자의 제3채무자에 대한 추심소송 계속 중에 채권압류 및 추심명령이 취소되어 추심채권자가 추심권능을 상실하게 되면 추심소송을 제기할 당사자적격도 상실한다. 이러한 사정은 직권조사사항으로서 당사자가 주장하지 않더라도 법원이 직권으로 조사하여 판단하여야 하고, 사실심 변론종결 이후에 당사자적격 등 소송요건이 흠결되거나 그 흠결이 치유된 경우 상고심에서도 이를 참작하여야 한다(대판 2021.9.15. 2020다297843).

② 등기부상 진실한 소유자의 소유권에 방해가 되는 불실등기가 존재하는 경우에 그 등기명의인이 허무인 또는 실체가 없는 단체인 때에는 소유자는 그와 같은 허무인 또는 실체가 없는 단체 명의로 실제 등기행위를 한 자에 대하여 소유권에 기한 방해배제로서 등기행위자를 표상하는 허무인 또는 실체가 없는 단체명의 등기의 말소를 구할 수 있다.

→ **[O]** 대판 2019.5.30. 2015다47105

③ 사해행위취소의 소의 피고적격자는 채무자가 아니라 수익자 또는 전득자이다.

→ **[O]** 사해행위취소의 소에서 원고적격자가 채권자임은 민법 제406조에 규정되어 있고, 피고적격자에 관하여는 판례가 채무자가 아니라 수익자 또는 전득자로 제한하고 있다(대판 1991.8.13. 91다13717).

❹ 2인 이상의 불가분채무자 또는 연대채무자가 있는 금전채권의 경우에, 그 불가분채무자 등 중 1인을 제3채무자로 한 채권압류 및 추심명령이 이루어지면 그 채권압류 및 추심명령을 송달받은 불가분채무자 등에 대한 피압류채권에 관한 이행의 소는 추심채권자만이 제기할 수 있고 추심채무자는 그 피압류채권에 대한 이행소송을 제기할 당사자적격을 상실하며, 그 채권압류 및 추심명령의 제3채무자가 아닌 나머지 불가분채무자 등도 당사자적격을 상실한다.

→ **[X]** 제3채무자가 복수이고 불가분의 중첩관계에 있는 경우, 당사자적격의 상실은 상대적이다. 예컨대, 2인 이상의 불가분채무자 또는 연대채무자(이하 '불가분채무자 등'이라 한다)가 있는 금전채권의 경우에, 그 불가분채무자 등 중 1인을 제3채무자로 한 채권압류 및 추심명령이 이루어지면 그 채권압류 및 추심명령을 송달받은 불가분채무자 등에 대한 피압류채권에 관한 이행의 소는 추심채권자만이 제기할 수 있고 추심채무자는 그 피압류채권에 대한 이행소송을 제기할 당사자적격을 상실하지만, 그 채권압류 및 추심명령의 제3채무자가 아닌 나머지 불가분채무자 등에 대하여는 추심채무자가 여전히 채권자로서 추심권한을 가지므로 나머지 불가분채무자 등을 상대로 이행을 청구할 수 있고, 이러한 법리는 위 금전채권 중 일부에 대하여만 채권압류 및 추심명령이 이루어진 경우에도 마찬가지이다(대판 2013.10.31. 2011다98426).

82 해커스공무원 gosi.Hackers.com

문 5

소송상 대리에 관한 다음 설명 중 옳은 것은 모두 몇 개인가?

㉠ 대리인에 의한 소송행위에 있어서 대리권의 존재는 그 소송행위의 유효요건이고, 무권대리인에 의한 또는 그에 대한 소송행위는 일률적으로 무효이므로, 당사자 본인이나 정당한 대리인이 추인하더라도 소급하여 유효로 되지 않는다.

➡ **[X]** 대리인에 의한 소송행위에 있어서 대리권의 존재는 그 소송행위의 유효요건이다. 따라서 무권대리인에 의한 또는 그에 대한 소송행위는 일률적으로 무효이며, 민법상 표현대리에 관한 규정은 적용 또는 준용될 수 없다(대판 1994.2.22. 93다42047). 그러나 절대적으로 무효인 것이 아니라 후에 당사자 본안이나 정당한 대리인이 추인한 경우에는 소급하여 유효로 된다(제60조, 제97조). 이 추인의 시기에는 제한이 없으며 제1심에서의 무권대리행위를 상소심에서 추인하여도 무방하다(대판 1997.3.14. 96다25227).

㉡ 법인이 당사자인 소송에서 법인등기사항증명서에 공동대표로 등기가 되어 있으면, 공동대표 전원에 의하여 또는 전원에 대하여 소제기가 있어야 하고, 준비서면 등의 제출서면도 공동으로 명의가 기재되어 있어야 한다.

➡ **[O]** 법인등기사항증명서에 공동대표로 등기가 되어 있으면, 공동대표 전원에 의하여 또는 전원에 대하여 소제기가 있어야 하므로 참여사무관등은 보정을 권고하여야 한다. 공동대표이사의 경우는 소송상으로도 공동으로 대표를 해야 하므로 준비서면 등의 제출서면도 공동으로 명의가 기재되어 있어야 한다. 다만, 상대방의 소송행위에 대한 수령은 단독으로 할 수 있다.

㉢ 본인의 경정권의 대상은 재판상 자백 같은 사실관계에 관한 진술에 한하므로 대리인이 한 신청과 취하·포기·인낙·화해 같은 소송을 처분하는 행위, 법률상의 의견 등은 본인이 취소하거나 경정할 수 없다.

➡ **[O]** 본인의 경정권의 대상은 재판상 자백 같은 사실관계에 관한 진술에 한하므로 대리인이 한 신청과 취하·포기·인낙·화해 같은 소송을 처분하는 행위, 법률상의 의견 등은 본인이 취소하거나 경정할 수 없다.

㉣ 당해 소송이 상급심에서 파기환송 또는 취소환송되어 다시 원심법원에 계속하게 된 때에는 환송 전 원심에서의 소송대리인의 대리권이 부활하고, 재심의 소에 있어서도 재심 전 소송의 소송대리인이 당연히 재심소송의 소송대리인이 된다.

➡ **[X]** 재심의 소에 있어서는 사전 또는 사후의 특별수권이 없는 이상 재심 전 소송의 소송대리인이 당연히 재심소송의 소송대리인이 되는 것은 아니다(대결 1991.3.27. 90마970).

㉤ 지방자치단체는 국가를 당사자로 하는 소송에 관한 법률에서 정한 바와 같이 소송수행자를 지정할 수 없으므로, 변호사대리의 원칙에 따른 소송위임에 의한 소송대리만 가능하고, 변호사 아닌 지방자치단체 소속 공무원으로 하여금 소송수행자로서 소송대리를 하도록 할 수 없다.

➡ **[O]** 대판 2006.6.9. 2006두4035

문 6

소의 이익에 관한 다음의 설명 중 옳은 것은? (다툼이 있는 경우 판례에 의함)

❶ 채무자가 사해행위로 인한 근저당권의 실행으로 경매절차가 진행 중인 부동산을 매각하고 그 대금으로 근저당권자인 수익자에게 피담보채무를 변제함으로써 근저당권설정등기가 말소된 경우, 채권자는 원상회복을 위하여 사해행위인 근저당권설정계약의 취소를 청구할 소의 이익이 있다.

➡ **[O]** 채무자와 수익자 사이의 근저당권설정계약이 사해행위인 이상 그로 인한 근저당권설정등기가 경락으로 인하여 말소되었다고 하더라도 수익자로 하여금 근저당권자로서의 배당을 받도록 하는 것은 민법 제406조 제1항의 취지에 반하므로, 수익자에게 그와 같은 부당한 이득을 보유시키지 않기 위하여 그 근저당권설정등기로 인하여 해를 입게 되는 채권자는 근저당권설정계약의 취소를 구할 이익이 있다(대판 1997.10.10. 97다8687).

❷ 취득시효 완성을 원인으로 하는 소유권이전등기청구권을 피보전권리로 하는 부동산처분금지가처분등기가 마쳐진 후에 가처분채권자가 가처분채무자를 상대로 가처분의 피보전권리에 기한 소유권이전등기를 청구하면서, 가처분등기 후 가처분채무자로부터 소유권이전등기를 넘겨받은 제3자를 상대로 가처분채무자와 제3자 사이의 법률행위가 원인무효라는 사유를 들어 가처분채무자를 대위하여 제3자 명의의 소유권이전등기의 말소를 구하는 청구는 특별한 사정이 없는 한 소의 이익이 없다.

➡ **[X]** 부동산처분금지가처분 등기가 마쳐진 후 가처분의 피보전권리에 기한 소유권이전등기를 청구하는 경우 취득시효 완성을 원인으로 하는 소유권이전등기청구권을 피보전권리로 하는 부동산처분금지가처분 등기가 마쳐진 후에 가처분채권자가 가처분채무자를 상대로 가처분의 피보전권리에 기한 소유권이전등기를 청구함과 아울러 가처분 등기 후 가처분채무자로부터 소유권이전등기를 넘겨받은 제3자를 상대로 가처분채무자와 제3자 사이의 법률행위가 원인무효라는 사유를 들어 가처분채무자를 대위하여 제3자 명의의 소유권이전등기의 말소를 청구하는 경우, 가처분채권자가 채무자를 상대로 본안의 승소판결을 받아 확정되면 가처분에 저촉되는 처분행위의 효력을 부정할 수 있다고 하여, 그러한 사정만으로 위와 같은 제3자에 대한 청구가 소의 이익이 없어 부적법하다고 볼 수는 없다. 가처분채권자가 대위행사하는 가처분채무자의 위 제3자에 대한 말소청구권은 가처분 자체의 효력과는 관련이 없을 뿐만 아니라, 가처분은 실체법상의 권리관계와 무관하게 효력이 상실될 수도 있어, 가처분채권자의 입장에서는 가처분의 효력을 원용하는 외에 별도로 가처분채무자를 대위하여 제3자 명의의 등기의 말소를 구할 실익도 있기 때문이다(대판 2017.12.5. 2017다237339).

❸ 의사의 진술을 명하는 판결에서 그러한 의사의 진술이 있더라도 아무런 법적 효과가 발생하지 아니할 경우라도 소로써 청구할 법률상 이익이 있다.

➡ **[X]** 판결절차는 분쟁의 관념적 해결절차로서 강제집행절차와는 별도로 독자적인 존재 의의를 갖는 것이므로 집행이 가능한지 여부는 이행의 소의 이익을 부정하는 절대적인 사유가 될 수 없다고 하더라도, 이행을 구하는 아무런 실익이 없어 법률상 이익이 부정되는 경우까지 소의 이익이 인정된다고 볼 수는 없다. 특히 의사의 진술을 명하는 판결은 확정과 동시에 그러한 의사를 진술한 것으로 간주되므로(민사집행법 제263조 제1항), 의사의 진술이 간주됨으로써 어떤

법적 효과를 가지는 경우에는 소로써 구할 이익이 있지만 그러한 의사의 진술이 있더라도 아무런 법적 효과가 발생하지 아니할 경우에는 소로써 청구할 법률상 이익이 있다고 할 수 없다(대판 2016.9.30. 2016다200552).

④ 乙이 甲의 X 토지에 관한 서류를 위조하여 매매를 원인으로 한 소유권이전등기를 경료한 다음 丙에게 이를 매도하여 소유권이전등기까지 마친 경우, 甲이 丙을 상대로 제기한 소유권이전등기말소청구가 甲의 패소로 확정되면 乙의 甲에 대한 말소등기의무는 이행불능이 된다. 이러한 경우, 甲이 丙을 상대로 제기한 소유권이전등기 말소청구가 甲의 패소로 확정되면 甲은 乙 명의의 소유권이전등기의 말소를 구할 소의 이익이 없다.

➡ [X] 순차로 경료된 등기들의 말소를 청구하는 소송은 권리관계의 합일적인 확정을 필요로 하는 필요적 공동소송이 아니라 통상공동소송이며, 이와 같은 통상공동소송에서는 공동당사자들 상호간의 공격방어방법의 차이에 따라 모순되는 결론이 발생할 수 있고, 이 경우 후순위 등기에 대한 말소청구가 패소 확정됨으로써 그 전순위 등기의 말소등기 실행이 결과적으로 불가능하게 되더라도, 그 전순위 등기의 말소를 구할 소의 이익이 없다고는 할 수 없다(대판 2008.6.12. 2007다36445).

문 7
정답 ②

반소에 관한 다음 설명 중 가장 옳지 않은 것은?

① 어떤 채권에 기한 이행의 소에 대하여 동일 채권에 관한 채무부존재확인의 반소를 제기하는 것은 그 청구의 내용이 실질적으로 본소청구의 기각을 구하는 데 그치는 것이므로 부적법하다.

➡ [O] 반소청구에 본소청구의 기각을 구하는 것 이상의 적극적 내용이 포함되어 있지 않다면 반소청구로서의 이익이 없고, 어떤 채권에 기한 이행의 소에 대하여 동일 채권에 관한 채무부존재확인의 반소를 제기하는 것은 그 청구의 내용이 실질적으로 본소청구의 기각을 구하는 데 그치는 것이므로 부적법하다(대판 2007.4.13. 2005다40709,40716).

❷ 피고가 원고 이외의 제3자를 추가하여 반소피고로 하는 반소는 허용되지 아니하고, 피고가 제기하려는 반소가 필수적 공동소송이 될 때에도 마찬가지이다.

➡ [X] 피고가 원고 이외의 제3자를 추가하여 반소피고로 하는 반소는 원칙적으로 허용되지 아니하고, 다만 피고가 제기하려는 반소가 필수적 공동소송이 될 때에는 민사소송법 제68조의 필수적 공동소송인 추가의 요건을 갖추면 허용될 수 있다(대판 2015.5.29. 2014다235042 · 235059 · 235066).

③ 반소로 제기된 사해행위취소소송에서 사해행위의 취소를 명하는 판결을 선고하는 경우, 그 판결이 확정되기 전에 사해행위인 법률행위가 취소되었음을 전제로 본소청구를 심리하여 판단할 수 있다.

➡ [O] 사해행위취소소송은 형성의 소로서 그 판결이 확정됨으로써 비로소 권리변동의 효력이 발생하나, 민법 제406조 제1항은 채권자가 사해행위의 취소와 원상회복을 법원에 청구할 수 있다고 규정함으로써 사해행위취소청구에는 그 취소판결이 미확정인 상태에서도 그 취소의 효력을 전제로 하는 원상회복청구를 병합하여 제기할 수 있도

록 허용하고 있다. 또한 원고가 매매계약 등 법률행위에 기하여 소유권을 취득하였음을 전제로 피고를 상대로 일정한 청구를 할 때, 피고는 원고의 소유권 취득의 원인이 된 법률행위가 사해행위로서 취소되어야 한다고 다투면서, 동시에 반소로써 그 소유권 취득의 원인이 된 법률행위가 사해행위임을 이유로 법률행위의 취소와 원상회복으로 원고의 소유권이전등기의 말소절차 등의 이행을 구하는 것도 가능하다.

위와 같이 원고의 본소청구에 대하여 피고가 본소청구를 다투면서 사해행위의 취소 및 원상회복을 구하는 반소를 적법하게 제기한 경우, 사해행위의 취소 여부는 반소의 청구원인임과 동시에 본소청구에 대한 방어방법이자, 본소청구 인용 여부의 선결문제가 될 수 있다. 그 경우 법원이 반소청구가 이유 있다고 판단하여, 사해행위의 취소 및 원상회복을 명하는 판결을 선고하는 경우, 비록 반소청구에 대한 판결이 확정되지 않았다고 하더라도, 원고의 소유권 취득의 원인이 된 법률행위가 취소되었음을 전제로 원고의 본소청구를 심리하여 판단할 수 있다고 봄이 타당하다. 그때에는 반소 사해행위취소 판결의 확정을 기다리지 않고, 반소 사해행위취소 판결을 이유로 원고의 본소청구를 기각할 수 있다(대판 2019.3.14. 2018다277785 · 277792). - 차량 소유자가 본소로 저당권의 말소를 청구하자 저당권자가 차량 소유권 취득의 원인이 된 매매계약이 사해행위라고 주장하면서 반소로 그 취소를 청구한 사건에서 사해행위의 취소를 명하는 한편 이를 이유로 본소청구를 기각한 원심의 판단을 수긍한 사안

④ 반소청구의 기초를 이루는 실질적인 쟁점에 관하여 제1심에서 본소의 청구원인 또는 방어방법과 관련하여 충분히 심리되어 항소심에서의 반소제기를 상대방의 동의 없이 허용하더라도 상대방에게 제1심에서의 심급의 이익을 잃게 하거나 소송절차를 현저하게 지연시킬 염려가 없는 경우에는 상대방의 동의 여부와 관계없이 항소심에서의 반소제기를 허용하여야 한다.

➡ [O] 형식적으로 확정된 제1심판결에 대한 피고의 항소추완신청이 적법하여 해당 사건이 항소심에 계속된 경우 그 항소심은 다른 일반적인 항소심과 다를 바 없다. 따라서 원고와 피고는 형식적으로 확정된 제1심판결에도 불구하고 실기한 공격방어방법에 해당하지 아니하는 한 자유로이 공격 또는 방어방법을 행사할 수 있고, 나아가 피고는 상대방의 심급의 이익을 해할 우려가 없는 경우 또는 상대방의 동의를 받은 경우에는 반소를 제기할 수도 있다. 여기서 '상대방의 심급의 이익을 해할 우려가 없는 경우'라고 함은 반소청구의 기초를 이루는 실질적인 쟁점이 제1심에서 본소의 청구원인 또는 방어방법과 관련하여 충분히 심리되어 상대방에게 제1심에서의 심급의 이익을 잃게 할 염려가 없는 경우를 말한다(대판 2013.1.10. 2010다75044 · 75051).

문 8
정답 ④

공동소송에 관한 다음 설명 중 가장 옳지 않은 것은?

① 주관적 · 예비적 공동소송인 중 일부가 소를 취하하거나 일부 공동소송인에 대한 소를 취하할 수 있고, 이 경우 소를 취하하지 않은 나머지 공동소송인에 관한 청구 부분은 여전히 심판의 대상이 된다.

➡ [O] 민사소송법은 주관적 · 예비적 공동소송에 대하여 필수적 공동소송에 관한 규정인 제67조 내지 제69조를 준용하도록 하면서도 소의 취하의 경우에는 예외를 인정하고 있다(제70조 제1항 단서). 따라서 공동소송인 중 일부가 소를 취하하거나 일부 공동소송인에 대한 소를 취하할 수 있고, 이 경우 소를 취하하지 않은 나머지 공동소송

인에 관한 청구 부분은 여전히 심판의 대상이 된다(대판 2018.2.13. 2015다242429).

② 고유필수적 공동소송인 가운데 일부가 누락된 경우에 법원은 제1심의 변론을 종결할 때까지 원고의 신청에 따라 결정으로 원고 또는 피고를 추가하도록 허가할 수 있고, 법원의 허가결정에 의하여 공동소송인의 추가가 있는 때에는 처음 소가 제기된 때에 추가된 당사자와의 사이에 소가 제기된 것으로 본다.

➡ [O] 법원은 고유필수적 공동소송인 가운데 일부가 누락된 경우에는 제1심의 변론을 종결할 때까지 원고의 신청에 따라 결정으로 원고 또는 피고를 추가하도록 허가할 수 있다(제68조 제1항 본문). 법원의 허가결정에 의하여 공동소송인의 추가가 있는 때에는 처음 소가 제기된 때에 추가된 당사자와의 사이에 소가 제기된 것으로 본다(제68조 제3항). 필수적 공동소송인의 추가이므로 종전의 공동소송인이 행한 소송수행의 결과는 유리한 소송행위의 범위 내에서 추가된 당사자에게도 효력이 미친다.

③ 민사소송법 제70조에서 정한 주관적ㆍ예비적 공동소송에는 조정을 갈음하는 결정이 확정된 경우에는 재판상 화해와 동일한 효력이 있으므로 그 결정에 대하여 일부 공동소송인이 이의하지 않았다면 원칙적으로 그 공동소송인에 대한 관계에서는 조정을 갈음하는 결정이 확정될 수 있다.

➡ [O] 민사소송법 제70조에서 정한 주관적ㆍ예비적 공동소송에는 민사소송법 제67조 내지 제69조가 준용되어 소송자료 및 소송진행의 통일이 요구되지만, 청구의 포기ㆍ인낙, 화해 및 소의 취하는 공동소송인 각자가 할 수 있는데, 이에 비추어 보면, 조정을 갈음하는 결정이 확정된 경우에는 재판상 화해와 동일한 효력이 있으므로 그 결정에 대하여 일부 공동소송인이 이의하지 않았다면 원칙적으로 그 공동소송인에 대한 관계에서는 조정을 갈음하는 결정이 확정될 수 있다. 다만, 조정을 갈음하는 결정에서 분리 확정을 불허하고 있거나, 그렇지 않더라도 그 결정에서 정한 사항이 공동소송인들에게 공통되는 법률관계를 형성함을 전제로 하여 이해관계를 조절하는 경우 등과 같이 결정 사항의 취지에 비추어 볼 때 분리 확정을 허용할 경우 형평에 반하고 또한 이해관계가 상반된 공동소송인들 사이에서의 소송진행 통일을 목적으로 하는 민사소송법 제70조 제1항 본문의 입법 취지에 반하는 결과가 초래되는 경우에는 분리 확정이 허용되지 않는다. 이러한 법리는 이의신청기간 내에 이의신청이 없으면 재판상 화해와 동일한 효력을 가지는 화해권고결정의 경우에도 마찬가지로 적용된다(대판 2015.3.20. 2014다75202).

❹ 예비적 공동소송의 경우 주위적 공동소송인에 대한 청구를 받아들이면 예비적 공동소송인에 대한 청구에 대하여는 판단하지 않아도 된다.

➡ [X] '예비적ㆍ선택적 공동소송'은 동일한 법률관계에 관하여 모든 공동소송인이 서로 간의 다툼을 하나의 소송절차로 한꺼번에 모순 없이 해결하는 소송형태로서 모든 공동소송인에 대한 청구에 관하여 판결을 하여야 한다(제70조 제2항). 즉, 예비적ㆍ선택적 공동소송의 경우 반드시 어느 한 청구를 인용하여야 하는 것은 아니지만, 예비적 공동소송의 경우 주위적 공동소송인에 대한 청구를 받아들이면 예비적 공동소송인에 대하여 청구를 기각하는 판결을 하여야 하고, 선택적 공동소송의 경우 어느 청구를 받아들여 인용판결을 하면 나머지 공동소송인에 대하여 청구를 기각하는 판결을 하여야 한다.

문 9 정답 ③

보조참가와 소송고지에 관한 다음 설명 중 가장 옳은 것은? (다툼이 있는 경우 판례에 의함)

① 소송고지에 의한 최고의 경우, 시효중단의 효력이 발생하는 시점은 소송고지서가 송달된 때이다.

➡ [X] 소송고지의 효력은 피고지자에게 적법하게 송달된 때에 비로소 생기고, 소송고지서가 송달불능이면 소송고지의 효력이 발생하지 않는다. 따라서 소송고지에 의한 최고의 경우에 시효중단의 효력의 발생시기는 소송고지서를 법원에 제출한 때이다(대판 2015.5.14, 2014다16494).

② 보조참가인에 대한 전소확정판결의 참가적 효력은 피참가인과 참가인 사이뿐만 아니라 피참가인의 상대방과 참가인 사이에도 미친다.

➡ [X] 참가적 효력은 피참가인과 참가인 사이에만 미치고, 피참가인과 상대방과 참가인 사이에는 미치지 아니한다(대판 1971.1.26. 70다2596).

❸ 전소가 확정판결이 아닌 조정에 갈음하는 결정에 의하여 종료된 경우 소송고지에 의한 참가적 효력이 인정되지 않는다.

➡ [O] 소송고지제도는 소송의 결과에 대하여 이해관계를 가지는 제3자로 하여금 보조참가를 하여 그 이익을 옹호할 기회를 부여함과 아울러 한편으로는 고지자가 패소한 경우의 책임을 제3자에게 분담시켜 후일에 고지자와 피고지자 간의 소송에서 피고지자가 패소의 결과를 무시하고 전소 확정판결에서의 인정과 판단에 반하는 주장을 하지 못하게 하기 위해 둔 제도이므로 피고지자가 후일의 소송에서 주장할 수 없는 것은 전소 확정판결의 결론의 기초가 된 사실상, 법률상의 판단에 반하는 것으로서 피고지자가 보조참가를 하여 상대방에 대하여 고지자와의 공동이익으로 주장하거나 다툴 수 있었던 사항에 한한다. 이러한 법리에 비추어 보면 전소가 확정판결이 아닌 조정에 갈음하는 결정에 의하여 종료된 경우에는 확정판결에서와 같은 법원의 사실상, 법률상의 판단이 이루어졌다고 할 수 없으므로 참가적 효력이 인정되지 아니한다(대판 2019.6.13. 2016다221085).

④ 소송고지의 요건이 갖추어진 경우, 그 소송고지서에 고지자가 피고지자에 대하여 채무의 이행을 청구하는 의사가 표명되어 있으면 시효중단사유로서의 최고의 효력이 인정되고, 이 경우 고지자가 6월 내에 재판상의 청구 등을 하면 시효중단의 효력이 생기는데, 위 6월의 기간의 기산점은 소송고지서가 피고지자에게 송달된 때이다.

➡ [X] 소송고지의 요건이 갖추어진 경우에 그 소송고지서에 고지자가 피고지자에 대하여 채무의 이행을 청구하는 의사가 표명되어 있으면 민법 제174조에 정한 시효중단사유로서의 최고의 효력이 인정된다. 또한 당해 소송이 계속 중인 동안은 최고에 의하여 권리를 행사하고 있는 상태가 지속되는 것으로 보아 민법 제174조에 규정된 6월의 기간은 당해 소송이 종료된 때로부터 기산되는 것으로 해석하여야 한다(대판 2009.7.9. 2009다14340).

문 10 정답 ④

공동소송참가에 관한 다음 설명 중 가장 옳은 것은?

① 소송목적이 한쪽 당사자와 제3자에게 합일적으로 확정되어야 할 경우 그 제3자는 공동소송인으로 소송에 참가할 수 없다.

➡ **[X]** '공동소송참가'란 소송목적이 한쪽 당사자와 제3자에게 합일적으로 확정되어야 할 경우에 그 제3자가 계속 중의 소송에 공동소송인으로서 참가하는 것을 말하는데(제83조), 이 경우 참가인과 피참가인 간에는 필수적 공동소송관계가 생긴다. 예컨대, 주주의 1인이 주주총회결의취소의 소를 제기하고 그 소의 판결의 효력을 받을 다른 주주가 공동 원고로서 소송에 참가하는 경우, 상법 제404조 제1항 소정의 회사가 주주대표소송에 참가하는 경우 등이 이에 해당한다(대판 2002.3.15. 2000다9086).

② 공동소송참가는 참가인과 피참가인 간에는 필수적 공동소송의 관계가 생기므로 민사소송법 제68조의 필수적 공동소송인의 추가와 같이 제1심의 변론종결시까지 허용된다.

➡ **[X]** 고유필수적 공동소송의 경우 일부 탈락된 공동소송인을 추가하는 제도가 따로 마련되어 있지만(제68조), 공동소송참가는 민사소송법 제68조에 의한 추가와는 달리 항소심에까지 허용되고(대판 2002.3.15. 2000다9086), 제3자가 이 방식에 의하여 스스로 소송에 참가하여 당사자적격의 흠을 보정할 수 있게 된다는 점에서 이 제도의 독자적 의의가 있다.

③ 채권자가 자신의 채권을 보전하기 위하여 채무자의 금전채권을 대위행사하는 채권자대위소송의 계속 중에 다른 채권자도 자신의 채권을 보전하기 위하여 채무자의 동일한 금전채권을 대위행사하면서 공동소송참가신청을 한 경우에는 소송목적이 채권자들인 원고와 참가인에게 합일적으로 확정되어야 할 필요성이 있음을 인정하기 어려우므로 공동소송참가신청은 부적법하다.

➡ **[X]** 채권자대위소송이 계속 중인 상황에서 다른 채권자가 동일한 채무자를 대위하여 채권자대위권을 행사하면서 공동소송참가신청을 할 경우, 양 청구의 소송물이 동일하다면 민사소송법 제83조 제1항이 요구하는 '소송목적이 한쪽 당사자와 제3자에게 합일적으로 확정되어야 할 경우'에 해당하므로 참가신청은 적법하다(대판 2015.7.23. 2013다30301·30325).

❹ 원고 측에 공동소송참가신청을 할 때는 서면에 의하여야 하고, 소장 또는 항소장에 준하는 액수의 인지를 붙여야 한다.

➡ **[O]** 공동소송참가신청은 원고 측에 참가하는 경우에는 소의 제기에 해당하는 것이기 때문에 반드시 서면에 의할 것이 필요하고, 피고 측에 참가하는 경우에도 원고의 경우와의 균형상 서면에 의할 것이 필요하다고 함이 통설이다. 신청서에는 물론 참가의 취지와 이유를 명시하여야 하고(제72조 제1항), 원고 측 공동소송참가신청서에는 심급에 따라 소장 또는 항소장에 준하는 액수의 인지를 붙여야 한다(민사소송 등 인지법 제2조, 제6조).

문 11 정답 ③

중복소제기금지원칙에 관한 다음의 설명 중 옳지 않은 것은? (다툼이 있는 경우에는 판례에 의함)

① 여러 명의 채권자가 동시에 또는 시기를 달리하여 사해행위취소 및 원상회복청구의 소를 제기한 경우 이들 소가 중복제소에 해당하지 아니할 뿐 아니라, 어느 한 채권자가 동일한 사해행위에 관하여 사해행위 취소 및 원상회복청구를 하여 승소판결을 받아 그 판결이 확정되었다는 것만으로는 그 후에 제기된 다른 채권자의 동일한 청구가 권리보호이익이 없어지게 되는 것은 아니다.

➡ **[O]** 채권자취소권의 요건을 갖춘 각 채권자는 고유의 권리로서 채무자의 재산처분 행위를 취소하고 그 원상회복을 구할 수 있는 것이므로 여러 명의 채권자가 동시에 또는 시기를 달리하여 사해행위취소 및 원상회복청구의 소를 제기한 경우 이들 소가 중복제소에 해당하지 아니할 뿐 아니라, 어느 한 채권자가 동일한 사해행위에 관하여 사해행위 취소 및 원상회복청구를 하여 승소판결을 받아 그 판결이 확정되었다는 것만으로는 그 후에 제기된 다른 채권자의 동일한 청구가 권리보호이익이 없어지게 되는 것은 아니다(대판 2008.4.24. 2007다84352).

② 법원은 중복소제기에 해당하는지 여부에 대해 직권으로 조사하여야 하며 중복소제기를 간과한 판결은 당연무효에 해당하는 것은 아니며, 상소에 의해 구제받을 수는 있으나 재심 사유는 아니다.

➡ **[O]** 법원이 간과하고 본안판결을 하였을 때에는 상소로 다툴 수 있다. 그러나 판결이 확정되었을 때에는 당연히 재심사유가 되는 것은 아니며, 그렇다고 당연무효의 판결도 아니다. 다만, 전후 양소의 판결이 모두 확정되었으나 서로 모순·저촉이 되는 때에는 어느 것이 먼저 제소되었는가에 관계없이 뒤의 확정판결이 재심사유가 될 뿐이다(제451조 제1항 제10호). 그러나 재심판결에 의하여 취소되기까지는 뒤의 판결이 새로운 것이기 때문에 존중되어야 할 것이다(대판 1997.1.24. 96다32706).

❸ 전 소송에서 불법행위를 원인으로 치료비청구를 하면서 일부만을 특정하여 청구하고 그 이외의 부분은 별도소송으로 청구하겠다는 취지를 명시적으로 유보한 경우, 전 소송의 계속 중에 동일한 불법행위를 원인으로 유보한 나머지 치료비청구를 별도소송으로 제기하였다면 중복제소에 해당한다.

➡ **[X]** 전 소송에서 불법행위를 원인으로 치료비청구를 하면서 일부만을 특정하여 청구하고 그 이외의 부분은 별도소송으로 청구하겠다는 취지를 명시적으로 유보한 때에는 그 전소송의 소송물은 그 청구한 일부의 치료비에 한정되는 것이고 전 소송에서 한 판결의 기판력은 유보한 나머지 부분의 치료비에까지는 미치지 아니한다 할 것이므로 전 소송의 계속 중에 동일한 불법행위를 원인으로 유보한 나머지 치료비청구를 별도소송으로 제기하였다 하더라도 중복제소에 해당하지 아니한다(대판 1985.4.9. 84다552).

④ 동일한 사건에 관하여 전소가 소송계속 중이라면 설령 그 전소가 소송요건을 흠결하여 부적법하다고 할지라도 후소의 변론종결 시까지 취하·각하 등에 의하여 그 소송계속이 소멸되지 아니하는 한 후소는 중복된 소제기에 해당한다.

➡ **[O]** 전소가 소송요건에 흠이 있어 부적법하더라도 후소의 변론종결 시까지 취하·각하 등에 의하여 소송계속이 소멸하지 않는 한 후소는 중복된 소제기에 해당되어 각하를 면하지 못한다(대판 1998.2.27. 97다45532).

문 12 정답 ④

소멸시효에 관한 설명 중 옳지 않은 것은? (다툼이 있는 경우 판례에 의함)

① 소송당사자가 민법에 따른 소멸시효기간을 주장한 경우에도 법원은 직권으로 상법에 따른 소멸시효기간을 적용할 수 있다.

➡ **[O]** 권리를 소멸시키는 소멸시효항변은 변론주의원칙에 따라 당사

자의 주장이 있어야만 법원의 판단대상이 된다. 그러나 이 경우 어떤 시효기간이 적용되는지에 관한 주장은 권리의 소멸이라는 법률효과를 발생시키는 요건을 구성하는 사실에 관한 주장이 아니라 단순히 법률의 해석이나 적용에 관한 의견을 표명한 것이다. 이러한 주장에는 변론주의가 적용되지 않으므로 법원이 당사자의 주장에 구속되지 않고 직권으로 판단할 수 있다. 당사자가 민법에 따른 소멸시효기간을 주장한 경우에도 법원은 직권으로 상법에 따른 소멸시효기간을 적용할 수 있다(대판 2017.3.22. 2016다258124).

② 본래의 소멸시효 기산일과 당사자가 주장하는 기산일이 서로 다른 경우에는 변론주의의 원칙상 법원은 당사자가 주장하는 기산일을 기준으로 소멸시효를 계산하여야 한다.

➡ **[O]** 소멸시효의 기산일은 채무의 소멸이라고 하는 법률효과 발생의 요건에 해당하는 소멸시효 기간 계산의 시발점으로서 소멸시효 항변의 법률요건을 구성하는 구체적인 사실에 해당하므로 이는 변론주의의 적용대상이고, 따라서 본래의 소멸시효 기산일과 당사자가 주장하는 기산일이 서로 다른 경우에는 변론주의의 원칙상 법원은 당사자가 주장하는 기산일을 기준으로 소멸시효를 계산하여야 하는데, 이는 당사자가 본래의 기산일보다 뒤의 날짜를 기산일로 하여 주장하는 경우는 물론이고 특별한 사정이 없는 한 그 반대의 경우에 있어서도 마찬가지이다(대판 1995.8.25. 94다35886).

③ 채권양도 후 대항요건이 구비되기 전의 양도인이 채무자를 상대로 제기한 소송 중에 채무자가 채권양도의 효력을 인정하는 등의 사정으로 인하여 양도인의 청구가 기각되고 양수인이 그로부터 6월 내에 채무자를 상대로 양수금청구의 소를 제기한 경우, 양도인의 최초의 소제기시에 위 채권의 소멸시효가 중단된다.

➡ **[O]** 채권양도 후 대항요건이 구비되기 전의 양도인은 채무자에 대한 관계에서는 여전히 채권자의 지위에 있으므로 채무자를 상대로 시효중단의 효력이 있는 재판상의 청구를 할 수 있고, 이 경우 양도인이 제기한 소송 중에 채무자가 채권양도의 효력을 인정하는 등의 사정으로 인하여 양도인의 청구가 기각됨으로써 민법 제170조 제1항에 의하여 시효중단의 효과가 소멸된다고 하더라도, 양도인의 청구가 당초부터 무권리자에 의한 청구로 되는 것은 아니므로, 양수인이 그로부터 6월 내에 채무자를 상대로 재판상의 청구 등을 하였다면, 민법 제169조 및 제170조 제2항에 의하여 양도인의 최초의 재판상 청구로 인하여 시효가 중단된다(대판 2009.2.12. 2008두20109).

❹ 가압류로 인한 소멸시효중단의 효력은 가압류결정이 제3채무자에게 송달된 때에 발생하고 가압류신청시로 소급하지 아니한다.

➡ **[X]** 소멸시효는 압류, 가압류 또는 가처분으로 인하여 중단되는바(제168조 제2호), 판례에 따르면 이러한 가압류 등은 '집행'이 되는 것을 전제로 민사소송법 제265조(재판상 청구의 경우 소제기시 시효중단)를 유추적용하여 재판상 청구의 '소제기'와 유사하게 '집행을 신청한 때'에 소급하여 시효중단의 효력이 발생한다고 한다(대판 2017. 4.7. 2016다35451). 즉, 채무자가 아닌 제3자가 채무자의 동산을 점유하고 있는 경우, 동산에 관한 인도청구권을 가압류 하는 방법으로 가압류집행을 할 수 있고, 이 경우 가압류효력의 발생시기는 '가압류명령이 제3자에게 송달된 때'이나, 가압류로 인한 소멸시효 중단의 효력은 '가압류신청시'에 소급하여 발생한다.

문 13 정답 ③

문 13   정답 ③

적시제출주의 및 실기한 공격·방어방법의 각하에 관한 다음 설명 중 옳지 않은 것은? (다툼이 있는 경우 판례에 의함)

① 재판장은 당사자의 의견을 들어 한쪽 또는 양쪽 당사자에 대하여 특정한 사항에 관하여 주장제출·증거신청의 기간을 정할 수 있다.

➡ **[O]** 재판장은 당사자의 의견을 들어 한쪽 또는 양쪽 당사자에 대하여 특정한 사항에 관하여 주장제출·증거신청의 기간을 정할 수 있다(제147조 제1항).

② 적시제출주의에 위반한 경우 각하의 대상은 공격·방어방법, 즉 주장·부인·항변·증거신청 등이고 반소·소의 변경 등은 해당되지 않는다.

➡ **[O]** 각하의 대상은 공격방어방법, 즉 주장·부인·항변·증거신청 등이고, 반소·소의 변경·참가신청 등 판결신청은 해당되지 않는다.

❸ 임의관할 위반과 소송비용의 담보제공 위반의 주장, 중재 합의의 항변은 본안에 관한 사실심 변론종결시까지 제출하여야 한다.

➡ **[X]** 임의관할 위반(제30조), 소송비용의 담보제공 등의 방소항변을 본안에 관한 변론 전까지 제출하여야 한다.

④ 항소심에서 새로운 공격방어방법이 제출되었을 때, 제1심의 경과까지 전체를 살펴 시기에 늦었는가를 판단하여야 한다.

➡ **[O]** 항소심에서 새로운 공격방어방법이 제출되었을 때, 시기에 늦었느냐의 여부는 항소심이 속심이므로 제1·2심 전체를 살펴 판단한다(대판 1962.4.4. 4294민상1122).

문 14   정답 ①

소송에 있어서 형성권의 행사와 관련된 다음 설명 중 옳지 않은 것은? (다툼이 있는 경우 판례에 의함)

❶ 피고가 소송상 상계항변과 소멸시효 완성항변을 함께 주장한 경우 법원은 상계항변을 먼저 판단할 수 있고, 소멸시효 완성의 항변을 하기 전에 상계항변을 먼저 한 경우라면 이는 시효완성으로 인한 법적 이익을 받지 않겠다는 의사를 표시한 것으로 보아야 한다.

➡ **[X]** 소송에서의 상계항변은 일반적으로 소송상의 공격방어방법으로 피고의 금전지급의무가 인정되는 경우 자동채권으로 상계를 한다는 예비적 항변의 성격을 갖는다. 따라서 이 사건과 같이 상계항변이 먼저 이루어지고 그 후 대여금채권의 소멸을 주장하는 소멸시효항변이 있었던 경우에, 상계항변 당시 채무자인 피고에게 수동채권인 대여금채권의 시효이익을 포기하려는 효과의사가 있었다고 단정할 수 없다. 그리고 항소심 재판이 속심적 구조인 점을 고려하면 제1심에서 공격방어방법으로 상계항변이 먼저 이루어지고 그 후 항소심에서 소멸시효항변이 이루어진 경우를 달리 볼 것은 아니다(대판 2013.2. 28. 2011다21556).

② 피고의 소송상 상계항변에 대하여 원고가 소송상 상계의 재항변을 할 경우, 법원은 피고의 소송상 상계항변의 인용 여부와 관계없이 원고의 소송상 상계의 재항변에 관하여 판단할 필요가 없으므로 원고의 위 재항변은 다른 특별한 사정이 없는 한

04회 2022 해커스법원직 신정운 S 민사소송법 실전동형모의고사

허용되지 않는다.

➡ **[O]** 소송상 방어방법으로서의 상계항변은 통상 수동채권의 존재가 확정되는 것을 전제로 하여 행하여지는 일종의 예비적 항변으로서 소송상 상계의 의사표시에 의해 확정적으로 효과가 발생하는 것이 아니라 당해 소송에서 수동채권의 존재 등 상계에 관한 법원의 실질적 판단이 이루어지는 경우에 비로소 실체법상 상계의 효과가 발생한다. 이러한 피고의 소송상 상계항변에 대하여 원고가 다시 피고의 자동채권을 소멸시키기 위하여 소송상 상계의 재항변을 하는 경우, 법원이 원고의 소송상 상계의 재항변과 무관한 사유로 피고의 소송상 상계항변을 배척하는 경우에는 소송상 상계의 재항변을 판단할 필요가 없고, 피고의 소송상 상계항변이 이유 있다고 판단하는 경우에는 원고의 청구채권인 수동채권과 피고의 자동채권이 상계적상 당시에 대등액에서 소멸한 것으로 보게 될 것이므로 원고가 소송상 상계의 재항변으로써 상계할 대상인 피고의 자동채권이 그 범위에서 존재하지 아니하는 것이 되어 이때에도 역시 원고의 소송상 상계의 재항변에 관하여 판단할 필요가 없게 된다. 또한, 원고가 소송물인 청구채권 외에 피고에 대하여 다른 채권을 가지고 있다면 <u>소의 추가적 변경에 의하여 그 채권을 당해 소송에서 청구하거나 별소를 제기할 수 있다. 그렇다면 원고의 소송상 상계의 재항변은 일반적으로 이를 허용할 이익이 없다. 따라서 피고의 소송상 상계항변에 대하여 원고가 소송상 상계의 재항변을 하는 것은 다른 특별한 사정이 없는 한 허용되지 않는다고 보는 것이 타당하다</u>(대판 2014.6.12. 2013다95964).

③ 원고가 2개의 채권을 청구하고, 피고가 그중 1개의 채권을 수동채권으로 삼아 소송상 상계항변을 하는 경우, 원고는 다시 청구채권 중 다른 1개의 채권을 자동채권으로 소송상 상계의 재항변을 할 수는 없다.

➡ **[O]** 원고의 소송상 상계의 재항변은 일반적으로 이를 허용할 이익이 없다. 따라서 피고의 소송상 상계항변에 대하여 원고가 소송상 상계의 재항변을 하는 것은 다른 특별한 사정이 없는 한 허용되지 않는다. 그리고 이러한 법리는 원고가 2개의 채권을 청구하고, 피고가 그중 1개의 채권을 수동채권으로 삼아 소송상 상계항변을 하자, 원고가 다시 청구채권 중 다른 1개의 채권을 자동채권으로 소송상 상계의 재항변을 하는 경우에도 마찬가지로 적용된다(대판 2015.3.20. 2012다107662).

④ 소송상 상계항변이 제출되었으나 소송절차 진행 중 조정이 성립됨으로써 수동채권의 존재에 관한 법원의 실질적인 판단이 이루어지지 않은 경우, 상계항변의 사법상 효과는 발생하지 않는다.

➡ **[O]** 소송상 방어방법으로서의 상계항변은 수동채권의 존재가 확정되는 것을 전제로 하여 행하여지는 일종의 예비적 항변으로서 당사자가 소송상 상계항변으로 달성하려는 목적, 상호양해에 의한 자주적 분쟁해결수단인 조정의 성격 등에 비추어 볼 때, 당해 소송절차 진행 중 당사자 사이에 조정이 성립됨으로써 수동채권의 존재에 관한 법원의 실질적인 판단이 이루어지지 아니한 경우에는 그 소송절차에서 행하여진 소송상 상계항변의 사법상 효과도 발생하지 않는다고 봄이 타당하다(대판 2013.3.28. 2011다3329).

문 15

정답 ②

소송행위의 추후보완에 관한 다음 설명 중 옳은 것은? (다툼이 있는 경우 판례에 의함)

① 제1심판결을 허위주소에서 다른 사람이 송달받은 경우에는 항

소행위의 추후보완이 인정된다.

➡ **[X]** 소송행위의 추후보완은 불변기간 기산의 기초가 되는 송달이 유효한 경우에 비로소 문제되는 것이므로, 제1심판결을 허위주소에서 다른 사람이 송달받은 경우와 같이 그 송달 자체가 무효인 경우에는 불변기간인 항소기간이 처음부터 진행될 수 없어 항소행위의 추후보완이라는 문제는 생기지 않고, 당사자는 언제라도 항소를 제기할 수 있다(대판 1994.12.22. 94다45449).

❷ 제1심 법원이 2009.12.경 소장부본과 판결정본 등을 공시송달의 방법으로 피고 甲에게 송달하였고, 그 후 원고 乙주식회사가 제1심판결에 기하여 甲의 예금채권 등을 압류·추심하여 甲이 제3채무자인 丙신용협동조합으로부터 2019.7.2. "법원의 요청으로 계좌가 압류되었습니다."는 내용과 채권압류 및 추심명령의 사건번호와 채권자가 기재된 문자메시지를 받았는데, 그로부터 2달이 지난 2019.9.30.에 甲이 제1심 판결정본을 영수한 후 2019.10.1. 추완항소를 제기하였다면, 위 항소는 적법하다.

➡ **[O]** 소장부본과 판결정본 등이 공시송달의 방법에 의하여 송달되었다면 특별한 사정이 없는 한 피고는 과실 없이 판결의 송달을 알지 못한 것이고, 이러한 경우 피고는 책임을 질 수 없는 사유로 인하여 불변기간을 준수할 수 없었던 때에 해당하여 그 사유가 없어진 후 2주일 내에 추완항소를 할 수 있다. 여기에서 '사유가 없어진 후'라고 함은 당사자나 소송대리인이 단순히 판결이 있었던 사실을 안 때가 아니라 나아가 판결이 공시송달의 방법으로 송달된 사실을 안 때를 가리키는 것이다. 그리고 다른 특별한 사정이 없는 한 통상의 경우에는 당사자나 소송대리인이 사건 기록을 열람하거나 또는 새로이 판결정본을 영수한 때에 비로소 판결이 공시송달의 방법으로 송달된 사실을 알게 되었다고 보아야 한다.

다만, 피고가 당해 판결이 있었던 사실을 알았고 사회통념상 그 경위에 대하여 당연히 알아볼 만한 특별한 사정이 있었다고 인정되는 경우에는 그 경위에 대하여 알아보는 데 통상 소요되는 시간이 경과한 때에 판결이 공시송달의 방법으로 송달된 사실을 알게 된 것으로 추인하여 책임질 수 없는 사유가 소멸하였다고 봄이 상당하다고 할 것이지만, 이 경우 '당해 판결이 있었던 사실을 알게 된 것'과 더불어 '판결의 경위에 대하여 알아볼 만한 특별한 사정'이 인정되어야 한다. 당사자가 다른 소송의 재판절차에서 송달받은 준비서면 등에 당해 사건의 제1심 판결문과 확정증명원 등이 첨부된 경우에는 위의 특별한 사정을 인정할 수 있고, 제1심판결이 있었던 사실을 알게 된 후 대처방안에 관하여 변호사와 상담을 하거나 추완항소 제기에 필요한 해외거주증명서 등을 발급받은 경우에도 마찬가지이다. 그러나 유체동산 압류집행을 당하였다는 등의 사정만으로는 위의 특별한 사정을 인정하기 어렵고, 나아가 채권추심회사 직원과의 통화 과정에서 사건번호 등을 특정하지 않고 단지 "판결문에 기하여 채권추심을 할 것이다."라는 이야기를 들은 경우에도 당해 제1심판결이 있었던 사실을 알았다거나 위의 특별한 사정이 인정된다고 볼 수 없다(대판 2021. 3.25. 2020다46601).

③ 소송행위를 추후보완할 수 있는 기간은 불변기간을 지킬 수 없는 사유가 없어진 후부터 2주 이내이나, 그 사유가 없어질 당시 외국에 있던 당사자에 대하여는 이 기간을 20일로 한다.

➡ **[X]** 추후보완을 하여야 할 시기는 해태의 원인이 된 사유가 없어진 후부터 2주 이내이다(제173조 제1항 본문). 다만, 그 사유가 없어질 당시 외국에 있던 당사자에 대하여는 이 기간을 30일로 함으로써, 외국 거주자의 경우 국제우편으로 소송서류를 송달하는 데 소요되는 기간으로 인한 불이익을 구제하기 위하여 소송행위 추후보완기간을 30일로 연장하였다(같은 조 제1항 단서).

④ 추후보완의 기간은 불변기간이 아니므로, 부가기간을 정할 수도 없으나 그 기간을 줄이거나 늘일 수는 있다.

➡ [X] 추후보완기간은 그 기간을 줄이거나 늘일 수 없으며, 불변기간이 아니므로 부가기간을 정할 수도 없다(제173조 제2항).

문 16 　　　　　　　　　　　　　　정답 ④

송달에 관한 다음 설명 중 가장 옳지 않은 것은? (다툼이 있는 경우 판례에 의함)

① 법인 그 밖의 단체에 대한 송달은 그 대표자의 주소·거소·영업소 또는 사무소에 하여야 한다.

➡ [O] 법인 그 밖의 단체에 대한 송달은 법인의 주소지가 아니라 법정대리인에 준하는 그 대표자 또는 관리인에게 하여야 하는 것이 원칙이다(대결 1997.5.19. 97마600). 따라서 그 대표자의 주소·거소·영업소 또는 사무소에 하여야 한다(제183조 제1항).

② 근무장소 외의 송달할 장소에서 송달받을 사람의 사무원, 피용자 또는 동거인이 정당한 사유 없이 송달받기를 거부하는 때에는 유치송달을 할 수 있다.

➡ [O] 근무장소 외의 송달할 장소에서 송달받을 사람을 만나지 못한 때에는 그 사무원, 피용자 또는 동거인으로서 사리를 분별할 지능이 있는 사람에게 서류를 교부할 수 있다(제186조 제1항). 서류를 송달받을 사람 또는 제1항의 규정에 의하여 서류를 넘겨받을 사람이 정당한 사유 없이 송달받기를 거부하는 때에는 송달할 장소에 서류를 놓아둘 수 있다(제186조 제3항).

③ 송달의 흠은 원칙적으로 이의권 행사의 대상이 되며 그 포기나 상실 또는 추인에 의해 치유된다. 그러나 항소제기기간에 관한 규정은 성질상 강행규정이므로, 그 기간 계산의 기산점이 되는 판결정본의 송달에 흠이 있는 경우에는 이에 대한 이의권의 포기나 상실로 치유될 수 없고 반드시 재송달을 실시하여야 한다.

➡ [O] 불변기간에 영향이 있는 송달, 예컨대 항소제기기간에 관한 규정은 성질상 강행규정이므로, 그 기간 계산의 기산점이 되는 판결정본의 송달의 흠은 이에 대한 이의권의 포기나 상실로 인하여 치유될 수 없다(대판 2002.11.8. 2001다84497; 대판 1979.9.25. 78다2448).

④ 공시송달의 요건이 불비되었음에도 불구하고 판결정본이 공시송달 된 경우에는 당사자가 상소기간 내에 상소를 하지 않아도 판결은 확정되지 않고 기판력도 발생하지 않는다.

➡ [X] 판결정본이 공시송달의 방법에 의하여 피고에게 송달되었다면 비록 피고의 주소가 허위이거나 그 요건에 미비가 있다 할지라도 그 송달은 유효한 것이므로 항소기간의 도과로 위 판결은 형식적으로 확정되어 기판력이 발생한다 할 것이다(대판 2008.2.28. 2007다41560).

문 17 　　　　　　　　　　　　　　정답 ③

재판상 자백에 관한 다음 설명 중 가장 옳은 것은?

① 재판상 자백이 진실과 부합되지 않는 사실이 증명된 경우라도 변론 전체의 취지에 의하여 그 자백이 착오로 인한 것이라는 점을 인정할 수는 없고, 반드시 증거에 의하여 착오로 인한 것

이라는 점이 인정되어야 한다.

➡ [O] 자백이 진실에 반한다는 증명이 있다고 하여 그 자백이 착오로 인한 것이라고 추정되는 것은 아니지만 그 자백이 진실과 부합되지 않은 사실임을 증명된 경우라면 변론 전체의 취지에 의하여 그 자백이 착오로 인한 것이라는 점을 인정할 수 있다(대판 2004.6.11. 2004다13533).

② 당사자 일방이 한 진술에 잘못된 계산이나 기재, 기타 이와 비슷한 표현상의 잘못이 있고, 잘못이 분명한 경우에도 상대방이 이를 원용하면 재판상 자백이 성립한다.

➡ [X] 당사자 일방이 한 진술에 잘못된 계산이나 기재, 기타 이와 비슷한 표현상의 잘못이 있고, 잘못이 분명한 경우에는 비록 상대방이 이를 원용하였다고 하더라도 당사자 쌍방의 주장이 일치한다고 할 수 없으므로 자백(선행자백)이 성립할 수 없다(대판 2018.8.1. 2018다229564).

③ 법원에 제출되어 상대방에게 송달된 답변서나 준비서면에 자백에 해당하는 내용이 기재되어 있는 경우, 그것이 변론기일이나 변론준비기일에 진술간주가 되어도 재판상 자백이 성립한다.

➡ [X] 법원에 제출되어 상대방에게 송달된 답변서나 준비서면에 자백에 해당하는 내용이 기재되어 있는 경우라도 그것이 변론기일이나 변론준비기일에서 진술 또는 진술간주되어야 재판상 자백이 성립한다(대판 2015.2.12. 2014다229870).

④ 채권자대위소송에서 피보전채권의 발생·소멸의 요건이 되는 구체적 사실은 재판상 자백의 대상이 된다.

➡ [X] 채권자대위소송에서 대위에 의하여 보전될 채권자의 채무자에 대한 권리(피보전채권)가 존재하는지 여부는 소송요건으로서 법원의 직권조사사항이므로(대판 2009.4.23. 2009다3234), 그 존부 자체는 재판상의 자백이나 자백간주의 대상이 될 수 없다.

문 18 　　　　　　　　　　　　　　정답 ③

진정성립의 추정에 관한 다음 설명 중 가장 옳지 않은 것은?

① 문서의 작성방식과 취지에 의하여 공무원이 직무상 작성한 것으로 인정한 때에는 이를 진정한 공문서로 추정하고, 이는 외국의 공공기관이 작성한 것으로 인정한 문서의 경우에도 같다.

➡ [O] 문서의 작성방식과 취지에 의하여 공무원이 직무상 작성한 것으로 인정한 때에는 진정한 공문서로 추정되고(제356조 제1항), 외국의 공공기관이 작성한 문서도 이에 준한다(제356조 제3항). 따라서 공문서의 진정성립을 다투는 자는 위조·변조 등의 사실을 입증하여야 한다.

② 공증인 또는 그 직무를 행하는 자가 작성한 공정증서는 성질상 공문서와 같은 추정력을 가진다.

➡ [O] 공증인 또는 그 직무를 행하는 자[법무법인·법무법인(유한)·법무조합]가 작성한 공정증서(공증인법 제25조 이하)는 성질상 공문서와 같은 추정력을 가지며(대판 1994.6.28. 94누2046), 그들이 작성한 사서증서인증서(공증인법 제57조 이하)의 인증 부분 역시 그러하다.

③ 사문서의 진정성립에 대하여 다툼이 있을 때에는 성립의 진정이 입증되어야 하는데, 그 문서에 본인 또는 대리인의 서명 또

는 날인이 형식상 존재하는 때에는 진정한 것으로 추정을 받는다.

➡ **[X]** 사문서의 진정성립에 대하여 다툼이 있을 때에는 성립의 진정이 입증되어야 하는데(제357조). 그 문서에 본인 또는 대리인의 서명이나 날인 또는 무인이 있는 때에는 진정한 것으로 추정을 받는다(제358조). 여기서 '서명이나 날인 또는 무인이 있는 때'란 문서에 형식적인 서명 등이 존재하는 것을 뜻하는 것이 아니라, 본인이나 대리인의 의사에 기한 서명행위 등이 행하여진 사실이 있는 것을 뜻한다.

④ 사문서에 날인된 작성명의인의 인영이 그의 인장에 의하여 현출된 것이라면 특별한 사정이 없는 한 그 인영의 진정성립, 즉 날인행위가 작성명의인의 의사에 기한 것임이 사실상 추정되고, 일단 인영의 진정성립이 추정되면 민사소송법 제358조에 의하여 그 문서 전체의 진정성립이 추정된다.

➡ **[O]** 사문서에 날인된 작성 명의인의 인영이 그의 인장에 의하여 현출된 것이라면 특단의 사정이 없는 한 그 인영의 진정성립, 즉 날인행위가 작성 명의인의 의사에 기한 것임이 사실상 추정되고, 일단 인영의 진정성립이 추정되면 민사소송법 제358조에 의하여 그 문서 전체의 진정성립이 추정되나, 그와 같은 추정은 그 날인행위가 작성 명의인 이외의 사람에 의하여 이루어진 것임이 밝혀지거나 작성 명의인의 의사에 반하여 혹은 작성 명의인의 의사에 기하지 않고 이루어진 것임이 밝혀진 경우에는 깨어진다.

문 19
정답 ②

문서송부촉탁에 관한 다음 설명 중 가장 옳지 않은 것은? (다툼이 있는 경우 판례에 의함)

① 등기사항증명서 · 가족관계등록사항증명서 등과 같이 법령상 문서의 정본 또는 등본의 교부청구권이 보장되어 있는 경우에는 문서송부촉탁을 할 수 없다.

➡ **[O]** 제352조 단서

❷ 송부된 문서는 자동적으로 그 사건에서 증거자료가 되는 것은 아니나 신청인이 그 중에서 필요한 것을 서증으로 제출하면 증거자료가 되므로 문서의 진정성립을 별도로 증명할 필요는 없다.

➡ **[X]** 송부된 문서가 자동적으로 그 사건에서 증거자료로 되는 것이 아니고, 신청인이 그 중에서 필요한 것을 서증으로 제출함으로써 비로소 증거자료가 되고, 실질적인 증명력을 갖기 위하여 문서의 진정성립을 별도로 입증하여야 한다.

③ 송부된 문서가 인증등본인 경우 그 인증등본을 기록에 가철한 후 서증의 부호 및 번호를 직접 위 인증등본에 부기하고 제출할 서증의 표목만 제출하면 되고 이 경우 그 서증 표목을 제출한 변론기일에 서증을 제출한 것으로 된다.

➡ **[O]** 송부된 문서가 원본이 아닌 인증등본인 경우에는 그 자체가 서증사본의 성격을 띠고 있으므로 법원용 사본을 별도로 제출할 필요가 없고, 인증등본을 기록에 가철한 후 서증의 부호 및 번호를 직접 위 인증등본에 부기하고 제출할 서증의 표목만 제출하면 된다(문서송부촉탁예규). 이 경우에도 그 서증 표목을 제출한 변론(준비)기일에 서증을 제출한 것으로 된다.

④ 제출된 인증등본의 전부 또는 일부를 증거로 채택하지 아니하는 때에는 신청인의 의견을 들어 그 인증등본을 기록에서 분

리하여 신청인에게 교부하거나 폐기한다.

➡ **[O]** 제355조 제4항

문 20
정답 ③

증명책임에 관한 다음 설명 중 가장 옳지 않은 것은?

① 부동산에 관한 매매계약에 기한 매매대금청구소송에서 피고는 당해 부동산을 증여받았으므로 매매대금을 지급할 의무가 없다고 주장하는 경우, 원고가 주장하는 매매계약 체결사실과 피고가 주장하는 증여계약 체결사실의 입증이 모두 실패한 경우 원고의 청구가 기각될 것이다.

➡ **[O]** 매매대금만 청구할 경우에는 매매계약 체결사실, 즉 '원고는 피고에게 어떤 재산권을 이전하여 주기로 하고, 피고는 일정액의 대금을 지급하기로 약정한 사실'만 주장 · 입증하면 된다. 따라서 원고인 매도인이 매매계약 체결사실이 먼저 입증되어야 하기에 입증에 실패한 경우에는 원고청구가 기각된다.

② 법률상 추정이 되면 추정된 사실을 복멸시킬 증명책임이 상대방에게 전환된다.

➡ **[O]** 법률상 추정의 효과로서 추정된 사실에 대해서는 당사자의 증명책임이 면제되고 오히려 상대방이 그 반대사실에 대한 증명책임을 부담하므로 이 범위에서 불요증사실이 된다.

❸ 채무자가 특정한 채무의 변제조로 금원을 지급하였다고 주장함에 대하여, 채권자가 이를 수령한 사실을 인정하면서도 다른 채무의 변제에 충당하였다고 주장하는 경우에는 채무자는 변제충당하기로 하는 합의나 지정이 있었다는 주장 증명을 하여야 한다.

➡ **[X]** 채무자가 특정한 채무의 변제조로 금원을 지급하였다고 주장함에 대하여, 채권자가 이를 수령한 사실을 인정하면서도 다른 채무의 변제에 충당하였다고 주장하는 경우에는 채권자는 그 다른 채권이 존재한다는 사실과 그 다른 채권에 변제충당하기로 하는 합의나 지정이 있었다거나 그 다른 채권이 법정충당의 우선순위에 있었다는 사실을 주장 · 증명하여야 할 것이다(대판 2021.10.28. 2021다251813).

④ 항변에 대한 증명책임은 항변을 하는 자가 부담한다.

➡ **[O]** 항변은 상대방이 주장하는 요건사실(권리근거사실) 자체는 인정한 다음, 이와 반대효과를 생기게 하는 양립 가능한 별개의 요건사실, 즉 권리장애사실 · 권리행사저지사실 · 권리소멸사실을 주장함으로써 상대방의 주장을 배척하게 하려는 공격방어방법을 말하며, 이에 대한 입증책임은 항변하는 자(주로 피고)가 부담한다.

문 21
정답 ③

화해권고결정에 관한 다음 설명 중 가장 옳지 않은 것은?

① 독립당사자참가인이 화해권고결정에 대하여 이의한 경우, 이의의 효력이 원 · 피고 사이에도 미친다.

➡ **[O]** 독립당사자참가인이 화해권고결정에 대하여 이의한 경우 합일확정의 필요상 이의의 효력은 원 · 피고 사이에도 미친다(대판 2005. 5.26. 2004다25901,25918).

② 화해권고결정에 대한 이의신청이 취하된 경우에 화해권고결정은 이의신청기간 만료시에 소급하여 확정된다.

➡ **[O]** 이의신청이 취하된 경우에는 처음부터 이의신청이 없었던 것으로 되므로 화해권고결정은 이의신청기간 만료시에 소급하여 확정된다.

❸ 화해권고결정의 기판력은 그 결정시를 기준으로 하여 발생한다.

➡ **[X]** 화해권고결정에 대한 이의신청이 적법한 때에는 소송은 화해권고결정 이전의 상태로 돌아가므로(제232조 제1항), 당사자는 화해권고결정이 송달된 후에 생긴 사유에 대하여도 이의신청을 하여 새로운 주장을 할 수 있고, 화해권고결정이 송달된 후의 승계인도 이의신청과 동시에 승계참가신청을 할 수 있다고 할 것이다. 이러한 점 등에 비추어 보면, 화해권고결정의 기판력은 그 확정시를 기준으로 하여 발생한다고 해석함이 상당하다(대판 2012.5.10. 2010다2558).

❹ 소유권에 기한 물권적 방해배제청구로서 소유권등기의 말소를 구하는 소송이나 진정명의 회복을 원인으로 한 소유권이전등기절차의 이행을 구하는 소송 중에 그 소송물에 대하여 화해권고결정이 확정되면 상대방은 여전히 물권적인 방해배제의무를 지는 것이고, 그 청구권의 법적 성질이 채권적 청구권으로 바뀌지 아니한다.

➡ **[O]** 소유권에 기한 물권적 방해배제청구로서 소유권등기의 말소를 구하는 소송이나 진정명의 회복을 원인으로 한 소유권이전등기절차의 이행을 구하는 소송 중에 그 소송물에 대하여 화해권고결정이 확정되면 상대방은 여전히 물권적인 방해배제의무를 지는 것이고 화해권고결정에 창설적 효력이 있다고 하여 그 청구권의 법적 성질이 채권적 청구권으로 바뀌지 아니한다(대판 2012.5.10. 2010다2558).

문 22　　　　　　　정답 ③

다음 기판력의 주관적 범위와 관련한 설명 중 옳지 않은 것은? (다툼이 있는 경우에는 판례에 의함)

① 추심금소송에서 추심채권자가 제3채무자와 "피압류채권 중 일부 금액을 지급하고 나머지 청구를 포기한다."는 내용의 재판상 화해를 한 경우, '나머지 청구포기 부분'은 추심채권자가 제3채무자에게 더 이상 추심권을 행사하지 않고 소송을 종료하겠다는 의미로 보아야 한다.

➡ **[O]** 금전채권에 대해 압류·추심명령이 이루어지면 채권자는 민사집행법 제229조 제2항에 따라 대위절차 없이 압류채권을 직접 추심할 수 있는 권능을 취득한다. 추심채권자는 추심권을 포기할 수 있으나(민사집행법 제240조 제1항), 그 경우 집행채권이나 피압류채권에는 아무런 영향이 없다. 한편, 추심채권자는 추심 목적을 넘는 행위, 예를 들어 피압류채권의 면제, 포기, 기한유예, 채권양도 등의 행위는 할 수 없다.
추심금소송에서 추심채권자가 제3채무자와 "피압류채권 중 일부 금액을 지급하고 나머지 청구를 포기한다."는 내용의 재판상 화해를 한 경우 '나머지 청구포기 부분'은 추심채권자가 적법하게 포기할 수 있는 자신의 '추심권'에 관한 것으로서 제3채무자에게 더 이상 추심권을 행사하지 않고 소송을 종료하겠다는 의미로 보아야 한다. 이와 달리 추심채권자가 나머지 청구를 포기한다는 표현을 사용하였다고 하더라도 이를 애초에 자신에게 처분 권한이 없는 '피압류채권' 자체를 포기한 것으로 볼 수는 없다. 따라서 위와 같은 재판상 화해의 효력은 별도의 추심명령을 기초로 추심권을 행사하는 다른 채권자에게 미치지 않는다(대판 2020.10.29. 2016다35390).

② 동일한 채권에 대해 복수의 채권자들이 압류·추심명령을 받

은 경우 어느 한 채권자가 제기한 추심금소송에서 확정된 판결의 기판력은 그 소송의 변론종결일 이전에 압류·추심명령을 받았던 다른 추심채권자에게 미치지 않는다.

➡ **[O]** 확정판결의 기판력이 미치는 주관적 범위는 신분관계소송이나 회사관계소송과 같이 법률에 특별한 규정이 있는 경우를 제외하고는 원칙적으로 당사자, 변론을 종결한 뒤의 승계인 또는 그를 위하여 청구의 목적물을 소지한 사람과 다른 사람을 위하여 원고나 피고가 된 사람이 확정판결을 받은 경우의 그 다른 사람에 국한되고(제218조 제1항·제3항) 그 밖의 제3자에게는 미치지 않는다. 따라서 추심채권자들이 제기하는 추심금소송의 소송물이 채무자의 제3채무자에 대한 피압류채권의 존부로서 서로 같더라도 소송당사자가 다른 이상 그 확정판결의 기판력이 서로에게 미친다고 할 수 없다(대판 2020.10.29. 2016다35390).

❸ 채권양수인이 제218조 제1항에 따라 확정판결의 효력이 미치는 변론종결 후의 승계인에 해당하는지 판단하는 기준시기는 채권양도의 합의가 이루어진 때를 기준으로 판단하여야 한다.

➡ **[X]** 채권을 양수하기는 하였으나 아직 양도인에 의한 통지 또는 채무자의 승낙이라는 대항요건을 갖추지 못하였다면 채권양수인은 채무자와 사이에 아무런 법률관계가 없어 채무자에 대하여 아무런 권리주장을 할 수 없고, 양도인이 채무자에게 채권양도통지를 하거나 채무자가 이를 승낙하여야 채무자에게 채권양수를 주장할 수 있다. 이에 따라 채권양수인이 소송계속 중의 승계인이라고 주장하며 참가신청을 한 경우에, 채권자로서의 지위의 승계가 소송계속 중에 이루어진 것인지 여부는 채권양도의 합의가 이루어진 때가 아니라 대항요건이 갖추어진 때를 기준으로 판단하는 것과 마찬가지로, 채권양수인이 민사소송법 제218조 제1항에 따라 확정판결의 효력이 미치는 변론종결 후의 승계인에 해당하는지 여부 역시 채권양도의 합의가 이루어진 때가 아니라 대항요건이 갖추어진 때를 기준으로 판단하여야 한다(대판 2020.9.3. 2020다210747).

④ 대금분할을 명한 공유물분할판결의 변론이 종결된 뒤(변론 없이 한 판결의 경우에는 판결을 선고한 뒤) 해당 공유자의 공유지분에 관하여 소유권이전청구권의 순위보전을 위한 가등기가 마쳐진 경우, 대금분할을 명한 공유물분할 확정판결의 효력은 민사소송법 제218조 제1항이 정한 변론종결 후의 승계인에 해당하는 가등기권자에게 미치므로, 특별한 사정이 없는 한 위 가등기상의 권리는 매수인이 매각대금을 완납함으로써 소멸한다.

➡ **[O]** 대판 2021.3.11. 2020다253836

문 23　　　　　　　정답 ②

소송비용액 확정절차에 관한 다음 설명 중 가장 옳지 않은 것은? (다툼이 있는 경우 판례에 의함)

① 소의 일부가 취하되거나 또는 청구가 감축된 경우, 그 취하되거나 감축된 부분만이 종결될 당시의 소송계속법원에 소송비용부담 및 그 액수의 확정재판을 신청함으로써 소송비용을 상환받을 수 있다.

➡ **[O]** 소의 일부가 취하되거나 또는 청구가 감축된 경우에 있어서 소송비용에 관하여는 민사소송법 제114조가 적용되는 것이므로, 당사자가 일부 취하되거나 청구가 감축된 부분에 해당하는 소송비용을 상환받기 위해서는 위 규정에 의하여 일부 취하되거나 감축되어 그

부분만이 종결될 당시의 소송계속법원에 종국판결과는 별개의 절차로서의 소송비용부담재판의 신청을 하고 그에 따라 결정된 소송비용의 부담자 및 부담액에 의할 것이다(대결 1999.8.25. 97마3132).

❷ 항소심에서 항소취하가 된 경우에는 제1심을 포함한 총 소송비용에 관하여 항소심법원에 소송비용부담 및 그 액수의 확정재판을 신청해야 한다.

➡ **[X]** 소가 재판에 의하지 않고 완결된 경우에는 소송종료 당시 사건이 계속된 법원이며, 항소심에서 항소취하가 된 경우에는, 제1심 소송비용은 제1심법원에, 항소심 소송비용은 항소심 법원에 각각 신청하고, 항소심에서 소취하가 된 경우에는 제1심을 포함한 총 소송비용에 관하여 항소심법원에 신청해야 한다(제104조, 제114조).

③ 본안소송의 사건이 병합된 경우 외에는 수 개의 확정판결에 기한 소송비용액 확정신청을 병합하여 신청할 수 없다.

➡ **[O]** 서면신청(구술신청 불가)으로 해야 하며 제1심 소송대리인은 별도의 위임장을 첨부할 필요 없으며, 본안소송의 사건이 병합된 경우 외에는 수 개의 확정판결에 기한 소송비용액 확정신청을 병합하여 신청할 수 없으며, 본안소송판결과 보전처분의 이의 · 취소 결정의 경우도 동일하다.

④ 소송비용액 확정신청의 피신청인이 부담하여야 할 소송비용액이 없는 경우에는 송달료 등 소송비용액 확정절차에서의 비용은 신청인이 부담해야 한다.

➡ **[O]** 소송비용액 확정신청의 피신청인이 부담하여야 할 소송비용액이 없는 경우에는 송달료 등 소송비용액 확정절차에서 비용은 피신청인으로 하여금 부담하게 할 수 없다(대결 1991.4.24. 90주5; 대결 2005.5.20. 2004마1038).

문 24
정답 ③

불이익변경금지 원칙에 관한 다음의 설명 중 옳은 것은? (다툼이 있는 경우에는 판례에 의함)

① 금전채무불이행시 발생하는 원본채권과 지연손해금채권은 별개의 소송물로 볼 수 없으므로, 불이익변경인지 여부는 원금과 지연손해금 부분을 합산하여 전체 금액을 기준으로 판단하여야 한다.

➡ **[X]** 금전채무불이행시 발생하는 원본채권과 지연손해금채권은 별개의 소송물이므로, 불이익변경인지 여부는 원금과 지연손해금 부분을 각각 따로 비교하여 판단하여야 하고, 별개의 소송물을 합산한 전체 금액을 기준으로 판단하여서는 안 된다(대판 2009.6.11. 2009다12399).

② X의 대여금청구의 소에 대해 Y가 상계항변을 제출하여 제1심 법원은 상계항변을 받아들여 X의 청구기각판결을 선고하였다. 이에 X만 항소하였다면, 법원은 X의 대여금청구권이 인정되지 않는다는 이유로 X의 청구를 기각하는 판결을 선고할 수 있고 이는 불이익변경금지원칙에 반하지 않는다.

➡ **[X]** 불이익변경 여부의 판단은 원심 판결과 상급심 판결의 <u>주문을 형식적으로 비교하여 판단</u>한다. 따라서 기판력이 발생하지 않는 판결이유가 불이익하게 변경되는 경우는 불이익변경금지원칙에 위반되지 않는다. 다만, "원고가 청구한 채권의 발생을 인정한 후 피고가 한 상계항변을 받아들여 원고의 청구를 기각한 제1심판결에 대하여 원고만이 항소한 경우, 항소심이 원고가 청구한 채권의 발생이 인정

되지 않는다는 이유로 원고의 청구를 기각하는 것은 항소인인 원고에게 불이익하게 제1심판결을 변경하는 것이 되어 허용될 수 없다(대판 2010.12.23. 2010다67258).

③ 소각하판결에 대하여 원고만이 불복상소 하였으나 청구가 이유 없다고 인정되는 경우, 항소심은 원고의 항소를 기각하여야 한다.

➡ **[O]** 판례는 "소를 각하한 제1심판결에 대하여 원고만이 불복상소하였으나 심리한 결과 원고의 청구가 이유가 없다고 인정되는 경우 <u>그 제1심판결을 취소하여 원고의 청구를 기각한다면 오히려 항소인인 원고에게 불이익한 결과로 되어 부당하므로 항소심은 원고의 항소를 기각하여야 한다</u>"(대판 1987.7.7. 86다카2675)고 하여 <u>항소기각설</u>의 입장이다.

④ 동시이행판결을 내렸던 제1심판결에 대하여 피고만이 항소하였는데, 원고가 부담할 반대급부의 금액만을 감축한 항소심판결은 불이익변경금지의 원칙에 위배되지 않는다.

➡ **[X]** <u>항소심은 당사자의 불복신청범위 내에서 제1심판결의 당부를 판단할 수 있을 뿐이므로</u>, 설사 제1심판결이 부당하다고 인정되는 경우라 하더라도 그 판결을 불복당사자의 불이익으로 변경하는 것은 당사자가 신청한 불복의 한도를 넘어 제1심판결의 당부를 판단하는 것이 되어 허용될 수 없다 할 것인바, 원고만이 항소한 경우에 항소심으로서는 제1심보다 원고에게 불리한 판결을 할 수는 없고, 한편 불이익하게 변경된 것인지 여부는 기판력의 범위를 기준으로 하나 공동소송의 경우 원 · 피고별로 각각 판단하여야 하고, 동시이행의 판결에 있어서는 <u>원고가 그 반대급부를 제공하지 아니하고는 판결에 따른 집행을 할 수 없어 비록 피고의 반대급부이행청구에 관하여 기판력이 생기지 아니하더라도 반대급부의 내용이 원고에게 불리하게 변경된 경우에는 불이익변경금지 원칙에 반하게 된다</u>(대판 2005.8.19. 2004다8197).

문 25
정답 ②

이행권고결정에 관한 다음 설명 중 가장 옳지 않은 것은? (다툼이 있는 경우 판례에 의함)

① 이행권고결정의 송달은 그 결정서 등본을 피고에게 송달하는 방법으로 하며, 이행권고결정이 확정되면 그 결정서 정본을 원고에게 송달하여야 한다.

➡ **[O]** 이행권고결정의 송달은 그 결정서 등본을 피고에게 송달하는 방법으로 한다(소액사건심판법 제5조의3 제3항 본문). 이행권고결정서의 등본이 피고에게 송달되어 확정되면 그 결정서 정본을 원고에게 송달하여야 한다(동법 제5조의7 제2항).

❷ 확정된 이행권고결정에 재심사유에 해당하는 하자가 있는 경우에는 이를 이유로 민사소송법 제461조가 정한 준재심의 소를 제기할 수 있다.

➡ **[X]** 기판력을 가지지 아니하는 확정된 이행권고결정에 재심사유에 해당하는 하자가 있다고 하더라도 이를 이유로 민사소송법 제461조가 정한 준재심의 소를 제기할 수 없고, 청구이의 소를 제기하거나 또는 전체로서의 강제집행이 이미 완료된 경우에는 부당이득반환청구의 소 등을 제기할 수 있을 뿐이다(대판 2009.5.14. 2006다34190).

③ 이행권고결정이 확정된 때에는 원칙적으로 별도의 집행문 부여 없이 이행권고결정서 정본으로 강제집행을 할 수 있다.

➡ **[O]** 이행권고결정이 확정된 때에는 원칙적으로 별도의 집행문 부여

없이 이행권고결정서 정본으로 강제집행을 할 수 있도록 강제집행상의 특례도 규정하였다.

④ 확정되지 않은 이행권고결정은 제1심법원에서 판결이 선고된 때에는 효력을 잃으므로, 제1심판결 선고 후에는 이행권고결정에 대한 이의신청을 취하할 수 없다.

➡ [O] 확정되지 않은 이행권고결정은 제1심법원에서 판결이 선고된 때에는 효력을 잃는다(소액사건심판법 제5조의7 제3항). 따라서 제1심판결 선고 후에는 이의신청기간의 경과로 인한 이행권고결정의 확정 문제는 발생하지 않으며, 전술한 바와 같이 이행권고결정에 대한 이의신청 취하도 불가능하다.

1	2	3	4	5	6	7	8	9
①	③	②	②	④	③	②	③	④
10	11	12	13	14	15	16	17	18
①	④	③	②	④	②	④	④	④
19	20	21	22	23	24	25		
③	③	③	①	①	③	④		

문 1

정답 ①

소송요건에 관한 다음 설명 중 가장 옳지 않은 것은?

❶ 소송계속 중 소송능력을 상실한 경우 소 자체가 부적법해지므로 소를 각하하여야 한다.

➡ [X] 소송진행 중의 당사자능력·소송능력·법정대리권의 소멸은 소 각하사유가 아니고 단지 소송중단사유임에 그친다(제233조, 제235조).

② 이미 사망한 자를 채무자로 한 처분금지가처분신청은 부적법하고 그 신청에 따른 처분금지가처분결정이 있었다고 하여도 그 결정은 당연무효로서 그 효력이 상속인에게 미치지 않는다고 할 것이므로, 채무자의 상속인은 일반승계인으로서 무효인 그 가처분결정에 의하여 생긴 외관을 제거하기 위한 방편으로 가처분결정에 대한 이의신청으로써 그 취소를 구할 수 있다.

➡ [O] 대판 2002.4.26. 2000다30578

③ 당사자들이 부제소 합의의 효력이나 그 범위에 관하여 쟁점으로 삼아 소의 적법 여부를 다투지 아니하는데도 법원이 직권으로 부제소 합의에 위배되었다는 이유로 소가 부적법하다고 판단하기 위해서는 그와 같은 법률적 관점에 대하여 당사자에게 의견을 진술할 기회를 주어야 한다.

➡ [O] 특정한 권리나 법률관계에 관하여 분쟁이 있어도 제소하지 아니하기로 합의(이하 '부제소 합의'라고 한다)한 경우 이에 위배되어 제기된 소는 권리보호의 이익이 없고, 또한 당사자와 소송관계인은 신의에 따라 성실하게 소송을 수행하여야 한다는 신의성실의 원칙(제1조 제2항)에도 어긋나는 것이므로, 소가 부제소 합의에 위배되어 제기된 경우 법원은 직권으로 소의 적법 여부를 판단할 수 있다(대판 2013.11.28. 2011다80449).

④ 제척기간이 경과하였는지 여부는 이에 대한 당사자의 주장이 없더라도 법원이 당연히 직권으로 조사하여 재판에 고려하여야 한다.

➡ [O] 제척기간을 도과하였는지는 법원의 직권조사사항이므로 당사자의 주장이 없더라도 법원이 이를 직권으로 조사하여 판단하여야 한다(대판 2019.6.13. 2019다205947).

문 2

정답 ③

다음은 제척 또는 기피신청에 관한 설명이다. 틀린 것을 모두 고른 것은? (다툼이 있는 경우에는 판례에 의함)

ㄱ. 합의부 재판장에 대한 기피신청은 그 합의부에 신청한다.

➡ [O] 합의부의 법관에 대한 제척 또는 기피는 그 합의부에, 수명법관(受命法官)·수탁판사(受託判事) 또는 단독판사에 대한 제척 또는 기피는 그 법관에게 이유를 밝혀 신청하여야 한다(제44조 제1항).

ㄴ. 소송지연을 목적으로 한 것이 분명한 경우에는 결정으로 기피신청을 각하할 수 있으나, 제척신청에 대해서는 각하할 수 없다.

➡ [X] 제척 또는 기피신청이 제44조의 규정에 어긋나거나 소송의 지연을 목적으로 하는 것이 분명한 경우에는 신청을 받은 법원 또는 법관은 결정으로 이를 각하한다(제45조 1항).

ㄷ. 기피신청은 그 이유가 있음을 알게 된 이후 지체 없이 하여야 하고, 당사자가 법관을 기피할 이유가 있다는 것을 알면서도 본안에 관하여 변론한 때에는 그 법관에 대해 기피신청을 할 수 없다.

➡ [O] 제43조 제2항

ㄹ. 실제로 법관에게 편파성이 존재하지 아니하거나 헌법과 법률이 정한 바에 따라 공정한 재판을 할 수 있는 경우에도 기피가 인정될 수 있는 경우가 있다.

➡ [O] 민사소송법은 제척제도 외에도 기피 제도를 마련하여 제43조 제1항에서 "당사자는 법관에게 공정한 재판을 기대하기 어려운 사정이 있는 때에는 기피신청을 할 수 있다."라고 규정하고 있다. 기피제도의 위와 같은 목적과 관련 규정의 내용에 비추어 보면, '법관에게 공정한 재판을 기대하기 어려운 사정이 있는 때'라 함은 우리 사회의 평균적인 일반인의 관점에서 볼 때, 법관과 사건과의 관계, 즉 법관과 당사자 사이의 특수한 사적 관계 또는 법관과 해당 사건 사이의 특별한 이해관계 등으로 인하여 법관이 불공정한 재판을 할 수 있다는 의심을 할 만한 객관적인 사정이 있고, 그러한 의심이 단순한 주관적 우려나 추측을 넘어 합리적인 것이라고 인정될 만한 때를 말한다. 그러므로 평균적 일반인으로서의 당사자의 관점에서 위와 같은 의심을 가질 만한 객관적인 사정이 있는 때에는 실제로 법관에게 편파성이 존재하지 아니하거나 헌법과 법률이 정한 바에 따라 공정한 재판을 할 수 있는 경우에도 기피가 인정될 수 있다(대결 2019. 1.4. 2018스563).

ㅁ. 제척 또는 기피신청에 대해 불복하기 위해서는 즉시항고를 해야 한다.

➡ [X] 제척 또는 기피신청에 정당한 이유가 있다는 결정에 대하여는 불복할 수 없다(제47조 제1항).

ㅂ. 제척 또는 기피하는 이유와 소명방법은 신청한 날부터 3일 이내에 서면으로 제출하여야 한다.

➡ [O] 제44조 제2항

문 3

소송의 이송에 관한 다음 설명 중 가장 옳은 것은?

① 관할위반을 이유로 한 당사자의 이송신청은 단지 법원의 직권발동을 촉구하는 의미밖에 없으므로 이송신청 기각결정에 대하여는 즉시항고가 허용되지 않으나, 법원이 이송신청에 대하여 재판하지 않은 경우에는 재판에 영향을 미친 헌법위반이 있음을 이유로 한 특별항고가 허용된다.

➡ **[X]** 판례는 "ⅰ) 당사자가 관할위반을 이유로 한 이송신청을 한 경우에도 이는 단지 법원의 직권발동을 촉구하는 의미밖에 없는 것이고, 따라서 법원이 이 이송신청에 대하여는 재판을 할 필요가 없고, ⅱ) 설사 법원이 이 이송신청을 거부하는 재판을 하였다고 하여도 항고가 허용될 수 없으므로 항고심에서는 이를 각하하여야 한다."(대결 (全) 1993.12.6. 93마524)라고 하여 부정설의 입장이다. 또한, 판례는 즉시항고(제39조)는 물론 특별항고(제449조)도 부정하는 입장이다(대결 1996.1.12. 95그59).

❷ 심급관할을 위반한 이송결정의 기속력은 이송받은 동일 심급의 법원과 하급심법원에는 미치지만 상급심법원에는 미치지 않는다.

➡ **[O]** 판례는 "심급관할을 위배한 이송결정의 기속력이 이송받은 상급심 법원에도 미친다고 한다면 당사자의 심급의 이익을 박탈하고 이송을 받은 법원이 법률심인 대법원인 경우 당사자의 사실에 관한 주장·입증의 기회가 박탈되는 불합리가 생기므로 상급심법원에는 미치지 않는다고 보아야 하나, 한편 그 기속력이 이송받은 하급심법원에도 미치지 않는다고 한다면 사건이 하급심과 상급심법원 간에 반복하여 전전이송되는 불합리한 결과를 초래하게 되므로 하급심법원에는 미친다."(대결 1995.5.15. 94마1059,1060)라고 판시하였다.

③ 이송결정이 확정되면 이송결정을 한 법원은 수소법원으로서의 자격을 상실하므로 어떠한 처분도 할 수 없다.

➡ **[X]** 법원은 소송의 이송결정이 확정된 뒤라도 급박한 사정이 있는 때에는 직권으로 또는 당사자의 신청에 따라 필요한 처분을 할 수 있다. 다만, 기록을 보낸 뒤에는 그러하지 아니하다(제37조).

④ 동일한 지방법원 내에서 합의부와 단독판사의 구별은 사무분담 문제에 불과하므로, 동일한 지방법원 내의 합의부와 단독판사 사이에서는 이송의 여지가 없다.

➡ **[X]** 지방법원 단독판사는 소송에 대하여 관할권이 있는 경우라도 상당하다고 인정하면 직권 또는 당사자의 신청에 따른 결정으로 소송의 전부 또는 일부를 같은 지방법원 합의부에 이송할 수 있다(제34조 제2항).

문 4

당사자적격에 관한 다음 설명 중 가장 옳지 않은 것은?

① 甲 소유의 토지 위에 乙이 무단으로 건물을 신축한 후 위 건물에 관하여 乙(임대인)과 丙(임차인)이 임대차계약을 체결하여 현재 丙이 위 건물을 점유하고 있는 경우에, 甲이 불법점유를 이유로 토지인도소송을 제기할 경우의 피고적격자는 乙이 된다.

➡ **[O]** 판례는 사회통념상 건물은 그 부지를 떠나서는 존재할 수 없는 것이므로 건물의 부지가 된 토지는 그 건물의 소유자가 점유하는 것으로 볼 것이고, 이 경우 건물의 소유자가 현실적으로 건물이나 그 부지를 점거하고 있지 아니하고 있더라도 그 건물의 소유를 위하여 그 부지를 점유한다고 보아야 한다(대판 2003.11.13. 2002다57935). 따라서 토지인도소송을 제기할 경우 피고적격은 토지소유자인 乙에게 있다.

❷ 법인의 이사에 대한 직무집행정지가처분 신청에 있어서 당해 이사만이 피신청인이 될 수 있지만, 법인의 이사회결의 부존재확인의 소에 있어서는 그 결의에 의해 선임된 이사 및 당해 법인 모두 피고가 될 수 있다.

➡ **[X]** 확인의 소에서는 그 청구에 관하여 확인의 이익을 가지는 사람이 원고적격을, 그 확인에 대한 반대의 이익을 가지는 사람이 피고적격을 각각 가진다. 회사의 주주총회결의·이사회결의의 부존재확인·무효확인의 소에서는 회사만이 피고적격을 가진다. 그 결의에서 이사 등 임원으로 선임된 개인은 피고적격이 없다(대판 1996.4.12. 96다6295). 한편, 이사의 임기가 이미 만료되었더라도 후임이사가 선임될 때까지는 이사의 권리의무가 있으므로(상법 제386조 제1항) 그 이사를 상대로 직무집행정지의 가처분신청을 할 수 있다.

③ 불법말소된 것을 이유로 한 근저당권설정등기 회복등기청구는 그 등기말소 당시의 소유자를 상대로 하여야 한다.

➡ **[O]** 대판 1969.3.18. 68다1617

④ 관리단으로부터 집합건물의 관리업무를 위임받은 위탁관리회사는 특별한 사정이 없는 한 구분소유자 등을 상대로 자기 이름으로 소를 제기하여 관리비를 청구할 당사자적격이 있다.

➡ **[O]** 다수의 구분소유자가 집합건물의 관리에 관한 비용 등을 공동으로 부담하고 공용부분을 효율적으로 관리하기 위하여 구분소유자로 구성된 관리단이 전문 관리업체에 건물 관리업무를 위임하여 수행하도록 하는 것은 합리적인 이유와 필요가 있고, 그러한 관리방식이 일반적인 거래현실이며, 관리비의 징수는 업무수행에 당연히 수반되는 필수적인 요소이다. 또한 집합건물의 일종인 일정 규모 이상의 공동주택에 대해서는 주택관리업자에게 관리업무를 위임하고 주택관리업자가 관리비에 관한 재판상 청구를 하는 것이 법률의 규정에 의하여 인정되고 있다. 이러한 점 등을 고려해 보면 관리단으로부터 집합건물의 관리업무를 위임받은 위탁관리회사는 특별한 사정이 없는 한 구분소유자 등을 상대로 자기 이름으로 소를 제기하여 관리비를 청구할 당사자적격이 있다(대판 2016.12.15. 2014다87885).

문 5

채권자대위권에 기한 청구에 관한 다음 설명 중 가장 옳지 않은 것은?

① 채권자가 채권자대위권을 행사하는 방법으로 제3채무자를 상대로 소송을 제기하여 판결을 받은 경우 어떠한 사유로든 채무자가 채권자대위소송이 제기된 사실을 알았을 경우에 한하여 그 판결의 효력이 채무자에게 미친다.

➡ **[O]** 대판 (全) 1975.5.13. 74다1664

② 비법인사단인 채무자 명의로 제3채무자를 상대로 한 소가 제기되었으나 사원총회의 결의 없이 총유재산에 관한 소가 제기되었다는 이유로 각하판결을 받고 그 판결이 확정된 경우에는 채무자가 스스로 제3채무자에 대한 권리를 행사한 것으로 볼 수 없다.

➡ **[O]** 비법인사단이 사원총회의 결의 없이 제기한 소는 소제기에 관한 특별수권을 결하여 부적법하고, 그 경우 소제기에 관한 비법인사단의 의사결정이 있었다고 할 수 없다. 따라서 비법인사단이 채무자 명의로 제3채무자를 상대로 한 소가 제기되었으나 사원총회의 결의 없이 총유재산에 관한 소가 제기되었다는 이유로 각하판결을 받고 그 판결이 확정된 경우에는 채무자가 스스로 제3채무자에 대한 권리를 행사한 것으로 볼 수 없다(대판 2018.10.25. 2018다210539).

③ 채권자가 대위권을 행사할 당시에 이미 채무자가 그 권리를 재판상 행사하였을 때에는 채권자는 채무자를 대위하여 채무자의 권리를 행사할 수 없다.

➡ **[O]** 판례는 중복소송으로 보아 각하한 것도 있고, 채무자의 권리 불행사는 대위소송요건인 당사자적격의 문제이므로(법정소송담당설) 채권자에게 원고적격이 없다고 보아 소를 각하한 것도 있다.

❹ 채권자대위소송에서 피대위자인 채무자가 실존인물이 아니거나 사망한 사람인 경우여도 채권자대위소송은 적법하다.

➡ **[X]** 채권자대위소송에서 대위에 의하여 보전될 채권자의 채무자에 대한 권리가 인정되지 아니할 경우에는 채권자가 스스로 원고가 되어 채무자의 제3채무자에 대한 권리를 행사할 당사자적격이 없게 되므로 그 대위소송은 부적법하여 각하할 것인바, 피대위자인 채무자가 실존인물이 아니거나 사망한 사람인 경우 역시 피보전채권인 채권자의 채무자에 대한 권리를 인정할 수 없는 경우에 해당하므로 그러한 채권자대위소송은 당사자적격이 없어 부적법하다(대판 2021. 7.21. 2020다300893).

문 6

소송상의 대리인에 관한 다음 설명 중 가장 옳지 않은 것은?

① 무권대리인이 행한 소송행위의 추인은 소송행위의 전체를 일괄하여 하여야 하는 것이나 무권대리인이 변호사에게 위임하여 소를 제기하여서 승소하고 상대방의 항소로 소송이 2심에 계속 중 그 소를 취하한 일련의 소송행위 중 소취하 행위만을 제외하고 나머지 소송행위를 추인하는 것은 유효하다.

➡ **[O]** 무권대리인이 행한 소송행위의 추인은 소송행위의 전체를 일괄하여 하여야 하는 것이나 무권대리인이 변호사에게 위임하여 소를 제기하여서 승소하고 상대방의 항소로 소송이 2심에 계속 중 그 소를 취하한 일련의 소송행위 중 소취하 행위만을 제외하고 나머지 소송행위를 추인함은 소송의 혼란을 일으킬 우려없고 소송경제상으로도 적절하여 그 추인은 유효하다(대판 1973.7.24. 69다60).

② 무권대리인에 의한 또는 그에 대한 소송행위는 일률적으로 무효이지만 당사자 본인이나 정당한 대리인이 추인한 경우에는 소급하여 유효로 되고, 제1심에서의 무권대리행위를 상소심에서 추인하여도 무방하다.

➡ **[O]** 무권대리인에 의한 또는 그에 대한 소송행위는 일률적으로 무효이며, 민법상 표현대리에 관한 규정은 적용 또는 준용될 수 없다(대판 1994.2.22. 93다42047). 그러나 절대적으로 무효인 것이 아니라 후에 당사자 본인이나 정당한 대리인이 추인한 경우에는 소급하여 유효로 된다(민소 제60조, 제97조). 이 추인의 시기에는 제한이 없으며 제1심에서의 무권대리행위를 상소심에서 추인하여도 무방하다(대판 1997.3.14. 96다25227).

❸ 법인 대표자의 자격이나 대표권에 흠이 있어 그 법인이 또는 그 법인에 대하여 소송행위를 하기 위하여 수소법원에 의하여

특별대리인이 선임된 후 소송절차가 진행되던 중에 법인의 대표자 자격이나 대표권에 있던 흠이 보완되었더라도, 특별대리인에 대한 수소법원의 해임결정이 있어야만 그 대표자는 법인을 위하여 유효하게 소송행위를 할 수 있다.

➡ **[X]** 법인 대표자의 자격이나 대표권에 흠이 있어 그 법인이 또는 그 법인에 대하여 소송행위를 하기 위하여 민사소송법 제64조, 제62조에 따라 소수법원에 의하여 선임되는 특별대리인은 법인의 대표자가 대표권을 행사할 수 없는 흠을 보충하기 위하여 마련된 제도이므로, 이러한 제도의 취지에 비추어 보면 특별대리인이 선임된 후 소송절차가 진행되던 중에 법인의 대표자 자격이나 대표권에 있던 흠이 보완되었다면 특별대리인에 대한 수소법원의 해임결정이 있기 전이라 하더라도 그 대표자는 법인을 위하여 유효하게 소송행위를 할 수 있다(대판 2011.1.27. 2008다85758).

④ 상소 제기에 관한 특별한 권한을 받은 소송대리인이 작성하여 제출한 상소장에 인지를 붙이지 아니한 흠이 있는 때에는 원심 재판장은 그 소송대리인에게 인지의 보정을 명할 수 있지만, 당사자 본인이 상소장을 작성하여 제출한 경우에는 소송대리인에게 인지 보정명령을 송달할 수 없다.

➡ **[O]** 소송대리인에게 상소 제기에 관하여 특별수권이 있다고 하여도 실제로 소송대리인이 아닌 당사자 본인이 상소장을 작성하여 제출하였다면 소송대리인에게 상소장과 관련한 인지 보정명령을 수령할 권능이 있다고 볼 수 없으므로, 소송대리인에게 인지 보정명령을 송달하는 것은 부적법한 송달이어서 송달의 효력이 발생하지 않는다(대결 2016.12.27. 2016무745).

문 7

선정당사자에 관한 다음 설명 중 가장 옳은 것은?

① 선정당사자는 선정자들로부터 소송수행을 위한 포괄적인 수권을 받은 것이므로 선정자들의 개별적인 동의 없이 체결한 변호사인 소송대리인과의 보수에 관한 약정은 선정자들에게 그 효력이 미친다.

➡ **[X]** 선정당사자가 선정자로부터 별도의 수권 없이 한 변호사 보수에 관한 약정은 소송위임에 필수적으로 수반되는 것이 아니므로 여기의 사법상의 행위라고 할 수 없어 선정자에게 효력이 미치지 않는다(대판 2010.5.13. 2009다105246).

❷ 선정당사자는 공동의 이해관계에 있는 여러 사람이 공동소송인이 되어 소송을 하여야 할 경우에 선정할 수 있는데, 여러 사람 상호간에 공동소송인이 될 관계에 있더라도 주요한 공격방어방법을 공통으로 하지 않는 경우에는 공동의 이해관계가 있다고 할 수 없다.

➡ **[O]** 공동의 이해관계가 있는 다수자는 선정당사자를 선정할 수 있는바, 이 경우 공동의 이해관계란 다수자 상호 간에 공동소송인이 될 관계에 있고 또 주요한 공격방어방법을 공통으로 하는 것을 의미하므로, 다수자의 권리·의무가 동종이며 그 발생원인이 동종인 관계에 있는 것만으로는 공동의 이해관계가 있다고 할 수 없어 선정당사자의 선정을 허용할 것이 아니다(대판 2007.7.12. 2005다10470).

③ 당초부터 특히 어떠한 심급을 한정하여 당사자인 자격을 보유하게끔 할 목적으로 선정을 할 수 있으므로, 제1심에서 제출된 당사자선정서에 사건명을 기재한 다음에 '제1심 소송절차에

관하여'라는 문언이 기재되어 있는 경우에는 특단의 사정이 없는 한 선정의 효력은 제1심에 한정된다.

→ **[X]** 선정당사자의 제도가 당사자 다수의 소송에 있어서 소송절차를 간소화·단순화하여 소송의 효율적인 진행을 도모하는 것을 목적으로 하고, 선정된 자가 당사자로서 소송의 종료에 이르기까지 소송을 수행하는 것이 그 본래의 취지임에 비추어 보면, 제1심에서 제출된 선정서에 사건명을 기재한 다음에 '제1심 소송절차에 관하여' 또는 "제1심 소송절차를 수행하게 한다."라는 문언이 기재되어 있는 경우라 하더라도 특단의 사정이 없는 한, 그 기재는 사건명 등과 더불어 선정당사자를 선정하는 사건을 특정하기 위한 것으로 보아야 하고, 따라서 그 선정의 효력은 제1심의 소송에 한정하는 것이 아니라 소송의 종료에 이르기까지 계속하는 것으로 해석함이 상당하다고 판시하였다(대판 2003.11.14. 2003다34038).

④ 판례는 선정당사자 본인에 대한 부분의 소가 취하된 경우에도 선정자가 선정을 취소하지 않는 한 선정당사자의 자격이 당연히 상실되는 것은 아니라고 하고 있다.

→ **[X]** 민사소송법 제53조의 선정당사자는 공동의 이해관계를 가진 여러 사람 중에서 선정되어야 하므로, 선정당사자 본인에 대한 부분의 소가 취하되거나 판결이 확정되는 등으로 공동의 이해관계가 소멸하는 경우에는 선정당사자는 선정당사자의 자격을 당연히 상실한다(대판 2006.9.28. 2006다28775).

문 8
정답 ③

독립당사자참가에 관한 다음 설명 중 가장 옳지 않은 것은?

① 원고의 피고에 대한 청구의 원인행위가 사해행위라는 이유로 원고에 대하여 사해행위취소를 청구하면서 독립당사자참가신청을 하는 경우, 그러한 참가신청은 부적법하다.

→ **[O]** 채권자가 사해행위의 취소와 함께 수익자 또는 전득자로부터 책임재산의 회복을 명하는 사해행위취소의 판결을 받은 경우 취소의 효과는 채권자와 수익자 또는 전득자 사이에만 미치므로, 수익자 또는 는 전득자가 채권자에 대하여 사해행위의 취소로 인한 원상회복의무를 부담하게 될 뿐, 채권자와 채무자 사이에서 취소로 인한 법률관계가 형성되거나 취소의 효력이 소급하여 채무자의 책임재산으로 복구되는 것은 아니다.
이러한 사해행위취소의 상대적 효력에 의하면, 원고의 피고에 대한 청구의 원인행위가 사해행위라는 이유로 원고에 대하여 사해행위취소를 청구하면서 독립당사자참가신청을 하는 경우, 독립당사자참가인의 청구가 그대로 받아들여진다 하더라도 원고와 피고 사이의 법률관계에는 아무런 영향이 없고, 따라서 그러한 참가신청은 사해방지참가의 목적을 달성할 수 없으므로 부적법하다(대판 2014.6.12. 2012다47548·47555).

② 독립당사자참가인의 권리 또는 법률상 지위가 원고로부터 부인당하거나 또는 그와 저촉되는 주장을 당함으로써 위협을 받거나 방해를 받는 경우에는 독립당사자참가인은 원고를 상대로 자기의 권리 또는 법률관계의 확인을 구하여야 하며, 그렇지 않고 원고가 자신의 주장과 양립할 수 없는 제3자에 대한 권리 또는 법률관계를 주장한다고 하여 원고에 대하여 원고의 그 제3자에 대한 권리 또는 법률관계가 부존재한다는 확인을 구하는 것은 확인의 이익이 있다고 할 수 없다.

→ **[O]** 대판 2014.11.13. 2009다71312

③ 제1심에서 원고 및 독립당사자참가인 패소, 피고 승소의 본안판결이 선고된 데 대하여 원고만이 항소한 경우, 실제로 상소를 제기하지도 당하지도 않은 독립당사자참가인에 대한 판결부분도 확정이 차단되고 그에 관한 소송관계가 항소심으로 이심되나, 위 독립당사자참가인에 대한 판결부분은 항소심의 심판대상이 되지 않는다.

→ **[X]** 제1심에서 원고 및 참가인 패소, 피고 승소의 본안판결이 선고된 데 대하여 원고만이 항소한 경우, 실제로 상소를 제기하지도 당하지도 않은 참가인에 대한 판결부분도 확정이 차단되고 그에 관한 소송관계가 이심되어 항소심의 심판대상이 되므로 항소심으로서는 참가인의 원고·피고에 대한 청구에 대하여도 같은 판결로 판단하여야 한다(대판 1991.3.22. 90다19329).

④ 독립당사자참가로 인해 종래의 원고 또는 피고가 더 이상 소송을 계속할 필요가 없게 된 때에는 상대방(즉, 피고 또는 원고)의 승낙을 얻어 탈퇴할 수 있다. 다만, 소의 취하에 있어서와 같은 동의간주는 인정되지 아니하므로 명시적인 승낙이 없으면 탈퇴의 효력이 발생하지 않는다.

→ **[O]** 독립당사자참가로 인해 종래의 원고 또는 피고가 더 이상 소송을 계속할 필요가 없게 된 때에는 상대방(즉, 피고 또는 원고)의 승낙을 얻어 탈퇴할 수 있다. 다만, 소의 취하에 있어서와 같은 동의간주는 인정되지 아니하므로(제266조 제6항) 명시적인 승낙이 없으면 탈퇴의 효력이 발생하지 않는다.

문 9
정답 ④

피고의 경정에 관한 다음 설명 중 가장 옳지 않은 것은?

① 피고가 본안에 관하여 준비서면을 제출하거나 변론준비기일에서 진술하거나 변론을 한 뒤에는 피고의 동의를 요하며, 피고가 경정신청서를 송달받은 날부터 2주 이내에 이의하지 않으면 동의한 것으로 본다.

→ **[O]** 피고가 본안에 관하여 응소한 때, 즉 본안에 관하여 준비서면을 제출하거나 변론준비기일에서 진술하거나 변론을 한 뒤에는 피고의 동의를 요한다(제260조 제1항 단서). 피고가 경정 신청서를 송달받은 날부터 2주 이내에 이의하지 않으면 동의한 것으로 본다(동조 제4항).

② 피고로 되어야 할 자가 누구인지를 증거조사를 거쳐 사실을 인정하고 그 인정 사실에 터 잡아 법률 판단을 해야 인정할 수 있는 경우에는 피고의 경정이 허용되지 않는다.

→ **[O]** '피고를 잘못 지정한 것이 분명한 때'라고 함은 청구취지나 청구원인의 기재 내용 자체로 보아 원고가 법률적 평가를 그르치는 등의 이유로 피고의 지정이 잘못된 것이 분명하거나 법인격의 유무에 관하여 착오를 일으킨 것이 분명한 경우 등을 말하고, 피고로 되어야 할 자가 누구인지를 증거조사를 거쳐 사실을 인정하고 그 인정 사실에 터 잡아 법률 판단을 해야 인정할 수 있는 경우는 이에 해당하지 않는다(대결 1997.10.17. 97마1632).

③ 피고경정신청서 및 그 허부의 결정은 종전의 피고에게 소장부본을 송달하지 아니한 경우를 제외하고는 종전 피고에게 송달하여야 한다.

→ **[O]** 피고경정신청서는 종전의 피고에게 소장부본을 송달하지 아니한 경우를 제외하고는 종전 피고에게 이를 송달하여야 한다(제260

조 제3항). 원고의 피고경정신청에 대하여 법원은 결정으로 허부의 재판을 하여야 하며, 그 허부의 결정은 종전의 피고에게 소장부본을 송달하지 아니한 경우를 제외하고는 종전 피고에게 송달할 것을 요한다(제261조 제1항).

❹ 피고경정신청을 기각하는 결정에 대하여 불복이 있는 원고는 통상항고를 제기할 수 없으므로 그 결정에 대하여 특별항고를 제기해야 한다.

➡ [X] 피고경정신청을 기각하는 결정에 대하여 불복이 있는 원고는 민사소송법 제439조의 규정에 의한 통상항고를 제기할 수 있으므로 그 결정에 대하여 특별항고를 제기할 수는 없다(대결 1997.3.3. 97으1).

문 10
정답 ①

소제기의 효과에 관한 다음 설명 중 가장 옳은 것은?

❶ 소가 중복제소에 해당하지 아니한다는 당사자의 주장에 관하여 판단하지 않더라도 판단누락에 해당하지 않는다.

➡ [O] 소가 중복제소에 해당하지 아니한다는 것은 소극적 소송요건으로서 법원의 직권조사사항이므로 이에 관한 당사자의 주장은 직권발동을 촉구하는 의미밖에 없어 위 주장에 대하여 판단하지 아니하였다 하더라도 판단유탈의 상고이유로 삼을 수 있는 흠이 될 수 없다(대판 1990.4.27. 88다카25274 · 25281).

② 원고가 채권자대위권에 기해 청구를 하다가 당해 피대위채권 자체를 양수하여 양수금청구로 소를 변경한 경우 채권자대위권에 기한 구청구는 취하된 것으로 보아야 하므로 당초의 채권자대위소송으로 인한 시효중단의 효력은 소멸한다.

➡ [X] 원고가 채권자대위권에 기해 청구를 하다가 당해 피대위채권 자체를 양수하여 양수금청구로 소를 변경한 경우 당초의 채권자대위소송으로 인한 시효중단의 효력이 소멸하지 않는다(대판 2010.06.24. 2010다17284).

③ 별소로 계속 중인 채권을 자동채권으로 하는 소송상 상계의 주장은 허용되지 않는다.

➡ [X] 상계의 항변을 제출할 당시 이미 자동채권과 동일한 채권에 기한 소송을 별도로 제기하여 계속 중인 경우, 사실심의 담당재판부로서는 전소와 후소를 같은 기회에 심리 · 판단하기 위하여 이부, 이송 또는 변론병합 등을 시도함으로써 기판력의 저촉 · 모순을 방지함과 아울러 소송경제를 도모함이 바람직하였다고 할 것이나, 그렇다고 하여 특별한 사정이 없는 한 별소로 계속 중인 채권을 자동채권으로 하는 소송상 상계의 주장이 허용되지 않는다고 볼 수는 없다(대판 2001.4.27. 2000다4050).

④ A소의 소장제출일은 2012.11.5.이고 소장부본 송달일은 2012.12.26.이며, B소의 소장제출일은 2012.11.7.이고 소장부본 송달일은 2012.12.24.인 경우 중복된 소제기에 해당하는 소는 B소이다(단, A소와 B소는 당사자 및 소송물이 동일함).

➡ [X] 중복된 소제기에서 전소와 후소의 판별기준은 소송계속의 발생시기, 즉 소장부본이 피고에게 송달된 때의 선후에 의하고, 소제기에 앞서 가압류, 가처분 등 보전절차가 있더라도 이를 기준으로 가릴 것이 아니라는 것이 판례의 입장이다(대판 1994.11.25. 94다12517,12524). 따라서 사안의 경우 A소의 소장부본 송달일이 2012.12.26.이고 B소의 소장부본 송달일이 2012.12.24.인 이상 중복된 소제기에 해당하는 소는 A소이다.

문 11
정답 ④

일부청구에 관한 설명 중 옳지 않은 것은? (다툼이 있는 경우 판례에 의함)

① 특정채권 중 일부만을 청구한 경우에도 그 취지로 보아 채권 전부에 관하여 판결을 구하는 것으로 해석되는 경우에는 그 채권의 동일성의 범위 내에서 전부에 관하여 시효중단의 효력이 발생한다.

➡ [O] 대판 2001.9.28. 99다72521

② 불법행위의 피해자가 일부청구임을 명시하여 그 손해의 일부만을 청구한 전소가 상고심에 계속 중인 경우, 나머지 치료비를 구하는 손해배상청구의 소는 중복제소에 해당하지 않는다.

➡ [O] 전 소송에서 불법행위를 원인으로 치료비청구를 하면서 일부만을 특정하여 청구하고 그 이외의 부분은 별도소송으로 청구하겠다는 취지를 명시적으로 유보한 때에는 그 전 소송의 소송물은 그 청구한 일부의 치료비에 한정되는 것이고 전 소송에서 한 판결의 기판력은 유보한 나머지 부분의 치료비에까지는 미치지 아니한다 할 것이므로 전 소송의 계속 중에 동일한 불법행위를 원인으로 유보한 나머지 치료비청구를 별도소송으로 제기하였다 하더라도 중복제소에 해당하지 아니한다(대판 1985.4.9. 84다552).

③ 불법행위의 피해자가 일부청구임을 명시하여 그 손해의 일부만을 청구한 경우, 그 일부청구에 대한 판결의 기판력은 청구의 인용 여부에 관계없이 그 청구의 범위에 한하여 미친다.

➡ [O] 불법행위의 피해자가 일부청구임을 명시하여 그 손해의 일부만을 청구한 경우 그에 대한 판결의 기판력은 청구의 인용 여부에 관계 없이 청구의 범위에 한하여 미치고 잔부청구에는 미치지 않는다(대판 1989.6.27. 87다카2478).

❹ 가분채권에 대한 이행의 소를 제기하면서 그것이 나머지 부분을 유보하고 일부만 청구하는 것이라는 취지를 명시하지 아니한 경우, 일부청구에 관하여 전부승소한 채권자는 나머지 부분에 관하여 청구를 확장하기 위한 항소를 제기할 수 없다.

➡ [X] 가분채권에 대한 이행청구의 소를 제기하면서 그것이 나머지 부분을 유보하고 일부만 청구하는 것이라는 취지를 명시하지 아니한 경우에는 그 확정판결의 기판력은 나머지 부분에까지 미치는 것이어서 별소로써 나머지 부분에 관하여 다시 청구할 수는 없는 것이므로, 일부청구에 관하여 전부승소한 채권자는 나머지 부분에 관하여 청구를 확장하기 위한 항소가 허용되지 아니한다면 나머지 부분을 소구할 기회를 상실하는 불이익을 입게 된다 할 것이고, 따라서 이러한 경우에는 예외적으로 전부승소한 판결에 대해서도 나머지 부분에 관하여 청구를 확장하기 위한 항소의 이익을 인정함이 상당하다고 할 것이다(대판 2010.11.11. 2010두14534).

문 12
정답 ③

변론주의에 관한 다음 설명 중 가장 옳지 않은 것은?

① 어떤 권리의 소멸시효기간이 얼마나 되는지에 관한 주장은 권리의 소멸이라는 법률효과를 발생시키는 요건을 구성하는 사실에 관한 주장이 아니라 단순히 법률의 해석이나 적용에 관한 의견을 표명한 것이므로 변론주의의 적용대상이 되지 않는다.

➡ [O] 대판 2013.2.15. 2012다68217

② 법정변제충당의 순서를 정함에 있어 기준이 되는 이행기나 변제이익에 관한 사항은 구체적 사실로서 자백의 대상이 될 수 있으나, 법정변제충당의 순서 자체는 법률의 규정의 적용에 의하여 정하여지는 법률상의 효과여서 그에 관한 진술이 비록 그 진술자에게 불리하더라도 이를 자백으로 볼 수 없다.

➡ **[O]** 법정충당의 순서 자체는 법률 규정의 적용에 의하여 정하여지는 법률상의 효과이어서 그에 관한 진술은 비록 그 진술자에게 불리하더라도 이를 자백이라 볼 수 없으나, 법정충당의 순서를 정함에 있어 기준이 되는 이행기나 변제이익에 관한 사항은 구체적 사실로서 자백의 대상이 된다(대판 1998.7.10. 98다6763).

❸ 원고가 사해행위 전부의 취소와 원상회복으로서 원물반환을 구하고 있는데 심리 결과 원물반환이 불가능하다면 원상회복청구는 기각하여야 하고, 변론주의의 원칙상 청구취지의 변경 없이 가액배상을 명할 수는 없다.

➡ **[X]** 원고가 사해행위 전부의 취소와 원물반환을 구하고 있더라도 그 청구취지 중에는 사해행위의 일부취소와 가액배상을 구하는 취지도 포함되어 있으므로, 법원으로서는 청구 취지의 변경이 없더라도 바로 가액배상을 명할 수 있다(대판 2002.11.8. 2002다51489).

④ 피고가 본안 전 항변으로 채권양도사실을 내세워 당사자적격이 없다고 주장하는 경우 그와 같은 주장 속에는 원고가 채권을 양도하였기 때문에 채권자임을 전제로 한 청구는 이유가 없는 것이라는 취지의 본안에 관한 항변이 포함되어 있다.

➡ **[O]** 대판 1992.10.27. 92다18597

문 13 정답 ②

다음 설명 중 옳은 것은?

① 원고가 본소의 이혼청구에 병합하여 재산분할청구를 제기한 후 피고가 반소로서 이혼청구를 하였는데, 본소의 이혼청구가 받아들여지지 않고 피고의 반소청구에 의하여 이혼이 명하여지는 경우에는 원고의 재산분할청구에 대해서는 판단할 필요가 없다.

➡ **[X]** 원고가 본소의 이혼청구에 병합하여 재산분할청구를 제기한 후 피고가 반소로서 이혼청구를 한 경우, 원고가 반대의 의사를 표시하였다는 등의 특별한 사정이 없는 한, 원고의 재산분할청구 중에는 본소의 이혼청구가 받아들여지지 않고 피고의 반소청구에 의하여 이혼이 명하여지는 경우에도 재산을 분할해 달라는 취지의 청구가 포함된 것으로 봄이 상당하다고 할 것이므로(이때 원고의 재산분할청구는 피고의 반소청구에 대한 재반소로서의 실질을 가지게 된다), 이러한 경우 사실심으로서는 원고의 본소 이혼청구를 기각하고 피고의 반소청구를 받아들여 원·피고의 이혼을 명하게 되었다고 하더라도, 마땅히 원고의 재산분할청구에 대한 심리에 들어가 원·피고가 협력하여 이룩한 재산의 액수와 당사자 쌍방이 그 재산의 형성에 기여한 정도 등 일체의 사정을 참작하여 원고에게 재산분할을 할 액수와 방법을 정하여야 한다(대판 2001.6.15. 2001므626,633, 재반소가 허용된다는 판례).

❷ 피고가 원고 이외의 제3자를 추가하여 반소피고로 하는 반소는 원칙적으로 허용되지 아니하고, 다만 피고가 제기하려는 반소가 필수적 공동소송이 될 때에는 민사소송법 제68조의 필

수적 공동소송인 추가의 요건을 갖추면 허용될 수 있다.

➡ **[O]** 대판 2015.5.29. 2014다235042,235059,235066

③ 점유권을 기초로 한 본소에 대하여 본권자가 본소청구의 인용에 대비하여 본권에 기초한 장래이행의 소로서 예비적 반소를 제기하고 양 청구가 모두 이유 있는 경우, 법원은 본소가 인용되면 본권과 모순이 되므로 본소청구를 기각하여야 한다.

➡ **[X]** 점유권을 기초로 한 본소에 대하여 본권자가 본소청구의 인용에 대비하여 본권에 기초한 장래이행의 소로서 예비적 반소를 제기하고 양 청구가 모두 이유 있는 경우, 법원은 점유권에 기초한 본소와 본권에 기초한 예비적 반소를 모두 인용해야 하고 점유권에 기초한 본소를 본권에 관한 이유로 배척할 수 없다. 이러한 법리는 점유를 침탈당한 자가 점유권에 기한 점유회수의 소를 제기하고, 본권자가 그 점유회수의 소가 인용될 것에 대비하여 본권에 기초한 장래이행의 소로서 별소를 제기한 경우에도 마찬가지로 적용된다(대판 2021.3.25. 2019다208441).

④ 반소의 취하에 있어서도 본소 취하의 경우와 마찬가지로 원고의 동의가 필요하므로, 본소가 취하되었더라도 반소 취하시 원고의 동의를 얻어야 한다.

➡ **[X]** 반소의 취하에 있어서도 원칙적으로 원고의 동의가 필요함은 물론이다. 다만, 본소가 취하된 때에는 원고의 동의를 얻을 필요 없이 반소를 취하할 수 있다(제271조).

문 14 정답 ④

기일의 해태에 관한 다음 설명 중 틀린 것은?

① 한쪽 당사자가 변론기일에 출석하지 아니하거나, 출석하여도 본안에 관하여 변론하지 아니한 때에는 그가 제출한 소장·답변서, 그 밖의 준비서면에 적혀 있는 사항을 진술한 것으로 보고 출석한 상대방에게 변론을 명할 수 있다.

➡ **[O]** 한쪽 당사자가 변론기일(최초의 기일이든 그 후의 기일이든 불문하고 제1심 기일은 물론 항소심 기일과 변론준비기일도 포함한다)에 출석하지 아니하거나 출석하여도 본안에 관하여 변론을 하지 아니한 때에는, 그가 제출한 소장·답변서 그 밖의 준비서면에 적혀 있는 사항을 진술한 것으로 보고 출석한 상대방에게 변론을 명할 수 있다(제148조 제1항).

② 출석한 당사자는 상대방의 출석 없이도 변론과 증거신청을 할 수 있으나, 이 경우 할 수 있는 변론과 증거조사의 범위는 그가 미리 준비서면에 적은 사실의 주장과 증거신청 및 증거조사에 한정되는 것이 원칙이다.

➡ **[O]** 출석한 당사자는 상대방의 출석 없이도 변론과 증거신청을 할 수 있으나, 이 경우 할 수 있는 변론과 증거조사의 범위는 그가 미리 준비서면에 적은 사실의 주장과 증거신청 및 증거조사에 한정되는 것이 원칙이다(제276조).

③ 공시송달에 의하여 기일이 통지된 경우에는 출석하지 아니한 당사자에게 그 책임을 물을 수 없으므로 자백간주의 효과가 발생하지 않는다.

➡ **[O]** 공시송달에 의하여 소장부본이 송달되면 피고에게 답변서 제출을 기대할 수 없으므로, 이 경우에는 원고의 주장과 증거를 검토하여 판결을 할 수밖에 없고, 자백간주 판결을 할 수 없다(제256조 제1항 단서).

❹ 항소심에서 양쪽 당사자의 2회 기일해태 후 기일지정신청이 없거나 그 기일지정신청에 의해 정해진 변론기일에 양쪽 당사자가 불출석하면 소의 취하가 있는 것으로 본다.

➡ [X] 양쪽 당사자의 2회 기일해태 후 기일지정신청이 없거나 그 기일지정신청에 의하여 정해진 변론기일에 양쪽 당사자가 불출석하면 소의 취하가 있는 것으로 본다(제268조 제2항·제3항). 다만, 상소심에서는 소의 취하가 아니라 상소의 취하로 간주되어(제268조 제4항), 원판결이 그대로 확정된다.

문 15
정답 ②

다음 중 소송행위 추후보완이 인정되는 경우는? (다툼이 있는 경우 판례에 의함)

① 소송대리인이 판결정본의 송달을 받고도 당사자에게 그 사실을 알려 주지 아니하여 기간을 지키지 못한 경우

➡ [X] 소송대리인이 판결정본의 송달을 받고도 당사자에게 그 사실을 알려 주지 아니하여 기간을 지키지 못한 경우처럼 그 책임이 소송대리인에게 있는 이상 본인에게 과실이 없다 하더라도 추후보완은 허용되지 않으며(대판 1984.6.14. 84다카744), 그 대리인의 보조인에게 과실이 있는 경우에도 마찬가지이다(대판 1999.6.11. 99다9622).

❷ 법원의 부주의로 주소를 잘못 기재하여 송달한 탓으로 송달불능이 되자 공시송달의 방법으로 송달되어 기간을 지키지 못한 경우

➡ [O] 당사자가 소송계속 여부를 안 경우라 하더라도 법원의 잘못이 개재되어 공시송달이 이루어지게 된 경우에는 추후보완을 인정한다. 예컨대, 법원의 부주의로 주소를 잘못 기재하여 송달한 탓으로 송달불능이 되자 공시송달을 한 경우(대판 2000.10.13. 2000다31410, 1990.8.28. 90마606), 당사자가 변론기일에 빠짐 없이 출석하였는데 법원이 직권으로 선고기일을 연기하면서 그 통지를 누락하고 판결정본을 한여름 휴가철에 연속 송달하였다가 폐문부재로 송달불능되자 이를 공시송달 한 경우(대판 2001.2.23. 2000다19069)가 이에 해당한다.

③ 법인인 소송당사자가 법인이나 그 대표자의 주소가 변경되었는데 이를 법원에 신고하지 아니하여 결과적으로 공시송달의 방법으로 송달되어 기간을 지키지 못한 경우

➡ [X] 법인인 소송당사자가 법인이나 그 대표자의 주소가 변경되었는데도 이를 법원에 신고하지 아니한 경우나(대판 1991.1.11. 90다9636) 당사자가 주소변경신고를 하지 않아(대판 2004.3.12. 2004다2083), 결과적으로 공시송달의 방법으로 판결 등이 송달된 경우에도 추후보완이 허용되지 아니한다.

④ 서울에서 수원으로 배달증명우편으로 발송한 항소장이 4일 만에 배달되어 기간을 지키지 못한 경우

➡ [X] 판례에 의하면 서울에서 수원으로 배달증명우편으로 발송한 항소장이 4일 만에 배달된 점(대판 1991.12.13. 91다34509)이나, 자신이 구속되었다는 사정(대판 1992.4.14. 92다3441)은 기간을 준수하지 못함에 책임질 수 없는 사유에 해당하지 않아서 추후보완이 허용되지 않는다고 하였다.

문 16
정답 ④

소송절차의 중단에 관한 다음 설명 중 가장 옳지 않은 것은? (다툼이 있는 경우 판례에 의함)

① 선정당사자 모두가 사망 또는 자격상실된 때에는 중단되나 일부만에 관하여 그러한 사유가 생긴 때에는 중단되지 않는다.

➡ [O] 선정당사자 모두가 사망 또는 자격상실된 때에는 중단되나, 일부만에 관하여 그러한 사유가 생긴 때에는 나머지 선정당사자가 소송을 수행하므로(제54조) 중단되지 않는다.

② 지급명령이 송달된 후 이의신청기간 내에 회생절차개시결정 등과 같은 소송중단사유가 생긴 경우에는 이의신청기간의 진행이 정지된다.

➡ [O] 지급명령이 송달된 후 이의신청기간 내에 회생절차개시결정 등과 같은 소송중단사유가 생긴 경우에는 민사소송법 제247조 제2항이 준용되어 이의신청기간의 진행이 정지된다(대판 2012.11.15. 2012다70012).

③ 소송계속 중 보조참가인이 사망하더라도 본소의 소송절차는 중단되지 않는다.

➡ [O] 보조참가인은 피참가인인 당사자의 승소를 위한 보조자일 뿐 자신이 당사자가 되는 것이 아니므로 소송계속 중 보조참가인이 사망하더라도 본소의 소송절차는 중단되지 아니한다(대판 1995.8.25. 94다27373).

❹ 소송절차의 중단사유가 발생하더라도 소송대리인이 있으면 소송절차가 중단되지 않지만 심급대리의 원칙상 소송대리인에게 상소에 관한 특별수권이 없다면 판결선고와 동시에 소송절차 중단의 효과가 발생한다.

➡ [X] 소송대리인이 있는 경우에는 소송절차는 중단되지 아니하나 심급대리의 원칙상 그 판결정본이 소송대리인에게 송달된 때에는 소송절차는 중단된다(대판 1996.2.9. 94다61649).

문 17
정답 ④

甲은 乙에게 매매계약에 기한 매매대금 청구의 소를 제기하면서 매매계약서를 그 증거로 제출하였다. 乙은 제1회 변론기일에서 甲이 주장하는 매매계약 체결사실과 매매계약서의 진정성립을 인정하였다. 그 후 乙은 매매계약 체결사실을 다투고자 한다. 다음의 설명 중 옳지 않은 것은?(다툼이 있는 경우에는 판례에 의함)

① 乙이 위 자백을 취소하려면 그 자백이 진실에 어긋나는 것 외에 착오로 인한 것임을 아울러 증명하여야 하고, 진실에 어긋나는 것임이 증명되었다고 하여 착오로 인한 자백으로 추정되지는 않는다.

➡ [O] 진실에 어긋나는 자백은 그것이 착오로 말미암은 것임을 증명한 대에는 취소할 수 있다(제288조 단서). 따라서 자백을 취소하는 당사자는 그 자백이 진실에 반한다는 것 외에 착오로 인한 것임을 아울러 증명하여야 하고, 진실에 반하는 것임이 증명되었다고 하여 착오로 인한 자백으로 추정되는 것은 아니다(대판 2010.2.11. 2009다84288).

② 乙의 자백 취소에 대하여 甲이 동의하면 진실에 어긋나는지 여부나 착오 여부와는 상관없이 자백의 취소는 인정된다.

➡ [O] 자백은 사적자치의 원칙에 따라 당사자의 처분이 허용되는 사항에 관하여 그 효력이 발생하는 것이므로, 일단 자백이 성립되었다고 하여도 그 후 그 자백을 한 당사자가 위 자백을 취소하고 이에 대하여 상대방이 이의를 제기함이 없이 동의하면 반진실, 착오의 요건은 고려할 필요없이 자백의 취소를 인정하여야 할 것이다(대판 1994.9.27. 94다22897).

비교판례 자백은 진실에 반하고 착오에 의한 것임을 증명한 때 한하여 취소할 수 있는 것이고 자백취소에 대하여 상대방이 아무런 이의를 제기하고 있지 않다는 점만으로 그 취소를 인정할 수는 없다(대판 1987.7.7. 87다카69).

③ 乙의 위 자백이 진실에 어긋난다는 사실이 증명된 경우라면 변론 전체의 취지에 의하여 그 자백이 착오로 인한 것이라는 점을 법원이 인정할 수 있다.

➡ [O] 재판상의 자백에 대하여 상대방의 동의가 없는 경우에는 자백을 한 당사자가 그 자백이 진실에 부합되지 않는다는 것과 자백이 착오에 기인한다는 사실을 증명한 경우에 이를 취소할 수 있는바, 이 때 진실에 부합하지 않는다는 사실에 대한 증명은 그 반대되는 사실을 직접증거에 의하여 증명함으로써 할 수 있지만, 자백사실이 진실에 부합하지 않음을 추인할 수 있는 간접사실의 증명에 의하여도 가능하다고 할 것이고, 또 자백이 진실에 반한다는 증명이 있다고 하여 그 자백이 착오로 인한 것이라고 추정되는 것은 아니지만 그 자백이 진실과 부합되지 않는 사실이 증명된 경우라면 변론의 전취지에 의하여 그 자백이 착오로 인한 것이라는 점을 인정할 수 있다(대판 2000.9.8. 2000다23013).

❹ 乙이 매매계약서의 진정성립에 관하여 한 자백은 보조사실에 관한 자백이어서 이를 자유롭게 취소할 수 있다.

➡ [X] 자백의 대상이 될 수 있는 것은 구체적 사실에 한한다. 간접사실이나 보조사실에 관하여는 구속력이 생기지 아니한다. 그러나 문서의 성립에 관한 자백은 보조사실에 관한 자백이기는 하나 그 취소에 관하여서는 다른 간접사실에 관한 자백의 취소와는 달리 주요사실의 자백취소와 동일하게 처리하여야 할 것이므로 문서의 진정성립을 인정한 당사자는 자유롭게 이를 철회할 수 없는 것이다(대판 1988.12.20. 88다카3083).

문 18   정답 ④

문서의 형식적 증거력에 관한 다음 설명 중 가장 옳은 것은?

① 본인 또는 대리인의 서명행위 등이 있었음에 관하여 당사자 사이에 다툼이 없거나 다른 증거에 의하여 증명되더라도, 서명 이외의 나머지 부분이 가필 등으로 변조되거나 위조되었다고 다투어진 경우 그 문서 전체가 진정하게 성립된 것으로 추정되지 않는다.

➡ [X] 본인 또는 대리인의 서명행위 등이 있었음에 관하여 당사자 사이에 다툼이 없거나 다른 증거에 의하여 증명된 때에는, 서명 이외의 나머지 부분이 가필 등으로 변조되거나 위조되었다고 다투어진 경우에도 그 문서 전체가 진정하게 성립된 것으로 추정되므로, 이를 다투는 쪽에서 그 변조 또는 위조의 사실을 입증할 책임을 부담한다(대판 1995.11.10. 95다4674).

② 백지문서를 작성명의자 아닌 자가 보충한 경우에는, 그것이 정당한 권원에 기하여 이루어졌다는 점에 관하여 문서제출자

의 상대방이 증명할 책임이 있다.

➡ [X] 백지문서(작성명의인의 날인만 되어 있고 그 내용이 백지로 된 문서)를 작성명의자 아닌 자가 보충한 경우에는, 그것이 정당한 권원에 기하여 이루어졌다는 점에 관하여 문서제출자가 입증할 책임이 있다(대판 1988.4.12. 87다카576).

③ 문서의 진정성립은 작성명의인의 의사에 기한 것이면 되므로, 반드시 자신의 자필일 필요는 없으나, 문서작성자의 날인은 반드시 필요하다.

➡ [X] 문서의 진정성립이란 입증자가 작성자라고 주장하는 자가 진실로 작성한 것이고 타인에 의하여 위조·변조된 것이 아님을 뜻한다. 작성명의인의 의사에 기한 것이면 되므로, 반드시 자신의 자필일 필요가 없으며 그의 승낙하에 작성되어도 상관없고, 문서작성자의 날인이 반드시 필요한 것도 아니다(대판 1994.10.14. 94다11590).

❹ 제출자 자신이 작성한 문서 또는 제3자 작성의 문서에 관하여 상대방이 부지라고 다투었는데 제출자가 성립의 진정을 증명하지 아니한 경우에도, 법원은 다른 증거에 의하지 아니하고 변론 전체의 취지를 참작하여 성립의 진정을 인정할 수 있다.

➡ [O] 대판 1993.4.13. 92다12070. 여기서 변론 전체의 취지는 그 문서의 형태, 기재 내용, 제출자와 작성자와의 관계, 상대방의 다투는 방법의 소극성 등에 대하여 종합적으로 평가하는 것을 의미한다.

문 19   정답 ③

감정에 관한 다음 설명 중 가장 옳지 않은 것은?

① 신청인이 감정을 구하는 사항을 적은 서면을 제출한 때에는 법원이 필요 없다고 인정한 경우가 아닌 한 그 서면을 상대방에게 송달하여 그에게 의견을 제출할 기회를 부여하여야 한다.

➡ [O] 신청인이 감정을 구하는 사항을 적은 서면을 제출한 때에는 법원이 필요 없다고 인정한 경우(측량감정이나 시가감정과 같이 감정사항이 정형적으로 정하여져 있는 경우)가 아닌 한 그 서면을 상대방에게 송달하여 그에게 의견을 제출할 기회를 부여하여야 한다(규칙 제101조 제1항 내지 제3항).

② 감정인에게 제시한 전제사실과 법원이 최종적으로 인정한 사실이 다르다면 그 감정결과를 증거로 사용할 수 없다.

➡ [O] 만약 감정인에게 제시한 전제사실과 법원이 최종적으로 인정한 사실이 다를 경우에는 그 감정결과는 적절하지 않으므로 증거로 사용하여서는 아니 된다.

❸ 감정인등이 현장에 나가서 감정을 행하였지만 감정서를 작성하기 전에 소의 취하, 청구의 포기·인낙 등의 사유로 재판에 의하지 않고 소송이 종료된 경우에는 감정료의 2분의 1을 지급한다.

➡ [X] 감정인등이 감정서를 작성한 후 법원에 감정서를 제출하기 전에 소송 등이 화해, 청구의 포기·인낙, 소의 취하 및 그 밖에 재판에 의하지 아니하고 종결된 경우의 감정료는 이 예규에서 정한 감정료의 2분의 1로 한다. 감정인등이 감정서를 작성하기 전에 소의 취하 등 소정의 사유가 발생한 경우에는 감정료를 지급하지 아니한다. 다만 여비와 일당은 민사소송비용규칙 소정의 여비 등의 정액으로 한다(감정예규 제28조).

④ 감정인등은 예규가 정하는 감정료만으로는 감정하기 어려운 경우에는, 감정하기 전에 그 사유를 구체적으로 적시하여 법원에 감정료의 증액을 요청하여야 한다.

→ **[O]** 감정인등은 감정인 선정과 감정료 산정기준 등에 관한 예규가 정하는 감정료만으로는 감정하기 어려운 경우에는, 감정하기 전에 그 사유를 구체적으로 적시하여 법원에 감정료의 증액을 요청하여야 한다(감정예규 제26조).

문 20   정답 ③

소취하에 관한 다음 중 옳지 않은 것을 모두 고른 지문은? (다툼이 있는 경우에는 판례에 의함)

ㄱ. 원고의 소취하에 대하여 피고가 일단 확정적으로 동의를 거절하면 원고의 소취하는 효력이 발생하지 않고, 이후 피고가 소취하에 동의하더라도 소취하의 효력이 다시 생기게 되는 것은 아니다.

→ **[O]** "일단 피고가 동의를 거절하였으면 소취하의 효력이 생기지 아니하므로, 후에 다시 동의하더라도 소취하의 효력이 생기지 않는다(대판 1969.5.27. 69다130). 왜냐하면 이 경우에는 동의할 대상이 없어졌기 때문이다.

ㄴ. 원고 소송대리인으로부터 소송대리인 사임신고서 제출을 지시받은 사무원은 원고 소송대리인의 표시기관에 해당되어 그의 착오는 원고 소송대리인의 착오라고 보아야 하므로 그 사무원의 착오로 원고 소송대리인의 의사에 반하여 소를 취하하였다고 하여도 이를 무효라고 볼 수는 없다.

→ **[O]** 소의 취하는 원고가 제기한 소를 철회하여 소송계속을 소멸시키는 원고의 법원에 대한 소송행위이고 소송행위는 일반 사법상의 행위와는 달리 내심의 의사보다 그 표시를 기준으로 하여 효력 유무를 판정할 수밖에 없는 것인바, 원고 소송대리인으로부터 소송대리인 사임신고서 제출을 지시받은 사무원은 원고 소송대리인의 표시기관에 해당되어 그의 착오는 원고 소송대리인의 착오라고 보아야 하므로, 사무원의 착오로 원고 소송대리인의 의사에 반하여 소를 취하하였다고 하여도 이를 무효라고 볼 수는 없다(대판 1997.10.24. 95다11740).

ㄷ. 적법한 소취하의 서면이 상대방에게 송달되기 전이라면 원고는 이를 임의로 철회할 수 있다.

→ **[X]** 적법한 소취하의 서면이 제출된 이상 그 서면이 상대방에게 송달되기 전후를 묻지 않고 원고는 이를 임의로 철회할 수 없다(대판 1997.6.27. 97다6124).

ㄹ. 일반적으로는 소송당사자가 소송 외에서 그 소송을 취하하기로 합의하더라도 바로 소취하의 효력이 발생하지 않지만, 재판상 화해가 성립하여 법원에 계속 중인 다른 소송을 취하하기로 하는 내용의 재판상 화해조서가 작성된 경우에는 바로 소취하의 효력이 발생한다.

→ **[X]** 재판상 화해에 있어서 법원에 계속 중인 다른 소송을 취하하기로 하는 내용의 화해조서가 작성되었다면 당사자 사이에는 법원에 계속 중인 다른 소송을 취하하기로 하는 합의가 이루어졌다 할 것이므로, 다른 소송이 계속 중인 법원에 취하서를 제출하지 않는 이상 그 소송이 취하로 종결되지는 않지만 위 재판상 화해가 재심의 소에 의하여 취소 또는 변경되는 등의 특별한 사정이 없는 한 그 소송의

원고에게는 권리보호의 이익이 없게 되어 그 소는 각하되어야 한다(대판 2005.6.10. 2005다14861).

ㅁ. 제3자에 의한 소취하서의 제출도 허용되고, 나아가 상대방에게 소취하서를 교부하여 그로 하여금 제출하게 하는 것도 상관없다.

→ **[O]** 취하서는 본인이나 그 포괄승계인이 반드시 직접 제출하여야 하는 것은 아니고, 제3자에 의한 제출도 허용되며, 나아가 상대방에게 소취하서를 교부하여 그로 하여금 제출하게 할 수도 있다(대판 2001.10.26. 2001다37514).

ㅂ. 당사자 사이에 조정이 성립됨으로써 수동채권의 존재에 관한 법원의 실질적인 판단이 이루어지지 아니한 경우에는 그 소송절차에서 행하여진 소송상 상계항변의 사법상 효과도 발생하지 않는다.

→ **[O]** 소송상 방어방법으로서의 상계항변은 수동채권의 존재가 확정되는 것을 전제로 하여 행하여지는 일종의 예비적 항변으로서 당사자가 소송상 상계항변으로 달성하려는 목적, 상호양해에 의한 자주적 분쟁해결수단인 조정의 성격 등에 비추어 볼 때, 당해 소송절차 진행 중 당사자 사이에 조정이 성립됨으로써 수동채권의 존재에 관한 법원의 실질적인 판단이 이루어지지 아니한 경우에는 그 소송절차에서 행하여진 소송상 상계항변의 사법상 효과도 발생하지 않는다(대판 2013.3.28. 2011다3329).

문 21   정답 ③

다음 설명 중 옳은 것은 모두 몇 개인가?

㉮ 확정된 이행권고결정은 확정판결과 같은 효력이 있으므로 기판력이 인정된다.

→ **[X]** 이행권고결정은 확정판결과 같은 효력을 가진다. 여기서 '확정판결과 같은 효력'은 기판력을 제외한 나머지 효력인 집행력 및 법률요건적 효력 등의 부수적 효력을 말하는 것이고, 기판력까지 인정하는 것은 아니다(대판 2009.5.14. 2006다34190).

㉯ 제1심판결 선고 전에 불상소 합의를 한 경우 제1심판결은 선고와 동시에 확정된다.

→ **[O]** 판결선고 전 불상소 합의가 있으면 판결선고와 동시에 판결은 확정되고, 판결선고 후 불상소 합의가 있으면 합의시 바로 판결이 확정된다.

㉰ 판결의 일부에 대하여 상소한 경우라도 판결의 나머지 전부에 대하여 확정차단과 이심의 효력이 발생한다.

→ **[O]** 1개의 판결 일부에 대하여 상소한 경우라도 판결 전부에 대하여 확정차단의 효력이 생기고, 여러 개의 청구에 대한 1개의 판결이 있는 경우에 일부의 청구에 대하여만 상소가 있어도 확정차단의 효력은 판결 전부에 대하여 생긴다(상소불가분의 원칙).

㉱ 화해권고결정에 대하여 이의신청을 한 당사자가 이의신청을 취하한 경우, 이의신청 취하서가 법원에 접수된 날 화해권고결정이 확정된다.

→ **[X]** 이의신청이 적법하게 취하되면 화해권고결정은 재판상 화해와 같은 효력을 가지게 된다(제231조 제3호 전단). 이의신청이 취하된 경우에는 처음부터 이의신청이 없었던 것으로 되므로 화해권고결정은 이의신청기간 만료시에 소급하여 확정된다.

문 22

정답 ①

기판력에 관한 다음 설명 중 가장 옳지 않은 것은? (다툼이 있는 경우 판례에 의하고, 전원합의체판결의 경우 다수의견에 의함)

❶ 법원이 수동채권의 존재를 인정하는 판단을 한 다음, 반대채권의 존재를 인정하지 않고 상계항변을 배척한 경우에는 반대채권에 대하여는 기판력이 발생하지 않는다.

➡ [X] 확정된 판결의 이유 부분의 논리구조상 법원이 당해 소송의 소송물인 수동채권의 전부 또는 일부의 존재를 인정하는 판단을 한 다음 피고의 상계항변에 대한 판단으로 나아가 피고가 주장한 반대채권(또는 자동채권, 이하 '반대채권'이라고만 한다)의 존재를 인정하지 않고 상계항변을 배척하는 판단을 한 경우에, 그와 같이 반대채권이 부존재한다는 판결이유 중의 판단의 기판력은 특별한 사정이 없는 한 '법원이 반대채권의 존재를 인정하였더라면 상계에 관한 실질적 판단으로 나아가 수동채권의 상계적상일까지의 원리금과 대등액에서 소멸하는 것으로 판단할 수 있었던 반대채권의 원리금 액수'의 범위에서 발생한다고 보아야 한다(대판 2018.8.30. 2016다46338·46345).

② 甲 등 망인들이 국가를 상대로 농지분배처분을 원인으로 하는 소유권이전등기청구소송을 제기하였다가 패소판결이 선고되어 확정되었는데, 그 후 甲 등의 상속인들인 乙 등이 국가가 행한 일련의 불법행위 때문에 분배농지에 관한 수분배권을 상실하였다며 국가를 상대로 손해배상을 구한 경우, 乙 등이 제기한 손해배상청구소송에서 문제되는 농지분배처분 무효 내지 甲 등의 분배토지에 관한 수분배권 존부에는 위 확정판결의 기판력이 미치지 않는다.

➡ [O] 확정판결의 기판력은 소송물로 주장된 법률관계의 존부에 관한 판단의 결론에만 미치고 그 전제가 되는 법률관계의 존부에까지 미치는 것이 아니다(대판 2021.4.8. 2020다219690).

③ 원고의 소구채권 자체가 인정되지 않는 경우 더 나아가 피고의 상계항변의 당부를 따져볼 필요도 없이 원고 청구가 배척될 것이므로, '원고의 소구채권 그 자체를 부정하여 원고의 청구를 기각한 판결'과 '소구채권의 존재를 인정하면서도 상계항변을 받아들인 결과 원고의 청구를 기각한 판결'은 기판력의 범위를 서로 달리하고, 후자의 판결에 대하여 피고는 상소의 이익이 있다.

➡ [O] 원고의 소구채권 자체가 인정되지 않는 경우 더 나아가 피고의 상계항변의 당부를 따져볼 필요도 없이 원고 청구가 배척될 것이므로, '원고의 소구채권 그 자체를 부정하여 원고의 청구를 기각한 판결'과 '소구채권의 존재를 인정하면서도 상계항변을 받아들인 결과 원고의 청구를 기각한 판결'은 민사소송법 제216조에 따라 기판력의 범위를 서로 달리하고, 후자의 판결에 대하여 피고는 상소의 이익이 있다(대판 2018.8.30. 2016다46338,46345).

④ 당사자가 주장한 사항에 대한 구체적·직접적인 판단이 판결 이유에 표시되어 있지 아니하더라도 판결이유의 전반적인 취지에 비추어 그 주장을 인용하거나 배척하였음을 알 수 있는 정도라면 판단누락이라고 할 수 없고, 설령 실제로 판단을 하지 아니하였더라도 판결 결과에 영향이 없다면 판단누락의 위법이 있다고 할 수 없다.

➡ [O] 판결서의 이유에는 주문이 정당하다는 것을 인정할 수 있을 정도로 당사자의 주장, 그 밖의 공격·방어방법에 관한 판단을 표시하

면 되고 당사자의 모든 주장이나 공격·방어방법에 관하여 판단할 필요가 없다(제208조 제2항 참조). 판결에 당사자가 주장한 사항에 대한 구체적·직접적인 판단이 표시되어 있지 않더라도 판결이유의 전반적인 취지에 비추어 그 주장을 인용하거나 배척하였음을 알 수 있는 정도라면 판단누락이라고 할 수 없다. 설령 실제로 판단을 하지 않았다고 하더라도 그 주장이 배척될 경우임이 분명한 때에는 판결 결과에 영향을 미치는 잘못이라고 할 수 없다(대판 2021.5.7. 2020다292411).

문 23

정답 ①

소송비용의 부담 및 소송비용액확정에 관한 다음 설명 중 가장 옳지 않은 것은

❶ 일부패소의 경우 각 당사자가 부담할 소송비용은 반드시 청구액과 인용액의 비율에 따라 정하여야 한다.

➡ [X] 일부패소의 경우에 당사자들이 부담할 소송비용은 법원이 정한다. 다만, 사정에 따라 한쪽 당사자에게 소송비용의 전부를 부담하게 할 수 있다(제101조).

② 공동소송인은 소송비용을 균등하게 부담한다. 다만, 법원은 사정에 따라 공동소송인에게 소송비용을 연대하여 부담하게 하거나 다른 방법으로 부담하게 할 수 있다.

➡ [O] 제102조 제1항

③ 소송이 재판에 의하지 아니하고 완결된 경우에 당사자가 소송비용을 상환받기 위하여서는 당해 소송이 완결될 당시의 소송계속법원에 소송비용부담재판의 신청을 하여야 하고, 이를 제1심 수소법원에 소송비용액확정결정신청의 방법으로 할 수는 없다.

➡ [O] 소송이 재판에 의하지 아니하고 완결된 경우에 당사자가 소송비용을 상환받기 위하여서는 민사소송법 제104조 제1항에 의하여 당해 소송이 완결될 당시의 소송계속법원에 소송비용부담재판의 신청을 하여야 하고 이를 제1심 수소법원에 소송비용액확정결정신청의 방법으로 할 수는 없다(대결 1992.11.30. 90마1003).

④ 소송비용부담의 재판은 소송비용상환의무의 존재를 확정하고 그 지급을 명하는 데 그치고 소송비용의 액수는 당사자의 신청에 의하여 별도로 소송비용액확정결정을 받아야 하므로, 소송비용부담의 재판만으로는 소송비용상환청구채권의 집행권원이 될 수 없다.

➡ [O] 소송비용부담의 재판은 소송비용상환의무의 존재를 확정하고 그 지급을 명하는 데 그치고 그 액수는 당사자의 신청에 의하여 민사소송법 제110조에 의한 소송비용액확정결정을 받아야 하므로, 소송비용부담의 재판만으로 소송비용상환청구채권의 집행권원이 될 수 없고, 따라서 소송비용액확정결정에 의한 소송비용은 본안판결의 집행력이 미치는 대상이 아니다(대판 2006.10.12. 2004재다818).

문 24

정답 ③

판결의 확정에 관한 다음 설명 중 가장 옳지 않은 것은?

① 수개의 청구에서 패소한 당사자가 그중 일부에 대하여만 항소를 제기한 경우, 항소되지 않은 나머지 부분도 확정이 차단되

지만, 그 항소인이 변론종결시까지 항소취지를 확장하지 않는 한 그 나머지 부분은 항소심의 판결선고와 동시에 확정된다.

➡ [O] 대판 2011.7.28. 2009다35842

② 대법원의 환송판결이 일부 부분만 파기환송하고 나머지 상고를 기각하였다면, 파기환송되지 않은 부분은 환송판결의 선고로써 확정된다.

➡ [O] 대판 1995.3.10. 94다51543

❸ 제1심판결 전에 불항소의 합의를 하면 제1심판결은 선고와 함께 확정되고, 제1심판결 후에 불항소의 합의를 하면 제1심판결의 항소기간 만료시에 제1심판결이 확정된다.

➡ [X] 제1심 판결 전에 불항소의 합의를 하면 제1심 판결은 선고와 함께 확정되고, 제1심판결 후에 그런 합의를 하면 그 합의시에 판결이 확정된다.

④ 본소청구와 반소청구에 대하여 1개의 전부판결이 선고된 경우, 본소청구에 대한 판결 부분에 대하여만 항소를 하였더라도 본소청구에 대한 판결뿐만 아니라 반소청구에 대한 판결의 확정도 차단된다.

➡ [O] 본소와 반소를 분리하여 판결한 때에는 일부판결이 되지만, 동시에 1개의 판결을 한 때에는 1개의 전부판결이다. 따라서 어느 일방에 대한 상소는 상소불가분의 원칙에 따라 그 전부에 대하여 확정차단과 이심의 효력이 생긴다.

문 25

정답 ④

독촉절차에 관한 다음 설명 중 가장 옳은 것은?

① 확정된 지급명령은 확정판결과 같은 효력이 있으므로 기판력이 있어 준재심의 대상이 된다.

➡ [X] 확정된 지급명령은 확정판결과 같은 효력이 있으므로(민소 제474조), 단기소멸시효 채권이라도 지급명령에 의하여 확정되면 그 소멸시효는 10년으로 연장된다(대판 2009.9.24. 2009다39530). 그러나 기판력은 인정되지 않으므로(대판 2009.7.9. 2006다73966) 준재심의 대상이 되지 않는다.

② 확정된 지급명령에 기해 강제집행을 하려면 집행문을 부여받아야 하고 별도로 지급명령의 송달증명 및 확정증명을 받아야 한다.

➡ [X] 확정된 지급명령에 기한 강제집행은 집행문을 부여받을 필요없이 지급명령 정본에 의하여 행하므로(민사집행법 제58조 제1항 본문), 채권자는 별도로 지급명령의 송달증명 및 확정증명을 받을 필요없이 송달일자와 확정일자를 기재하여 작성된 지급명령 정본에 기초하여 바로 강제집행을 신청할 수 있다(독촉예규 제12조 제1항).

③ 지급명령에 대한 이의신청이 기간의 도과 등으로 부적법한 경우에는 각하될 수 있고, 그러한 각하결정에 대해 이의신청인은 즉시항고를 할 수 없다.

➡ [X] 이의신청에 대한 각하결정은 이의신청인과 상대방에게 고지하여야 하며, 이에 대하여 이의신청인은 즉시항고를 할 수 있다(제471조 제2항).

❹ 은행법에 따른 은행 등 금융권 채권자가 그 업무 등으로 취득하여 행사하는 대여금, 구상금, 양수금 채권에 대해 지급명령을 신청하고 청구원인을 소명한 경우에는 지급명령을 공시송

달할 수 있다.

➡ [O] 은행법에 따른 은행 등 금융권 채권자가 그 업무 또는 사업으로 취득하여 행사하는 대여금, 구상금, 보증금 및 그 양수금 채권에 대하여 지급명령을 신청하는 경우로서 청구원인을 소명한 경우 공시송달을 명령할 수 있도록 하였고(소송촉진법 제20조의2 제1항 내지 제4항), 공시송달을 통하여 지급명령이 확정된 채무자는 이의신청기간이 경과한 경우에도 '당사자가 책임질 수 없는 사유'로 이의신청을 하지 못한 것으로 보아 이의신청의 추후보완이 가능하도록 하여 채무자의 1심 재판에서의 변론기회를 보장하였다(동조 제5항).

2022 최신판

해커스법원직
신정운
S 민사소송법 　실전동형모의고사

초판 1쇄 발행 2022년 4월 8일

지은이	신정운
펴낸곳	해커스패스
펴낸이	해커스공무원 출판팀

주소	서울특별시 강남구 강남대로 428 해커스공무원
고객센터	1588-4055
교재 관련 문의	gosi@hackerspass.com
	해커스공무원 사이트(gosi.Hackers.com) 교재 Q&A 게시판
	카카오톡 플러스 친구 [해커스공무원강남역], [해커스공무원노량진]
학원 강의 및 동영상강의	gosi.Hackers.com

ISBN	979-11-6880-218-6 (13360)
Serial Number	01-01-01

최단기 합격 공무원학원 1위,
해커스공무원 gosi.Hackers.com

해커스공무원

· 해커스공무원 스타강사의 **공무원 민사소송법 무료 동영상강의**

· **해커스공무원 학원 및 인강**(교재 내 인강 할인쿠폰 수록)

· 내 점수와 석차를 확인하는 **모바일 자동 채점 및 성적 분석 서비스**

헤럴드미디어 2018 대학생 선호 브랜드 대상 '대학생이 선정한 최단기 합격 공무원학원' 부문 1위